21世纪会计专业主干课程教材

国家级教学团队 · 国家级精品课程
全国优秀畅销书

FUNDAMENTAL ACCOUNTING

基础会计

第八版

赵丽生 常洁 高慧云 编著

东北财经大学出版社 大连
Dongbei University of Finance & Economics Press

图书在版编目（CIP）数据

基础会计 / 赵丽生，常洁，高慧云编著. —8版. —大连：东北财经大学出版社，2025.1. —（21世纪会计专业主干课程教材）. —ISBN 978-7-5654-5572-8

Ⅰ. F230

中国国家版本馆CIP数据核字第20257KM741号

东北财经大学出版社出版

（大连市黑石礁尖山街217号　邮政编码　116025）

网　　址：http://www.dufep.cn

读者信箱：dufep@dufe.edu.cn

大连天骄彩色印刷有限公司印刷　东北财经大学出版社发行

幅面尺寸：185mm×260mm　字数：319千字　印张：13.5　插页：1

2025年1月第8版　2025年1月第1次印刷

责任编辑：包利华　责任校对：刘贤恩

封面设计：原　皓　版式设计：原　皓

定价：43.00元

教学支持　售后服务　联系电话：（0411）84710309

如有印装质量问题，请联系营销部：（0411）84710711

第八版前言

"基础会计"作为财经类专业的核心课程之一，始终致力于为学生提供全面且扎实的会计基础知识与技能。本教材自2008年3月推出以来，一直受到广大师生的好评与支持，赢得了良好的口碑，并于2013年被评为**"全国优秀畅销书"**。随着全球经济的飞速发展和会计行业的日新月异，基础会计作为培养会计专业人才的重要基石，其教学内容与方式也在与时俱进。在此背景下，我们对本教材进行了全面修订，旨在打造一个更加符合时代需求、注重实践应用、融合思政元素、线上线下资源丰富的全新教学平台，力求为使用者提供更为丰富和全面的学习体验。

本教材系统介绍了会计学的基础理论和方法，包括会计要素、会计账户、复式记账、会计凭证、会计账簿、财产清查以及财务会计报告等内容。通过学习本教材，学生可以全面掌握会计核算的基本方法和技能，为后续的专业课程学习及未来的职业发展打下坚实的基础。

本教材以会计学科体系和内容为基础，立足会计职业教育特色，具有以下鲜明特点：

（一）思政与教学有机融合

教材深入挖掘思政元素，强化学生职业素养养成和专业知识积累，将专业精神、职业精神和工匠精神有机融入会计专业知识之中。通过典型思政案例引导学生树立正确的世界观、人生观和价值观，培养他们的爱国情怀、社会责任感和职业道德。希望每一位学生在学习专业技能的同时，也能深刻理解并践行社会主义核心价值观。

（二）工学结合，理论联系实际，突出质量优先

教材注重工学结合的教学模式，强化实践环节的教学，通过**引入真实的企业案例和业务场景**，让学生身临其境地感受会计工作的实际操作流程；配套的《基础会计习题与实训》设置了丰富的实验实训项目和练习题，旨在提升学生的动手能力和解决实际问题的能力；作为**"国家级精品课程"**教材，编写团队人员均来自会计教学第一线，不仅有丰富的教材编写经验，也有多年的会计教学实践经验积累，被评为**"国家级教学团队"**，其多年的探索研究为本教材的高质量编写奠定了良好基础。

（三）修订及时，与时俱进，紧跟准则

2024年6月28日，第十四届全国人民代表大会常务委员会第十次会议通过了《全国人民代表大会常务委员会关于修改〈中华人民共和国会计法〉的决定》；财政部于2023年1月12日发布了《会计人员职业道德规范》，2023年11月8日发布了《代理记账基础工作规范（试行）》，2024年7月26日发布了《会计信息化二作规范》，2024年7月29日发布了《会计软件基本功能和服务规范》。修正后的《中华人民共和国会计法》及各相关规范，更加注重会计信息的真实性、完整性和准确性，强调了会计人员的职业道德和专业能力，更加注重保护投资者和公众利益，为会计行业的健康发展提供了坚实的法律保障，为会计行业的规范发展注入了新的活力，标志着我国会计法治化建设迈上了新的台阶。本教材第八版修订依据最新的企业会计准则、准则讲解和准则解释及以上财经法律法规，修正了会计核算内容及会计人员职业道德规范内容，补充了电子会计档案的相关内容，将发票更新为“数电发票”格式，对核算业务进行细微调整，保证了教材的时效性和准确性。

（四）线上线下资源融合，拓宽学习渠道

为了适应数字化时代的教学需求，本教材配备了线上线下相结合的辅助资源。线上资源包括**微课程（扫描教材中二维码观看）、教学PPT、题库系统（任课教师可以进行在线组卷）、教学大纲、各项目教学目标、知识点及实现手段（课堂讲授、提问、课后阅读）、各项目内容提要、各项目重难点、各项目教学过程、教学参考内容、教学案例集、教学日历、考评方式与标准、学习指南、教学视频**等，线下资源则包括纸质教材、配套的《基础会计习题与实训》等，以方便教师进行课堂教学和实训指导，方便学生随时随地进行自主学习和复习。这种线上线下相结合的方式有助于提高学生的学习效率和兴趣。

与本教材配套的《基础会计习题与实训》，是对应本教材内容设计的习题和实训内容，此次也做了相应的修订。

本教材由山西省财政税务专科学校赵丽生教授、常洁副教授、高慧云教授编著并共同修订。赵丽生教授修订项目1并总纂全书，常洁副教授修订项目2~项目4、项目10、项目11及附录1、附录2，高慧云教授修订项目5~项目9。微课程由李妍老师提供。

由于会计理论方法与实践及相关规定是不断发展变化的，而高等职业教育理念和方法的不断进步也会对教材提出新的要求，同时，本教材及其配套辅助教学资源自身也必然存在各种不足，需要通过不断修订来逐步完善，因此，我们将不断修订本书，以满足教学实践的需要。

望广大读者，特别是使用本教材的师生，通过东北财经大学出版社反映本教材的不足和缺陷，或提出使用中遇到的疑问，具体联系方式如下：

电话：0411-84711800

邮箱：184510119@qq.com

或用手机QQ扫描以下二维码与我们交流或获取教学资源：

教师扫一扫　　学生扫一扫

编著者

2025年1月

目　录

项目1

会计基础认知

学习目标

知识目标：了解会计的产生与发展，理解会计的概念、特征、基本职能、会计的一般对象、会计假设及会计基础，掌握会计核算的专门方法。

技能目标：掌握制造业企业资金运动的一般过程及会计核算各专门方法之间的关系。

素养目标：树立中国会计文化自信，培养正直、客观、独立、保密、技术标准、业务能力、道德自律的会计品质。

【德技兼修】

晋商诚信故事：20多年银票兑现记

清朝末年，平遥城内日升昌风雨飘摇，一天一位衣着褴褛的老太太拿着20多年前的银票要求兑取200多两银子，日升昌小伙计一看连连摇头……

这张银票从何而来呢？原来20多年前，老太太的老汉在张家口从事贩卖羊皮等生意，赚了不少银子。隆冬腊月，张老汉要从张家口赶回平遥过年，得知张家口一带有日升昌分号，就把银子存兑成银票，又怕沿途不安全，就把银票缝在棉袄里的夹衣中，但他突发急病，死于途中，拉回平遥洗换衣服后就被埋葬了。20多年后的这天，天气忽然变冷，老太太把张老汉的旧棉袄穿在身上沿街乞讨，才发现夹衣中缝着张银票。

这位老太太找了一位账房先生，请他看看是什么银票。经账房先生仔细辨认，这是一张张家口日升昌分号汇兑给平遥日升昌总号的银票，价值200多两。账房先生再看日期已过20多年，老太太问："还能兑取吗？"账房先生摇摇头说："恐怕没指望了，可能连底账都查不到了。"

就这样，仍抱有一丝希望的老太太来到平遥城西街日升昌，把银票交给了店铺小伙计，小伙计拿着蜡黄皱巴巴的银票，上下打量老太太，左看右看都觉得这不像张真银票，再看日期又是20多年前的银票，更怀疑这张银票的真假。"这是从哪儿捡来的？""不是捡的，是我老汉在张家口贩卖羊皮赚下的……"这下小伙计才有点儿相信，于是走回后台账房将银票给了大掌柜。大掌柜一查，这笔钱确实没兑取，于是点够银子准备交给老太太。这时小伙计说："大掌柜，要不咱们还是到她邻居家了解了解再兑取吧？"大掌柜说："兑银子不分老少，不能看人兑取，有银票又有底账，怎能不给兑取？日升昌的命根就是诚信！”沿街乞讨的老太太手捧白花花的银子，站在日升昌门口，口里不时地说：“谢天谢地，今天真是遇到了贵人……”

纵观日升昌，可以用八个字来概括：“诚信为本，创新为魂。”200多两银子兑现记，把诚信“诚”到了人的骨髓里，把“信”印到人的脑海里，感人之深，动人之情，难以言表。

资料来源　佚名．晋商诚信故事之二：20年银票兑现记［EB/OL］．［2022-11-25］．https://wenku.baidu.com/view/688edd37158884868762caaedd3383c4bb4cb4b7.html?_wkts_=1735221676910&bdQuery=20%E5%B9%B4%E9%93%B6%E7%A5%A8%E5%85%91%E7%8E%B0%E8%AE%B0.

任务 1.1　认识会计

1.1.1　会计的产生与发展

人类进行物质资料的生产活动，一方面创造物质财富，取得一定的劳动成果，另一方面要发生劳动耗费，为了对劳动耗费和劳动成果进行记录、计算并加以比较和分析，就产生了会计。

为适应生产发展和加强经济管理、提高经济效益的要求，会计也在不断发展。会计从简单到复杂、从低级到高级的发展过程可以归纳为以下三个阶段：

1）古代会计阶段

从时间上看，古代会计阶段是从会计的产生到复式簿记应用的这段过程，大约从旧石器时代的中、晚期到封建社会末期。

在会计发展史上，古代会计经历了漫长的发展过程。

据文字记载，在我国，会计一职最早出现在西周，当时称为**司会**，通过日积月累到岁终的核算，达到正确考核王朝财政收支的目的。我国古代官厅会计采用单式记账法。唐朝出现的**“四柱结算法”**使我国会计技术提高到一个新的水平。所谓“四柱”，指旧管、新收、开除、实在，相当于现在的期初结存、本期收入、本期支出、期末结存。四柱之间存在着数量上的平衡关系，旧管（期初结存）+新收（本期收入）=开除（本期支出）+实在（期末结存），按照这种平衡关系编制的报告就称为“四柱清册”。四柱结算法开始用于官厅会计，后来传入民间，在当时处于世界会计发展的领先地位。

到了明清，我国商业、手工业有了较大规模的发展，并且产生了资本主义萌芽，适应这一发展阶段出现的**“龙门账”**和**“四脚账”**显现出复式簿记的雏形。“龙门账”把反映工商企业经济活动的账项划分为“进、缴、存、该”四大类，相当于现在的收入、支出、资产、资本及各项负债，进、缴与存、该之间的关系为“进-缴=存-该”，运用这一公式计算盈亏，分别编制“进缴表”（相当于利润表）、“存该表”（相当于资产负债表），两表上计算的盈亏数应当相等，即**“合龙门”**。

在国外，古巴比伦、古希腊和古罗马都留存有商业合同、“农庄、庄园和不动产的账目”等有关会计的记录。在原始的印度公社里已经有了专门的记账员，负责登记农业账目，记录与此有关的一切事项。

早期的会计是由生产者在“生产时间之外，附带地把收入、支付等记载下来”，只是“生产职能的附带部分”。随着社会生产力发展到一定水平，出现了剩余产品，特别是出现了商品生产以后，会计才逐渐从生产职能中分离出来，成为一种专门的工作。

2）近代会计阶段

从时间上看，近代会计阶段是从1494年意大利传教士卢卡·帕乔利（Luca Pacioli）的著作《算术、几何、比及比例概要》问世至20世纪40年代末。

资本主义的萌芽及经济的发展要求簿记方法能够反映复杂业务，于是便产生了复式簿记方法，15世纪末到18世纪，意大利记账法不断地传播并得到完善。

18世纪末19世纪初出现了股份有限公司组织形式。为了保护外部股东及债权人的利益，要求股份有限公司的财务报表必须经过审计，为此，出现了以查账为职业的注册会计师或特许会计师。1853年，英国苏格兰的注册会计师成立了世界上第一个会计师协会——爱丁堡会计师公会，标志着会计师从此成为一种专门的职业，扩大了会计的服务对象，拓展了会计的内容。

资本主义的机器大工业代替了家庭手工业，促使会计成为工业企业管理的一个重要工具。在这一时期，欧美的工业企业对固定资产普遍开始计提折旧，产生了折旧会计。另外由于工业制造过程日益复杂，大型设备增加，也促进了成本会计的产生和发展。

19世纪末20世纪初，世界经济发展的中心由英国转移到了美国，会计发展的中心也转移到了美国。这一时期，形成了一些具有代表性的会计方法和理论。影响最大的是“公认会计原则”的出现，标志着传统会计向财务会计的转折。

在此阶段，会计信息除了向股东、债权人提供以外，也日益向企业的基层单位、管理部门和生产技术部门渗透。会计领域引进了泰勒制和科学管理理论后，产生了标准成本控制等方法，以管理当局为服务对象的管理会计逐渐形成。

3）现代会计阶段

从时间上看，现代会计阶段是指从20世纪50年代开始至现在。一般认为，成本会计的出现和不断完善，以及在此基础上管理会计的形成和从财务会计中独立出来，是现代会计的开端。在这个阶段，会计有两个重要的变化：一是为适应经济发展的需要，会计分化为两个领域，即财务会计和管理会计；二是电子计算机的应用使会计由传统的手工操作逐渐发展为电子数据处理系统。

在经济活动更加复杂、生产日益社会化、人们的社会关系更加广泛的情况下，会计的地位和作用、会计的目标，以及会计所应用的原则、方法和技术都在不断发展，逐步形成了自身的理论和方法体系，并日趋完善。另外，科学技术水平的提高也对会计的发展起到了很大的促进作用。现代数学、现代管理科学与会计的结合，特别是电子计算机在会计数据处理中的应用，使会计工作的效能得到大幅提高，扩大了会计信息的范围，提高了会计信息的准确性和及时性。

伴随着经济全球化进程的加快和知识经济的发展，会计也呈现出国际趋同的态势。世界各国会计理论与实务的交流与融通，国际会计准则委员会的成立及其一系列公告的发布，使现代会计的国际化特点日益突出。与此相适应，我国于2017年形成了包含1个基本准则及42个具体准则的企业会计准则体系，基本实现了与国际会计准则的趋同。

会计发展历史充分证明了会计在社会经济生活中的重要性。会计因人类生产经营管理的需要而产生，也必将随着社会生产的发展而发展。生产力的发展促使会计在技术方法、工作范围、职能作用方面不断完善，同时以管理为本质对生产发展的反馈作用也日益明显。

党的二十大报告描绘了全面建设社会主义现代化国家的宏伟蓝图，科学谋划了未来五年乃至更长时期党和国家事业发展的目标任务和大政方针，会计将更好地发挥其职能作用，持续推动高质量的会计发展。

视野拓展 1-1

1.我国最早有关会计事项记载的文字，始见于商代的“甲骨书契”（甲骨文）。

2.我国南北朝时期的苏绰发明了“朱出墨入记账法”，规定以红记出、以墨记入。

3.我国最早的会计专著是唐朝的《元和国计簿》和《太和国计簿》。

4.我国第一部研究会计史的著作是《玉海》，作者是南宋的王应麟。

5.我国最早设置“会计司”是在宋神宗熙宁七年（公元1074年）。

6.我国第一部《会计法》是1914年10月由北洋政府颁布的。

7.我国最早确认会计师职业，始见于1918年北洋政府农商部颁布的《会计师暂行章程》。

8.我国第一位会计师是谢霖，他于1918年9月取得北洋政府农商部核发的第一号会计师证书。

9.我国第一个会计师公会是1925年3月成立的“上海会计师公会”。

10.我国第一位女会计师是1930年取得会计师执照的张生。

1.1.2 会计的概念及特征

从会计的发展史可见，人类为了管理其有限资源，运用了一系列的专门方法对经济活动进行管理，以追求资源使用的最大效益。从“管理”这一本质出发，可将会计的概念概括为“以货币为主要计量单位，运用一系列的专门方法对经济单位的经济活动进行核算和监督的经济管理工作”。从其概念中可以总结出会计的如下特征：

（1）会计以货币作为主要计量单位。

（2）会计拥有一系列专门方法。

（3）会计具有核算和监督的基本职能。

（4）会计的本质就是管理活动。

启示窗 1-1

在日常的工作和生活中，我们常常听到很多对于会计的看法，例如，“会计就是负责记账的”“会计就是管钱的”“会计就是负责发工资的”等。作为一名学习会计的大学生，你怎样看待会计？它仅仅就是记账的吗？你了解会计吗？随着社会经济的高速发展，会计的目标和要求又是什么呢？

美国著名经济学家、诺贝尔经济学奖获得者萨缪尔森说：“我们正处在一个科技时代，同时也是一个会计时代，在这个时代里，掌握一些会计知识已成为人们的基本需求。”会计被称作一种商业语言，意思是说，会计是沟通经济工作者之间的桥梁，管理者若不懂会计，经济工作就无从谈起。

1.1.3 会计的基本职能

会计的职能是指会计在经济管理中所固有的功能。马克思在《资本论》中将会计的基本职能概括为对再生产过程的“控制和观念的总结”。我国会计界通常把“控制”理解为监督，把“观念的总结”理解为核算。

1）会计的核算职能

会计的核算职能是指会计通过确认、计量、记录、报告，从数量上反映企业、行政单位、事业单位已经发生或完成的经济活动，为经营管理提供经济信息的功能。

核算是会计最基本的职能，其特点如下：

（1）会计主要是利用货币计价，综合反映经济活动情况，为经营管理提供可靠的经济信息。

（2）会计不仅是记录和陈述过去，如实反映已发生的经济业务，还包括预测未来，为企业的经营决策提供依据。

（3）会计的核算具有连续性、系统性、全面性和综合性的特点。

（4）计算机在会计领域的应用，使会计信息系统从手工时代进入电算化时代，从而使会计的核算更加及时、灵活、准确，能够满足更多方面、更多层次的需求。

2）会计的监督职能

会计的监督职能是指会计按照一定的目标和要求，利用会计信息系统所提供的信息，对会计主体的经济活动进行控制，使之达到预期目的的功能。会计监督具有强制性、严肃性、连续性和完整性。其特点如下：

（1）会计监督主要是通过各种价值指标进行的货币监督。由于会计核算主要是利用价值指标进行的，所以会计监督也就主要依据这些指标进行。

（2）会计监督与会计核算同时进行，包括事前、事中和事后监督。

3）会计核算与监督职能的关系

会计的核算和监督职能相辅相成、辩证统一：没有核算提供的完整的会计信息，会计监督就没有客观的依据，无法进行，而监督是会计核算真实性的保证。只有把核算和监督结合起来，才能充分发挥会计在经济管理中的作用。

视野拓展1-2

现阶段关于会计职能的观点是多样的，如预测、决策、计划、核算、控制、分析、考核等，但可以认为这些职能都是从会计的基本职能（核算和监督）中派生出来的。综合会计的基本职能和派生职能，可将现代会计的职能概括为“反映（核算）经济活动、评价（分析、考核）经营业绩、控制经济过程、监督经济业务、预测经济前景、参与经营决策”。

1.1.4　会计的目标

会计目标，是指在一定的社会经济条件下，会计工作所要达到的目的和标准。任何会计活动都要符合会计目标。在社会主义市场经济条件下，经济管理的总目标是提高经济效益，作为经济管理重要组成部分的会计管理工作也应以提高经济效益为总目标。而作为社会经济的一个信息系统，为信息使用者提供有关决策信息，则是会计的基本目标或直接目标。

从提供信息这个角度来说，会计目标不是一成不变的，而是随社会经济环境而变化的。与社会主义市场经济相适应，我国会计目标主要包括以下三个方面：

1）为国家宏观经济管理和调控提供信息

在我国，宏观经济管理和调控所需的大部分信息来源于会计信息。对归集、整理的会计信息进行汇总分析可以了解和掌握国民经济整体运行情况，并对运行状况进行判断，制定出正确、合理、有效的调控措施，以促进国民经济的有序、健康发展。

2）为企业外部各有关方面提供信息

在市场经济条件下，企业作为一个独立的经济实体与外界存在各种经济关系，从而形成各种利益相关者，主要有投资者、债权人、国家财政和税务机关，以及银行和其他金融机构等。这些利益相关者需要了解和掌握企业的财务状况和经营成果，以便其进行与企业之间经济关系有关的决策。但是，这些利益相关者不直接参与企业的生产经营管理，对企业会计信息的需求就只能通过企业对外提供的财务会计报告来满足。

3）为企业内部经营管理提供信息

在市场经济条件下，企业处于激烈的市场竞争之中，为了保证其资本的保值、增值，不断提高经济效益，必须强化企业内部的管理。这就要求企业充分利用会计提供的信息总结过去、分析现状、预测未来，加强各部门、各环节的管理与控制，以增强企业在市场中的竞争能力。

知识窗 1-1

会计信息的使用者有哪些？他们各自期望获得什么会计信息？

1.现有和潜在的投资者

投资者关心的主要是投资与报酬方面的信息。股东们通过对企业过去趋势和现有状况的分析来预测企业的未来前景。

2.债权人

债权人可分为提供现金贷款给企业的人（贷款债权人）和以赊账方式提供商品或劳务给企业的人（商业债权人）两类。债权人关心的主要是企业的偿债能力。

贷款债权人是信用的授出者（银行、金融机构），他们关心那些能确定自己贷款的本金和利息能否得到按期偿付的信息。他们会对企业的获利能力及清偿能力感兴趣。贷款债权人会根据获利能力去衡量未来的现金流量，亦会根据企业的清偿能力去评估企业是否有即时的现金流量等问题。如果贷款债权人担心企业归还贷款本息的能力，他们将拒绝贷款，或者因为要承担更大的借贷风险，而要求更高的利息率。

商业债权人是信用的供应商，为企业提供赊销商品或劳务，他们希望知道该企业的财务状况是否良好，以此来决定赊销的程度。商业债权人关心那些能使他们确定企业所欠其款项能否按期支付的信息。商业债权人如果对企业的偿债能力有所怀疑，可能会不愿意进行赊销，而会决定预收货款或钱货两讫。

3.政府及其机构

政府及其机构关心资源的配置、社会效益及税收。因为政府及其机构的各项政策法规（如税收政策、劳动法规、监管证券发行交易的法规、合并和收购的法规、银行及保险公司监督管理法规）的贯彻和监督，以及国家政策的制定等都需要企业的相关财务信息。

4.管理人员

管理人员是财务信息的重要使用者，他们需要关于企业当前的和对未来预期的财务状况的报告来高效率地管理公司，对企业实行有效的控制并制订计划。企业经营管理层关心的是盈利能力。

5.顾客

顾客关注有关企业延续性的信息，特别是在与企业有着长期联系的情况下，他们特别关注供应商品或劳务的数量和质量、现在和将来的价格保证等的信息。

6. 员工及其代表组织（工会）

员工及其代表组织（工会）关心有关其雇主的稳定性和获利能力的信息，以及能使他们评估企业如期提供报酬并能准许增加工资、退休福利和附加福利、就业机会的能力等方面的信息，这些关系到他们未来的职业生涯和工资的多少。他们主要关注的是企业的长远前景和其工作前途，因此企业的获利能力、增长能力及稳定性是很重要的，员工会利用当年的高盈利作为争取加薪的借口，企业亦会以大幅亏损作为不加薪的理由。

任务1.2 明确会计对象

1.2.1 会计的一般对象

会计的对象是指会计所要核算和监督的内容，即会计所要反映和监督的客体，它界定了会计工作的内容和范围。

会计是经济管理的重要组成部分，也是管理社会再生产过程进行情况及结果的一种活动。社会再生产过程是由生产、分配、交换和消费四个相互联系的环节所构成的，它包括各种各样的经济活动。但是，在再生产过程中有些经济活动是不能用价值形式来表现的。因此，会计并不能核算和监督再生产过程中的全部经济活动，而只能核算和监督再生产过程中可以用货币表现的那些内容。因此，会计的一般对象可概括为价值运动，或者是能用货币表现的经济活动。

在社会再生产过程中，由于各个企业、行政单位、事业单位分置于不同的环节，有其特定的资金运动形式，因而形成各自具体的会计对象。

1.2.2 制造业企业的会计对象

制造业企业是指按照市场经济的要求，依法成立、自主经营、自负盈亏、自我发展、自我约束的产品生产经营单位。其资金运动的方式具体表现为资金进入企业、资金在生产经营过程中的循环与周转和资金退出企业。

1）资金进入企业

拥有一定数量的资金是各经济单位进行生产经营活动的前提。企业的资本金可由国家投入、法人单位投入和个人投入等，也可以通过发行债券、向银行借款等方式取得。这些通过不同方式筹集的资金，便形成了资本金进入企业。

2）资金在生产经营过程中的循环与周转

资金在生产经营过程中的循环与周转表现为资金依次经过供应过程、生产过程和销售过程，不断改变自己的存在形态。在供应过程中，企业用筹集的货币资金购买材料物资，使货币资金转化为储备资金。在生产过程中，首先，生产部门领取和耗用材料物资，使储备资金转化为生产资金；其次，产品生产完工后，生产资金又转化为成品资金。在销售过程中，将库存商品销售后，成品资金又转化为货币资金。制造业企业的资金从货币资金开始，依次经过储备资金、生产资金和成品资金，最后又回到货币资金的转化过程称为资金循环。资金周而复始的循环称为资金周转。

3）资金退出企业

资金退出企业是指企业的资金不再参加资金的循环与周转，如用于偿还债务、分配股利、支付税费等，从而退出企业。制造业企业的资金运动如图 1-1 所示。

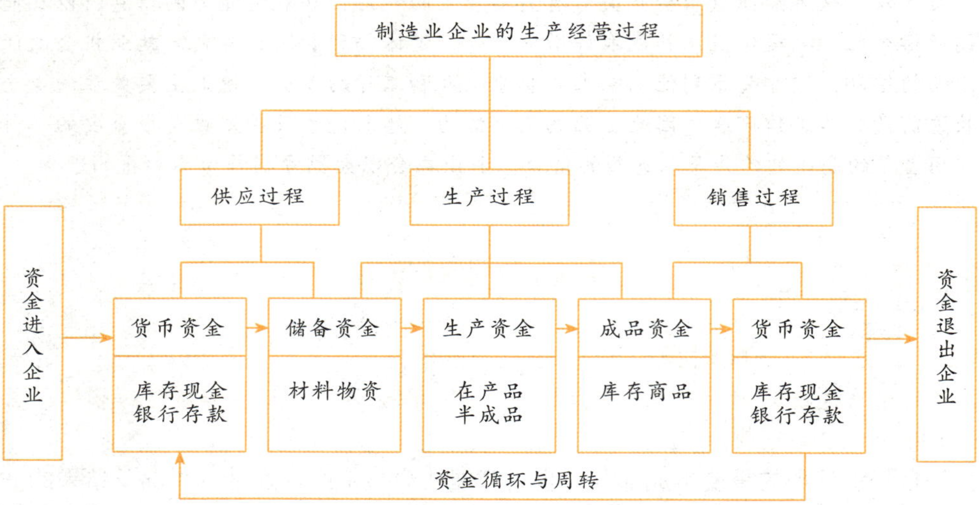

图 1-1　制造业企业的资金运动示意图

知识窗 1-2

了解商品流通企业资金运动的一般过程，再比较制造业企业和商品流通企业的资金运动有何异同。

1. 制造业企业的主要资金运动

货币资金→储备资金→生产资金→成品资金→货币资金

2. 商品流通企业的主要资金运动

货币资金→商品资金→货币资金

1.2.3　会计核算的具体内容

会计核算的内容，是指应当及时办理会计手续、进行会计核算的会计事项。《中华人民共和国会计法》（以下简称《会计法》）要求各单位应当对下列经济业务事项办理会计手续，进行会计核算：

1）资产的增减和使用

资产是单位过去的交易或事项形成的，由单位拥有或控制的，预期会给单位带来经济利益的资源。资产是一个单位用来进行或维持经营管理活动的经济资源，包括原材料、燃料、包装物、低值易耗品、在产品、自制半成品、产成品、商品等存货；机器、机械、设备、设施、运输工具、家具等固定资产；各种应收及预付款债权资产；持有的各种有价证券投资等资产。

2）负债的增减

负债是单位过去的交易或事项形成的、预期会导致经济利益流出单位的现时义务。负债是一个单位需要以其货币资金等资产或者劳务清偿的义务，包括各项借款、应付和预收款项以及应交款项等。

3）净资产（所有者权益）的增减

净资产是企业的所有者对企业净资产（资产扣除负债）的所有权，因此亦称所有者权益，具体包括实收资本、资本公积、其他综合收益、盈余公积和未分配利润等。

4）收入、支出、费用、成本的增减

收入是一个单位在经营活动中由于销售产品、商品，提供劳务、服务或提供资产的使用权等取得的款项或收取款项的权利。费用指企业和企业化的事业单位因生产、经营和管理活动而发生的各项耗费和支出。成本一般仅限于企业和企业化的事业单位在生产产品、购置商品和提供劳务或服务中所发生的各项直接耗费，如直接材料、直接人工、其他直接费用、商品进价以及燃料、动力等支出。

5）财务成果的计算与处理

财务成果主要是企业和企业化的事业单位在一定的时期内通过从事经营活动而在财务上所取得的结果，具体表现为盈利或亏损。

6）其他会计事项

其他会计事项是指在上述五项会计核算内容中未能包括的、按有关法律法规或会计制度的规定或根据单位的具体情况需要办理会计手续和进行会计核算的事项。企业在有这类事项时，应当按照各有关法律、法规或者会计制度的规定，认真、严格办理有关会计手续，进行会计核算。

任务1.3　理解会计假设

会计基本假设是企业会计确认、计量和报告的前提，是对会计核算所处时间、空间所做的合理设定。会计的基本假设包括会计主体、持续经营、会计分期和货币计量。

1.3.1　会计主体

会计主体，是指企业会计确认、计量和报告的空间范围。会计工作中通常所讲的资产、负债的确认，收入的实现，费用的发生等，都是针对特定会计主体而言的。会计主体不同于法律主体，一般来说，法律主体必然是一个会计主体，但是会计主体不一定是法律主体。

会计主体假设

1.3.2　持续经营

持续经营，是指在可以预见的将来，企业会按当前的规模和状态继续经营下去，不会停业，也不会削减业务。在持续经营的前提下，会计确认、计量和报告都应当以企业持续、正常的生产经营活动为前提。

持续经营假设

1.3.3　会计分期

会计分期，是指将一个企业持续经营的生产经营活动划分为一个个连续的、长短相同的期间。

会计分期假设

案例窗 1-1

假设你毕业以后到一家私营企业做会计，有一天老板家里来了亲戚，老板请他们到饭店就餐，花费1 000元。老板拿来发票请你报销，同时也说明了用餐的真实原因。这时，你觉得这笔费用是否应该报销呢？

案例分析提示：

这笔费用不可以报销。为什么呢？因为这笔费用与企业的经营管理没有关系，也就是说不符合会计主体假设。因此，就企业而言，会计主体假设的真正含义是那些与企业或企业的经营管理有关系的业务才是该企业会计核算的范围。另外，该笔费用是老板请亲戚吃饭而发生的餐费，本不属于企业发生的费用。因此，会计人员应遵守会计法律法规，不能弄虚作假。

1.3.4　货币计量

货币计量假设

货币计量，是指会计主体在财务会计确认、计量和报告时以货币计量，反映会计主体的生产经营活动。

案例窗 1-2

在会计报表中，如果资产有两种反映方式：A方式是500根灯管、2台机器设备、3项专利、3项长期投资；B方式是灯管3 000元、机器设备200 000元、专利100 000元、长期投资60 000元。你认为哪种计量方式更有利于综合反映企业的财务状况，更有利于满足企业间的对比？

案例分析提示：

A方式下的实物数量计量不具有价值尺度，而B方式下的货币计量具有价值尺度，从而具有可比性。始终把握会计的本质是一项管理活动，只有货币计量具有价值尺度的可比性，对比分析是会计信息使用者进行预测、决策时常用的会计方法，因此，在会计学习中要勤于思考，认真钻研，不断建立会计思维，提升会计职业素养。

任务 1.4　掌握会计基础

1.4.1　会计基础的概念和种类

会计基础是指企业会计的确认、计量和报告的基础，包括权责发生制和收付实现制。

由于会计核算是分期进行的，这就使得有些经济业务的发生时间与货币实际收付的时间不在同一会计期间。例如，有时销售业务在本期已经完成，但款项却在以后期间才能收到，或本期销售业务尚未发生却预收了款项；或本期费用已经发生，但并未实际支付款项，或本期费用尚未发生却预付了款项。对于这些款项收付期与收益、费用的实际发生期相分离的业务，其收益、费用应确认归属于哪一会计期间？《企业会计准则——基本准则》规定，企业应当以权责发生制为基础进行会计确认、计量和报告。

1.4.2　权责发生制

权责发生制又称应计制，是以应收应付作为标准，来处理经济业务，确定本期收入和费用以计算本期盈亏的会计处理基础。在权责发生制下，凡属本期实现的收益，不管是否已收到款项，均作为本期的收入处理，凡属本期应负担的费用，不管是否已付出款项，都作为本期的费用处理；反之，凡不是本期实现的收益，即使款项已经收到也不能作为本期收入处理，凡不应由本期承担的费用，即使已支付款项也不能作为本期费用处理。权责发生制运用举例见表1-1。

表1-1　　权责发生制运用举例

业务内容	业务发生期	款项收付期	收入、费用归属期	8月份盈亏计算
8月销售商品100 000元，款项于9月收到	8月	9月	8月	收入：100 000元 费用：10 000元 利润=100 000−10 000 =90 000（元）
8月预收货款50 000元，商品于9月发出	9月	8月	9月	
8月发生费用10 000元，款项于9月支付	8月	9月	8月	
8月预付9月费用20 000元	9月	8月	9月	

1.4.3　收付实现制

收付实现制也称现金制或现金收付制，是以现金收到或付出为标准，来记录收入的实现或费用的发生。也就是说，按收付日期确定其归属期，凡属本期收到的收入和支出的费用，不管其是否应归属本期，都作为本期的收入和费用；反之，凡本期未收到的收入和未支付的费用，即使应归属本期，也不作为本期的收入和费用。收付实现制运用举例见表1-2。

表1-2　　收付实现制运用举例

业务内容	业务发生期	款项收付期	收入、费用归属期	8月份盈亏计算
8月销售商品100 000元，款项于9月收到	8月	9月	9月	收入：50 000元 费用：20 000元 利润=50 000−20 000 =30 000（元）
8月预收货款50 000元，商品于9月发出	9月	8月	8月	
8月发生费用10 000元，款项于9月支付	8月	9月	9月	
8月预付9月费用20 000元	9月	8月	8月	

现金收付基础和应计基础是对收入和费用而言的，都是会计核算中确定本期收入和费用的会计处理方法。但是现金收付基础强调款项的收付，应计基础强调应计的收入和为取得收入而发生的费用相匹配。采用现金收付基础处理经济业务对反映财务成果欠缺真实性、准确性；采用应计基础比较科学、合理，被大多数企业所采用，成为成本计算的会计处理基础。目前，我国的政府预算会计采用收付实现制，政府财务会计采用权责发生制；事业单位除经营业务采用权责发生制外，其他业务也采用收付实

现制。

案例窗1-3

1.迅达公司10月份销售一套房屋，价值为100万元。10月份未收到货款，11月份收到货款。账务上采用权责发生制和收付实现制分别何时反映销售收入?

2.东亚公司10月份预先收取11月份销售一台机器的货款，价值6 000元，11月份提供货物。账务上采用权责发生制和收付实现制分别何时反映销售收入?

3.华飞公司10月份租入房屋一套，每月租金为3 000元，按季支付，10月份支付第四季度租金共9 000元。账务上采用权责发生制和收付实现制分别何时反映租金费用?

4.何诚公司12月份支付银行第四季度利息共6 000元。账务上采用权责发生制和收付实现制分别何时反映利息费用?

案例分析提示：

收付实现制：收到货币当期确认收入，支付货币当期确认费用。

权责发生制：属于当期的收入、费用应确认为当期收入、费用，不以收付货币为依据。

权责发生制强调责任与担当，恪尽职守、敬业奉献是每个人应有的责任和担当。

任务1.5　熟悉会计核算方法

会计的方法是指为完成会计的任务、实现会计的职能、达到会计的目标，所采用的手段和技术。会计的方法包括会计核算方法、会计监督方法、会计分析方法、会计考核方法、会计预测方法等。会计核算方法是以货币为主要计量单位，对各单位已发生的交易或事项进行确认、计量、记录和报告的一系列专门方法，通常包括设置账户、复式记账、填制和审核凭证、登记账簿、成本计算、财产清查和编制会计报表七种。

1）设置账户

设置账户是对会计对象的具体内容进行分类核算的一种专门方法。会计对象的内容是复杂多样的，要对它们进行系统核算，就必须设置相应的账户，以分类反映发生的经济业务及其结果，提供管理所需要的会计信息。

2）复式记账

复式记账是记录交易或事项的一种专门方法，即对发生的每项经济业务，以相等的金额在两个或两个以上相互联系的账户中进行登记的一种记账方法。该方法可以完整地反映经济业务的来龙去脉，也便于对各种经济活动进行日常监督。

3）填制和审核凭证

记账必须有根有据，这种根据就是凭证。凭证是会计凭证的简称，是用来记录经济业务、明确经济责任的书面证明。每项经济业务，都应取得或填制原始凭证，经审核无误后，应用复式记账原理，将经济业务填制在记账凭证上，作为登记账簿的依据。通过凭证的填制和审核，可以提供既真实可靠又合理合法的原始依据。它是保证会计核算质量的必要手段，也是实行会计监督的重要方面。

4）登记账簿

登记账簿就是在账簿上连续、完整、科学地记录和反映经济业务的一种方法。登记账簿必须根据记账凭证的内容，将分散的经济业务分门别类地登记到账簿中去，并定期进行结账和对账，为编制会计报表提供完整而又系统的会计数据。

5）成本计算

成本计算是按照一定的对象归集和分配生产经营过程中所发生的各项耗费，确定各对象的总成本和单位成本的一种专门方法。进行成本计算，可以确定材料采购、生产和销售的成本。通过成本计算，可以核算和监督生产经营过程中所发生的各项费用是否节约或超支，并据以确定企业盈亏。

6）财产清查

财产清查是通过盘点实物、核对往来款项等方法来查明财产和资金实有数额，保证账实相符的一种专门方法。单位必须定期或不定期地对各项财产物资、往来款项进行清查、盘点和核对。在清查中如果发现账实不符，应分析原因，明确责任，并调整账簿记录，使账实完全一致，以保证会计核算的正确性和真实性。

7）编制会计报表

编制会计报表是对日常会计核算的总结。由于会计报表是以账簿记录为主要依据，经过加工整理而形成的一系列完整的财务信息，它所提供的信息，不仅是上级有关部门及投资者考核、分析财务计划和预算的执行情况以及进行投资决策的重要依据，也是国家进行宏观管理和调控的重要参考资料。

上述会计核算的专门方法，组成一个完整的方法体系，各方法之间相互联系、密切配合，共同完成会计核算的任务，实现会计核算的目标。在实际工作中其运用的一般顺序是：经济业务发生后，首先要按规定，根据取得的原始凭证，按照设置的账户，运用复式记账的方法，填制和审核凭证，然后根据填制的凭证在各种账簿中进行登记，对于经营过程中发生的各种费用应按规定进行成本计算，并定期进行财产清查，在账账、账证、账实相符的基础上，根据账簿记录编制会计报表。上述各种会计方法，在实际工作中并不一定是完全按照上述固定的顺序运用的。但作为一种方法体系，各种方法必须相互配合地加以运用，缺少任何一种，都无法完成会计核算的任务。会计核算方法之间的关系如图 1-2 所示。

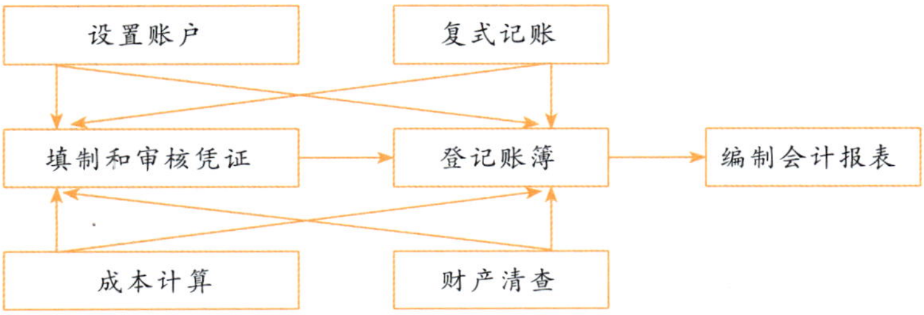

图 1-2　会计核算方法关系图

视野拓展1-3

会计核算方法口诀

会计核算方法七，设置账户属第一；
复式记账最神秘，填审凭证不容易；
登记账簿要仔细，成本核算讲效益；
财产清查对账实，编制报表工作齐。

知识窗1-3

有人说会计就是记账、算账、报账；也有人说在财务部门工作的人就是会计。请同学们思考：这些说法对不对？究竟什么是会计？会计是怎样产生的？日常的会计工作主要有哪些？充分认识会计是做什么的。

项目小结

1.现代会计是以货币为主要计量单位，运用一系列的专门方法对经济单位的经济活动进行核算和监督的经济管理工作。

2.会计的基本职能是核算和监督。

3.会计的一般对象是单位的经济业务活动。

4.会计的基本假设是会计主体、持续经营、会计分期和货币计量。

5.会计基础有权责发生制和收付实现制两种。

6.会计核算的基本方法包括设置账户、复式记账、填制和审核凭证、登记账簿、成本计算、财产清查和编制会计报表七种。

关键概念

会计　核算　监督　会计目标　会计对象　会计假设　会计基础　会计核算方法

项目2

会计要素与等式构建

学习目标

知识目标：了解会计要素的含义，理解各会计要素的特征、分类及计量方式，掌握反映会计要素之间关系的会计等式及其变化形式。

技能目标：掌握不同经济内容归属的会计要素。

素养目标：树立尽好责、理好财的思想，热爱本职工作，忠于事业，培养有扎实专业知识的专业素养。

【德技兼修】

孔子与会计

孔子是我国儒家学派的创始人，不仅在政治、文化、教育等方面对后世有着深刻的影响，而且他的经济思想对后世也有深刻的影响。

据《孟子·万章下》记载："孔子尝为委吏矣。"孔子说："会计当而已矣。"这是孔子在当小会计中领悟出来的。

从经济活动的主体内部来分析，首先，对于经济事项，会计要判断恰当，透过现象看本质，才能去伪存真，处理得当，使所有者的财产不受损失。当收则收，不能多收也不能少收；当用则用，不能多用也不能少用，也就是孔子说的"当而已矣"。其次，会计要对经济事项进行记录，而且要正确地记录、正当地记录，必须做到毫厘不爽、账物相符、账钱相符、准确无误。要做到这些，会计人员必须谨慎细心，不能粗枝大叶，也是"当而已矣"。对经济活动主体外部以及会计而言，还要进行适当的表述，不仅要让会计看得懂，而且要让管理者和所有者看得懂。有多少物质，有多少钱财，当时的会计应该没有假账，这种表述对内亦可，对外亦可，这类似于我们的会计报表以及会计报表附注，还是"当而已矣"。此外，孔子还对会计提出了要求。他认为"君子喻于义，小人喻于利"。"义"，《中庸》解释为"义者，宜也"，也就是正当的行为、正当的事。孔子的"当而已矣"，还可以理解为他要求会计采取正当的行为，做正当的事，也就意味着对会计提出了职业道德的要求。孔子的一句"当而已矣"，将小会计中的大学问表达、演绎得淋漓尽致。

虽然孔子在财务方面的言论较少，但他的这些言论都是他的经验之谈，即使千年之后，仍然相当精辟深刻，对我们今天的财务工作依旧具有借鉴作用。

资料来源 杨良成. 孔子论会计［EB/OL］.［2017-07-13］. https://shuo.news.esnai.com//article/201707/159930.shtml.

任务 2.1 识别会计要素

会计要素是对会计核算和监督的内容按照一定的标准进行基本分类后所形成的若干个要素，是会计对象的具体化，是用于反映会计主体财务状况、确定经营成果的基本单位，是会计报表内容的基本框架，也是账户的归并和概括。会计要素可分为静态会计要素与动态会计要素两大类。

2.1.1 资产

1）资产的定义

资产要素

资产是指企业过去的交易或者事项形成的、由企业拥有或者控制的、预期会给企业带来经济利益的资源。资产是会计六要素中最重要的要素。一个企业若没有资产，就没有经营的基础，也就不会产生其他会计要素。

2）资产的特征

（1）资产能够给企业带来未来经济利益

资产预期会给企业带来经济利益，是指资产单独或与其他资产相结合，直接或间接导致现金和现金等价物流入企业的潜力。资产的本质就是可以在未来给企业带来经济利益。带来未来经济利益的资产可以是有形的，也可以是无形的，但必须是具有交换价值或使用价值、可以给企业带来现金流入的资源。没有交换价值或使用价值的资源，是不能给企业带来未来效益的，应作为企业的损失或费用进行确认，而不应作为资产。如一条在技术上已经被淘汰的生产线，尽管在实物上仍旧存在，但是它实际上已经不能用于产品生产，不能给企业带来经济利益，所以不应将其确认为企业的资产，而应确认为一项资产损失。

（2）资产是由企业拥有或者控制的

企业拥有或者控制，是指企业享有某项资源的所有权，或者虽然不享有某项资源的所有权，但该资源能被企业所控制。资产作为企业未来经济利益的本质，决定了一个会计主体要确认某项资产，就必须能够享有该项资产未来所带来的经济利益（报酬）。需要注意的是，这里的控制权并不是指对该项资产的所有权，而是指实质上控制该项资产所带来的经济利益的权利。例如，融资租入的固定资产，企业虽不具有对该项资产的所有权，但是该项资产所生产的产品由企业控制，企业实质上享有了其所带来的经济利益，因而企业对融资租入的固定资产具有控制权，应将其确认为一项固定资产进行核算。而对经营租入的资产，企业则不能确认为资产入账。

（3）资产是由过去的交易或者事项所形成的

企业过去的交易或者事项包括购买、生产、建造行为或其他交易或者事项。资产是由过去的交易或事项所产生的结果，也就是说，资产必须是现实的资产，而不能是预期的资产，是由于过去已经发生的交易所产生的结果。至于未来交易或事项以及未发生的交易或事项可能产生的结果，则不属于现时的资产，不得作为资产确认。如企业在 3 月份与他人签订一项购买汽车的合同，约定的购买时间是4月份，则在3月份不能将汽车作为资产入账。

3）资产的分类

资产按其流动性划分为流动资产和非流动资产。

（1）流动资产

流动资产是指预计在一个正常营业周期中能够变现、出售或耗用的资产，或者主要为交易目的而持有，或者预计自资产负债表日起1年内（含1年）变现的资产，以及自资产负债表日起1年内用于交换其他资产或清偿负债的能力不受限制的现金和现金等价物，主要包括货币资金、交易性金融资产、应收及预付款项、存货等。

❶货币资金，包括库存现金、各种银行存款等。

❷交易性金融资产是指企业持有的以公允价值计量且其变动计入当期损益的金融资产。比如，企业以赚取差价为目的从二级市场购入的股票、债券、基金等。

❸应收及预付款项是指企业在日常生产经营过程中发生的各项债权，包括应收账款、应收票据、应收利息、应收股利、其他应收款和预付款项等。

❹存货是指企业在日常活动中持有以备出售的产成品或商品、处在生产过程中的在产品、在生产过程或提供劳务过程中耗用的材料和物料等，包括各类材料、商品、在产品、半成品、产成品等。

（2）非流动资产

非流动资产是指流动资产以外的资产，主要包括长期股权投资、固定资产、在建工程、工程物资、无形资产等。

❶长期股权投资通常为企业长期持有、不准备随时出售，投资企业成为被投资企业股东，按所持有的股份比例享有权益并承担责任的投资。

❷固定资产是指同时具有下列特征的有形资产：为生产商品、提供劳务、出租或经营管理而持有；使用寿命超过一个会计年度。

❸无形资产是指企业拥有或者控制的没有实物形态的可辨认非货币资产。

由此可见，资产的表现形式可以是实物形态，如厂房设备、材料；可以是债权形态，如应收账款、应收利息；也可以是无形的，如专利权、商标权等无形资产。

2.1.2　负债

1）负债的定义

负债是指企业过去的交易或者事项形成的、预期会导致经济利益流出企业的现时义务。

负债要素

2）负债的特征

（1）负债是由过去的交易或者事项形成的

也就是说，导致负债的交易或事项必须已经发生。例如，购置货物或使用劳务会产生应付账款（已经预付或是在交货时支付款项的除外），接受银行贷款则会产生偿还贷款的义务。只有源于已经发生的交易或事项，会计上才有可能确认为负债。正在筹划的未来交易或事项，如企业的业务计划、与供货单位签订的供货合同等，不应确认为负债。

（2）负债是企业承担的现时义务，而不是潜在义务

现时义务是指企业在现行条件下已承担的义务。这是由“负债是由过去的交易或事项

形成的”的特征所决定的。只有过去的交易或事项才可能形成企业的现时义务，而如果是“未来承诺”，则不可能形成现时义务，如企业计划向银行借款，则在未借款时不会形成对银行的偿还义务，因而不能确认为企业的负债。所以，未来发生的交易或者事项形成的义务，不属于现时义务，不应当确认为负债。

（3）负债的清偿预期会导致经济利益流出企业

负债的清偿也就是现时义务的履行通常关系到企业放弃含有经济利益的资产，如用现金、固定资产、原材料等进行债务的清偿。除此以外，企业还可以用多种形式进行负债的清偿，但最终都会导致经济利益流出企业，如企业可以通过提供劳务的方式进行负债的清偿，然而却需要支付工资，从而导致经济利益流出企业。

3）负债的分类

负债按其**偿还期限的长短**，可以分为**流动负债**和**非流动负债**。

（1）流动负债

流动负债是预计在一个正常营业周期中清偿，或者主要为交易目的而持有，或者自资产负债表日起1年内（含1年）到期应予以清偿，或者企业无权自主地将清偿日期推迟至资产负债表日后1年以上的负债。流动负债主要包括短期借款、应付票据、应付账款、预收款项、应付职工薪酬、应交税费、应付利息、应付股利、其他应付款等。

（2）非流动负债

非流动负债是指流动负债以外的负债，主要包括长期借款、应付债券、长期应付款、预计负债等。

2.1.3 所有者权益

1）所有者权益的定义

所有者权益是指企业资产扣除负债后**由所有者享有的剩余权益**。公司的所有者权益又称为股东权益，其金额为资产减去负债后的余额。可见，**所有者权益的计量取决于资产与负债的计量**。

所有者权益要素

2）所有者权益的特征

其一，除非发生减资、清算或分派现金股利，企业不需要偿还所有者权益。

其二，企业清算时，只有在清偿所有的负债后，所有者权益才能返还给所有者。

其三，所有者凭借所有者权益能够参与企业利润的分配。

由以上特征可以比较得出所有者权益与负债的区别：

其一，负债是企业对债权人所承担的经济责任，企业负有偿还的义务；而所有者权益是企业对投资人所承担的经济责任，在一般情况下不需要归还投资者。

其二，在企业清算时，负债拥有优先求偿权，即企业的资产只有在清偿所有的负债后，才返还给投资者。在偿还顺序上，负债具有优先权，所有者权益是剩余权。

其三，债权人只享有按期收回利息和债务本金的权利，而无权参与企业的利润分配和经营管理；投资者则既可以参与企业的利润分配，也可以参与企业的经营管理。

3）所有者权益的内容

对任何企业而言，其资产形成的资金来源不外乎两个：一是债权人；二是所有者。债权人对企业资产的要求权形成企业的负债，所有者对企业资产的要求权形成企业的所有者权益。所有者权益的来源包括所有者投入的资本（包括实收资本和资本溢价等资本公积）、其他综合收益和留存收益（包括盈余公积和未分配利润）等。

投入资本，是指投资者投入企业经营活动的各种财产物资。

资本公积，包括企业收到投资者出资额超过其在注册资本中所占份额的部分以及其他资本公积。

企业收到投资者出资超过其在注册资本中所占份额的部分称为资本或股本的溢价，应作为资本公积进行核算。

其他综合收益是指企业根据企业会计准则规定未在损益中确认的各项利得和损失扣除所得税影响后的净额。

利得是指由企业非日常活动所形成的、会导致所有者权益增加的、与所有者投入资本无关的经济利益的流入。

损失是指由企业非日常活动所形成的、会导致所有者权益减少的、与向所有者分配利润无关的经济利益的流出。

留存收益，是指企业从历年实现的利润中提取或留存于企业的内部积累，它来源于企业的生产经营活动所实现的利润，包括企业的盈余公积和未分配利润两部分。盈余公积是指按照国家有关规定从利润中提取的公共积累；未分配利润是指企业本期未分配完的或待以后年度分配的利润。

资产、负债、所有者权益三个要素反映了企业在某一特定时点拥有的经济资源及其分布情况，以及经济资源的来源结构，表明了投资者在企业资产中所占的份额及为偿还债务预期将流出的经济资源数额，从而反映了企业在某一特定时点的偿债能力和支付能力，是反映**企业财务状况**的会计要素，也称作**静态要素、资产负债表要素**。

案例窗 2-1

2年前某日，几个人合伙创建了一家企业，共筹资500万元（其中，合伙人投资300万元，从银行借款200万元），用以建厂房、买设备和材料，形成企业的资产。经过2年的苦心经营，某日企业已拥有资产600万元，需要偿还各种债务200万元。

试计算：企业的净资产为多少？企业的留存收益又是多少？

案例分析提示：

由于企业的净资产是全部资产扣除全部负债后的差额，因此，2年后的某日该企业的净资产为400万元（600−200）。

企业留存收益属于所有者权益，由于2年前某日该企业的所有者权益为300万元（500−200），且均为实收资本，2年后某日该企业的所有者权益为400万元，扣除初始投资形成的实收资本300万元，所以留存收益应为100万元（400−300）。

2.1.4　收入

1）收入的定义

收入是指企业在日常活动中形成的、会导致所有者权益增加的、与所有者投入资本无关的经济利益的总流入，包括销售商品收入、劳务收入、利息收入、商标等无形资产的使用费收入、租金收入、股利收入、资产处置收益和其他收益等，**不包括为第三方或客户代**

收的款项。

2）收入的特征

（1）收入是企业在日常的经营活动中形成的

收入是企业在日常的经营活动中形成的，而不是在偶发的交易或事项中形成的。企业为完成其经营目标而从事的经济活动称为日常活动，由日常活动而形成的经济利益的流入才能称为收入。

（2）收入最终会导致所有者权益的增加

收入可以为企业带来经济利益，其表现形式是多种多样的：有时表现为资产的增加（如企业销售商品并收到银行存款，在销售收入发生的同时增加了企业的资产），也有可能表现为负债的减少（如以销售商品抵偿债务），或者二者兼而有之（如商品销售的货款中部分抵偿债务，部分收到现金）。由于收入是企业经济利益的流入，收入的发生必然会导致企业利润的增加，收入无论表现为资产的增加还是负债的减少，最终都会导致企业所有者权益的增加。

（3）收入所导致的所有者权益的增加与所有者投入资本无关

收入是企业经营现有资产的所得，而非所有者投入资本带来的经济利益的流入，所有者向企业投入资本虽然也可以导致所有者权益的增加，但是它不是企业日常经营的成果，因而不能作为收入要素。

（4）收入只包括本企业经济利益的流入，不包括为第三方或客户代收的款项

代收的款项，一方面增加企业的资产，另一方面增加企业的负债，因此不增加企业的所有者权益，也不属于本企业的经济利益，不能作为本企业的收入，如旅行社代客户购买门票而收取的票款等。

3）收入的分类

按收入的性质，收入要素包括销售商品收入、提供劳务收入和让渡资产使用权等取得的收入；按企业经营业务的主次分类，收入要素包括主营业务收入和其他业务收入及股利、利息等投资收益。其中，主营业务收入一般占企业收入的比重较大，对企业的经济效益产生较大的影响。

知识窗 2-1

收入和利得有何异同？

它们都是经济利益的流入，但收入是由日常活动引起的，利得是由非日常活动引起的。收入在会计处理中，可以计入主营业务收入或其他业务收入；而利得一般有两个去向，分别计入营业外收入或其他综合收益。具体归纳见表 2-1。

表 2-1　收入和利得的异同点及核算方法

项目	共同点	不同点	核算方法
收入	经济利益流入	日常活动引起	计入主营业务收入或其他业务收入
利得	经济利益流入	非日常活动引起	计入营业外收入或其他综合收益

2.1.5 费用

1）费用的定义

费用是指企业在日常活动中发生的、会导致所有者权益减少的、与向所有者分配利润无关的经济利益的总流出。

2）费用的特征

（1）费用是企业在日常活动中形成的经济利益的流出

费用是企业在日常活动中形成的经济利益的流出，而不是在偶发的交易或事项中发生的经济利益的流出。也就是说，日常活动形成的经济利益的流出才称为费用，如工业企业支付当期的借款利息所导致的经济利益的流出应作为费用；反之，企业在非日常活动中发生的经济利益的流出称为损失，损失不能作为费用要素，如支付赔偿款、罚款等。

（2）费用最终导致所有者权益的减少

费用导致企业经济利益流出的形式是多种多样的：有时表现为资产的减少，如企业用银行存款支付当期的办公费，则费用发生的同时减少了企业的资产；有时表现为负债的增加，如企业当期发生租赁费，但没有实际支付，则费用发生的同时增加了企业的负债。由于费用是企业经济利益的流出，费用的发生必然会导致企业利润的减少，费用无论表现为资产的减少还是负债的增加，最终都会导致企业所有者权益的减少。

（3）费用所导致的所有者权益的减少与向所有者分配利润无关

费用是企业经营现有资产的耗费，而非因向所有者分配利润而流出的经济利益。向所有者分配利润虽然也可以导致所有者权益的减少，但这种减少属于所有者权益的抵减项目，不能作为费用要素。

3）费用的分类

按照费用与收入的关系，费用可以分为营业成本、税金及附加和期间费用。

营业成本是指所销售商品或提供劳务的成本。营业成本按照其所销售商品或提供劳务在企业日常活动中所处的地位，可以分为主营业务成本和其他业务成本。企业已销商品或已提供劳务的成本包括为生产该商品或劳务所发生的直接费用和间接费用。其中，直接费用是直接为生产商品和提供劳务而发生的费用，包括直接材料费用、直接人工费用及其他直接费用等；间接费用是生产部门（如车间）为组织和管理生产而发生的费用，称为制造费用，其通过分配计入生产成本。企业发生的直接费用和间接费用先计入产品或劳务的成本，待其销售或对外提供后转为营业成本。

税金及附加是指企业在生产经营活动过程中产生的税金及附加费。

期间费用是指为取得本期收入所发生的费用，包括管理费用、财务费用与销售费用。管理费用是指企业行政管理部门为组织和管理整个企业的生产经营活动而发生的各种费用，如行政管理人员的工资、办公费、管理用固定资产折旧费与维修费等。财务费用是指企业为筹集生产经营所需资金等而发生的筹资费用，如借款的利息费用等。销售费用是指在销售商品和材料、提供劳务的过程中发生的各种费用，如广告费、展览费、销售过程中的保险费、包装费、运输费、装卸费以及专设销售机构的经常性费用等。

2.1.6 利润

1）利润的定义

利润是指企业在一定会计期间的经营成果，包括收入减去费用后的净额、直接计入当期利润的利得和损失等。

2）利润的构成

利润由营业利润、利润总额和净利润构成。

营业利润是指营业收入减去营业成本、税金及附加、销售费用、管理费用、研发费用、财务费用、资产减值损失、信用减值损失，加上其他收益、投资收益（或减去损失）、净敞口套期收益（损益）、公允价值变动收益（或减去损失）、资产处置收益后的金额。其中，营业收入为主营业务收入与其他业务收入之和；营业成本为主营业务成本和其他业务成本之和。

利润总额是指营业利润加上营业外收入，减去营业外支出后的金额。营业外收入包括与企业日常活动无关的政府补助、盘盈利得、捐赠利得等。营业外支出包括非流动资产毁损报废损失、罚款支出、公益性捐赠支出、非常损失、盘亏损失等。

净利润是指利润总额减去所得税费用后的金额。所得税费用是指企业按照国家规定计算的应计入当期损益的所得税费用。

收入、费用、利润三个会计要素可以及时反映企业在一定会计期间的经营成果和获利能力，反映企业的投入产出效率和经济效益，有助于企业投资者和债权人据此进行盈利预测，评价企业经营绩效，作出正确的决策，是反映企业经营成果的会计要素，也称作动态要素、利润表要素。

知识窗 2-2

上了大学的你已经成为一个独立的个体，你的学杂费可能是父母给的，也可能是贷款或向周围亲戚朋友借的。在学校生活，你会买一些生活、学习用品等，你可能为了减轻家里的经济负担，还在外面勤工俭学，有一些收入。一学期结束，你有多少资产，还欠别人多少钱，自己有多少本钱？这反映了你的财务状况。一学期中你勤工俭学收入多少，开支成本多少，盈利多少？这反映了你的经营成果。会计上，把上述表达财务状况、经营成果的项目，叫作“会计要素”，即资产、负债、所有者权益、收入、费用、利润。

结合企业会计六要素，假定自己是一个会计主体，划分自己各项经济内容所属的会计要素，并记载自己某月月初的资产、负债、所有者权益数额，该月的收入和费用数额，以及月末的资产、负债、所有者权益数额。

2.1.7 会计要素的计量

会计计量是为了将符合确认条件的会计要素登记入账并列报于财务报表而确定其金额的过程。企业应按照规定的会计计量属性进行计量，确定相关金额。从会计角度看，计量属性反映的是会计要素金额的确定基础，主要包括历史成本、重置成本、可变现净值、现值和公允价值等。

1）历史成本

历史成本，又称为实际成本，就是取得或制造某项财产物资时所实际支付的现金或者现金等价物金额。

2）重置成本

重置成本又称现行成本，是指按照当前市场条件，重新取得同样一项资产所需支付的现金或现金等价物金额。

3）可变现净值

可变现净值，是指在正常生产经营过程中以预计售价减去进一步加工成本和销售所必需的预计税金、费用后的净值。

4）现值

现值是指对未来现金流量以恰当的折现率进行折现后的价值，是考虑货币时间价值因素等的一种计量属性。

5）公允价值

公允价值，是指市场参与者在计量日发生的有序交易中，出售一项资产所能收到或者转移一项负债所需支付的价格。

任务2.2 构建会计等式

2.2.1 会计等式的内容

会计等式又称会计恒等式，是运用数学平衡式描述会计要素之间内在的数量关系的表达式。

企业从事生产经营活动，必须拥有或控制一定的经济资源，如劳动资料和劳动对象等，这些经济资源在会计中称为资产。企业的资产一般有两个来源：一是企业投资者投入的；二是企业债权人借给的。企业投资者就是企业的所有者，它向企业投入资产，是供企业作为资本来赚取利润的，它对投入的资产拥有要求权（或主张权），这种要求权在会计中称为所有者权益。企业债权人借给企业资产，是供企业有偿使用的，它对借给的资产拥有要求权（或索偿权），这种要求权是债权人权益，在会计中称为负债。一个企业在成立之初，其资产要么来自所有者的投资，要么来自债权人的借贷，因此，资产与负债、所有者权益之间存在如下等量关系：

资产=负债+所有者权益 （1）

上述等式体现了同一资金的两个不同侧面在价值上的恒等关系：资金存在形态（资产）等于资金来源渠道（负债+所有者权益）；有一定数量的资产，必然会有相等数量的权益，两者在价值量上是相等的。资产会随负债、所有者权益增减而呈同方向变化，即资产随着负债、所有者权益的增加而增加，并随着负债、所有者权益的减少而减少。企业发生的每项经济业务都不会破坏上述会计恒等式。

上述静态会计等式也可以写为：

资产-负债=所有者权益

请注意

所有者权益也称净资产，是企业的资产扣除负债以后剩余给所有者的权益。因为负债是优先于所有者权益的，所以上述等式不可改写为：资产-所有者权益=负债，这样的改写意味着企业所有的资产要先满足所有者的权益，剩余的才是债权人权益——负债，这正好颠倒了两者的先后顺序。

企业设立后，其资产当然不会闲置。企业将资产投入到生产经营中去，使其不断改变自身的形态，为企业带来经济利益。企业在生产经营活动中，一方面要销售商品或提供劳务，取得收入；另一方面又要消耗各种资产，发生费用。收入与费用之间的差额就形成利润。因此，收入、费用与利润之间存在如下等量关系：

收入－费用=利润　　　　　　　　　　　　　（2）

利润是企业的经营成果，作为所有者投资的回报，在未分配之前，全部归企业所有，是所有者权益的一部分。所以，企业在会计期间内生产经营过程中的任一时点上，会计等式又会转化为下面的形式：

资产=负债+所有者权益+（收入－费用）

或　资产=负债+所有者权益+利润

式中，由于收入与费用的发生，资产与负债的数量也较期初发生了变化，而至期末，当利润转入所有者权益后，等式则重新表示为：

资产′=负债′+所有者权益′

这一公式的含义是：在企业设立之日资产、负债、所有者权益平衡的基础上，经过一个会计期间的经营，在期末时，三者又建立了新的平衡关系。由此推理，可以得出结论：在企业持续经营期间的任何一个时点上（某日），资产与负债和所有者权益在数量上总是保持平衡关系。因此，公式（1）称为会计恒等式。建立会计恒等式有着重要的意义，它是复式记账等会计方法的理论基础。

案例窗 2-2

1.小王大学毕业，决定自谋职业。和家人商量后，决定开一家小型软件开发公司。开公司需要创业资金。小王通过以下渠道筹集了100 000元：

a.家庭投入50 000元；

b.向同学借款30 000元；

c.向银行贷款20 000元。

上述资金都存在银行，其之间的相互关系可以用一个恒等式表示：

银行存款100 000元=银行贷款20 000元+同学借款30 000元+家庭投入50 000元

2.上述恒等式，如果用会计语言表达，即为：资产＝负债+所有者权益

资产：银行存款100 000元是小王能够控制的给自己带来经济利益的资源。

负债：银行贷款20 000元和同学借款30 000元是小王承担的未来经济利益流出的义务。

所有者权益：家庭投入（本钱）50 000元属于小王自己所拥有的权益，为资产减去负债之后的差额。

3.公司经营后，银行存款用于多方面开支，有60 000元从银行存款中划出，即：30 000元买设备，20 000元买材料，另提取现金10 000元备用。无论怎么变化，上述恒等式不变。即：

$$\underset{100\ 000元}{资产}\left(\underset{30\ 000元}{设备}+\underset{20\ 000元}{材料}+\underset{10\ 000元}{现金}+\underset{40\ 000元}{银行存款}\right)=\underset{50\ 000元}{负债}+\underset{50\ 000元}{所有者权益}$$

其中：

设备——使用期限在1年以上，价值大，流动性弱，叫“固定资产”；

材料——一次领用就一次消耗，流动性较强，叫“流动资产”；

现金和银行存款：流动性最强，也叫“流动资产”。

上述恒等式可表达为：

流动资产70 000元+固定资产30 000元=负债50 000元+所有者权益50 000元

4.年底，小王算了算公司开业以来的经营情况，有收入50 000元，支出材料费、人工费、房租费等20 000元。于是，利润30 000元=收入50 000元－费用20 000元。同时，12月31日小王发现公司的资产状况也有了新的变化：

资产=银行存款70 000元+设备60 000元=130 000（元）

如果此时小王公司的负债和所有者权益还是最初数，那么恒等式该如何表达？

即：资产130 000元=负债50 000元+所有者权益50 000元+？

显然等式右边的差额30 000元，即为小王公司实现的利润，这部分利润应该是归属于小王的新增权益。如此的话，恒等式即为：

资产=负债+所有者权益（本钱+利润）

用会计语言表示，即：

资产=负债+所有者权益（实收资本50 000元+未分配利润30 000元）

会计核算的原理以及资产负债表就是建立在这个恒等式基础上的。

2.2.2　经济业务及其对会计等式的影响

1）经济业务的类型

在会计上，把凡是应当办理会计手续，也能运用会计方法来反映的经济活动，称为经济业务。

经济活动可分为两类：一类是应当办理会计手续，也能运用会计方法进行反映的经济活动，如采购商品、销售商品、支付费用等；另一类是不应当办理会计手续，或不能运用会计方法来反映的经济活动，如签订采购商品、销售商品合同等。只有那些应当办理会计手续，也能运用会计方法进行反映的经济活动，才能称为经济业务（也称会计事项）。经济业务根据其对会计等式的影响情况，可以分为以下四种类型：

（1）等式两边同增的会计事项

等式两边同增的会计事项是指使会计等式左右两方以相等的金额同时增加的经济业务，如投资者向企业投入资金、企业向银行借入借款等业务。该类经济业务的发生虽然会导致资产与权益总额同时增加，但是不会改变资产与权益的平衡关系。

（2）等式两边同减的会计事项

等式两边同减的会计事项是指使会计等式左右两方以相等的金额同时减少的经济业务，如企业用银行存款偿还借款，退回投资者的资本金等业务。该类经济业务的发生虽然会导致资产与权益总额同时减少，但是不会改变资产与权益的平衡关系。

（3）等式左边此增彼减的会计事项

等式左边此增彼减的会计事项是指使会计等式左方资产项下的各资产之间以相等的金额一增一减的经济业务，如用银行存款购买原材料、固定资产等业务。该类经济业务的发生只是等式左边项目内部的此增彼减，不会改变资产与权益的平衡关系。

（4）等式右边此增彼减的会计事项

等式右边此增彼减的会计事项是指使会计等式右方各项目之间以相等的金额一增一减的经济业务，如用资本公积转增实收资本（或股本），银行将借款转为对企业的投资等业务。该类经济业务的发生只是等式右边项目内部的此增彼减，不会改变资产与权益的平衡关系。

综上所述，可将经济业务对会计等式的影响具体划分为：

（1）对“资产=权益”等式的影响

❶资产与权益同时等额增加；

❷资产方等额有增有减，权益不变；

❸资产与权益同时等额减少；

❹权益方等额有增有减，资产不变。

（2）对“资产=负债+所有者权益”等式的影响

❶资产和负债要素同时等额增加；

❷资产和负债要素同时等额减少；

❸资产和所有者权益要素同时等额增加；

❹资产和所有者权益要素同时等额减少；

❺资产要素内部项目等额有增有减，负债和所有者权益要素不变；

❻负债要素内部项目等额有增有减，资产和所有者权益要素不变；

❼所有者权益要素内部项目等额有增有减，资产和负债要素不变；

❽负债要素增加，所有者权益要素等额减少，资产要素不变；

❾负债要素减少，所有者权益要素等额增加，资产要素不变。

2）经济业务对会计等式的影响示例

会计主体的资产存置状态和权益的构成并不是固定不变的，企业在经营过程中，不断发生各种经济业务（如购买材料、归还借款等），其发生必然会引起资产和权益等各个会计要素之间以及自身内部发生相应的增减变化。下面以永和有限责任公司发生的经济业务为例说明经济业务对会计等式的影响。

【例 2-1】收到投资者投入的资本金 1 000 000 元，已存入银行。

这笔经济业务的发生，一方面使资产方的银行存款增加了 1 000 000 元，另一方面使权益方的实收资本也增加了 1 000 000 元。由于会计等式左右两方的资产和所有者权益项目以相等的金额同时增加，因此会计等式的平衡关系依然成立。

【例 2-2】以银行存款 500 000 元偿还银行的短期借款。

这笔经济业务的发生，一方面使资产方的银行存款减少了 500 000 元，另一方面使负债方的短期借款也减少了 500 000 元。由于会计等式左右两方的资产和负债项目以相等的金额同时减少，因此会计等式的平衡关系依然成立。

【例 2-3】购入机器设备一台，价值 800 000 元，已用银行存款支付。

这笔经济业务的发生，一方面使一项资产——固定资产增加了 800 000 元，另一方面使另一项资产——银行存款减少了 800 000 元。由于资产方一个项目增加，另一个项目减少，而且增减金额相等，因此会计等式的平衡关系依然成立。

【例 2-4】中国工商银行将贷给永和有限责任公司的长期借款 3 000 000 元转作对该公

司的投资。

对于永和有限责任公司，这笔经济业务的发生，一方面使一项负债——长期借款减少了3 000 000元，另一方面使一项所有者权益——实收资本增加了3 000 000元，由于权益方一个项目增加，另一个项目减少，而且增减金额相等，因此会计等式的平衡关系依然成立。

从上述经济业务的分析中我们看到，企业无论发生何种经济业务，引起了会计要素的怎样变化，都不会破坏会计等式的平衡关系。这是由于会计事项的发生不外乎这几种情况，即一项经济业务的发生或者引起等式左右两边项目同时增加相等的数额，或者引起等式左右两边项目同时减少相等的数额，或者引起等式左边项目此增彼减相等的数额，或者引起等式右边项目此增彼减相等的数额，因而会计等式的平衡关系不会因为经济业务的发生而改变。

案例窗 2-3

会计要素的划分

小李和小张于2024年3月1日用10 000元银行存款投资开办了一家电脑维修部，从事电脑维修服务，并附带销售电脑配件。

（1）他们首先租了一个门面房，每月房租1 000元，第一个月房租已经支付；

（2）花费2 500元购买了一些修理用的工具和配件；

（3）为了方便出行，花费400元买了一辆自行车；

（4）在报纸上做了广告，广告费750元，其中250元的广告费未支付；

（5）支付请来帮助修理电脑同学的报酬300元；

（6）3月15日，小李和小张从银行共提取1 000元用于个人生活支出；

（7）3月31日，收到水电费缴费单，共计100元，尚未支付；

（8）当月电脑维修收入全部已存入银行，3月31日银行账户余额为7 000元。

小李和小张认为他们第一个月经营情况不错，尽管亏了3 000元，但打开了市场。

请分析：

（1）小李和小张依据什么计算亏了3 000元，依据正确吗？

（2）电脑维修部3月底有哪些资产和负债？

（3）电脑维修部3月份的收入和费用是多少？

案例分析提示：

（1）小李和小张是依据3月1日银行存款余额10 000元，3月31日银行存款余额只剩7 000元，所以认为亏了3 000元，显然以收付实现制为基础计算的盈亏是不正确的。

（2）电脑维修部3月31日有资产：银行存款、修理用的工具和配件、自行车和现金；3月31日有负债：应付的广告费和应交的水电费。

（3）电脑维修部3月份的收入=7 000-（10 000-1 000-2 500-400-500-300-1 000）=2 700（元）。

由于未知3月修理用工具和配件及自行车的折旧，因此无法计算权责发生制下的该月费用。

项目小结

1.会计要素是对会计对象的具体分类，划分为资产、负债、所有者权益、收入、费用和利润六要素。

2.会计要素的计量属性包括：历史成本、重置成本、可变现净值、现值和公允价值。

3.会计恒等式表示为：资产=负债+所有者权益。任何经济业务的发生都不会破坏该恒等式。

关键概念

会计要素　资产　负债　所有者权益　收入　费用　利润　历史成本　重置成本　可变现净值　现值　公允价值　会计等式

项目3

会计科目与账户设置

学习目标

知识目标：理解设置会计科目的意义和设置原则，了解会计科目名称，掌握账户与会计科目的区别。

技能目标：能划分不同经济内容涉及的账户及其性质。

素养目标：树立坚持规范、做好细节小事的意识，培养诚信为本、不做假账的道德素养。

【德技兼修】

工匠精神　精益求精

徐立平，中国航天科技集团公司第四研究院7416厂高级技师。自1987年入厂以来，一直为导弹固体燃料发动机的火药进行微整形。在火药上动刀，稍有不慎蹭出火花，就可能引起燃烧爆炸。目前，火药整形在全世界都是一个难题，无法完全用机器代替。下刀的力道，完全要靠工人自己判断，药面精度是否合格，直接决定导弹的精准射程。0.5毫米是固体发动机药面精度允许的最大误差，而经徐立平之手雕刻出的火药药面误差不超过0.2毫米，堪称完美。

徐立平的工作是在与火药共舞，充满了危险性与挑战性。他能在这个行业扎下根来，精耕细作，练就了一手“绝活”，令人肃然起敬，对职业的热爱、敬畏，诠释了大国工匠的精神，以及耐心专注、精雕细琢、精益求精、追求卓越的精神理念。它既是一种做事的态度，也是一种从业的追求；既是一种职业的操守，也是一种文化的传承。热爱自己的工作才能竭其心智、穷其工力，热爱自己的工作才能不计得失、心甘情愿。堪称工匠者，必有对事业的沉静与专注，必有对细节的关注和对品质的追求。他们诚信重诺，视质量品牌为生命而决不妥协。他们摒弃浮躁，沉潜于事而滴水穿石。

作为中华民族优秀的文化基因和价值传承，工匠精神不只是培养工匠，不仅仅是“制造业之魂”，更应该成为全社会普遍的价值取向，为各行各业所必需。而对于广大财务会计工作者而言，“工匠精神”同样是会计人务实敬业、细致严谨、终身学习、不断提升职业胜任能力的基本元素和方向。会计人整天与数字信息打交道，而数字信息最讲求精确和完整。从某种意义上说，会计人是更高层次的工匠，会计职业更需要匠心传承。会计凭证、账簿、报表、财务报告就是会计人的产品，他们的工匠精神的最基本体现是在日常会计核算工作中的严谨细致，每一笔经济业务的核算都需要经历一个耐心细致的打造过程，从整理票据、复核付款，记一本本的账、填一张张的表，对经济业务进行完整、连续和系统的记录和核算，环环相扣，不容一丝差错，会计业务的处理过程既需要个人的精心打磨，又需要团队的协调合作。“多了一分”就是多了，哪怕差之毫厘，在会计人眼里也是失之千里，这种细致严谨经常不能被外人所理解。长年累月坐得稳板凳，耐得住寂寞，简单而枯燥的背后，体现的是他们对财务会计工作遵循准则、精益求精、不做假账的职业精神和会计人应有的职责担当。

任务 3.1　分类会计科目

3.1.1　会计科目的含义

会计科目是按照经济业务的内容和经济管理的要求，对会计要素的具体内容进行科学分类核算的科目。

由于企业的经济业务错综复杂，即使涉及同一会计要素也往往具有不同的内容。例如，机器设备和材料虽然都属于资产，但它们的经济内容以及在经济活动中的周转方式和所起的作用各不相同。又如，应付供应商的材料款和银行借款虽然都是负债，但它们形成的原因和偿付期限也各不相同。因此，必须将会计要素按不同经济内容进行分类，这样，资产类就可以分为库存现金、银行存款、固定资产、原材料等；负债类就可以分为短期借款、长期借款、其他应付款等；所有者权益类就可以分为实收资本、资本公积、未分配利润等。

会计科目是进行会计核算的基本依据。任何企业、行政单位、事业单位等账户的开设、会计凭证的填制、会计账簿的登记、会计报表的编制等日常处理，均要运用会计科目。会计科目贯穿于会计核算的全过程，具有举足轻重的作用。在我国，企业会计准则和企业会计制度对各个行业的会计科目作了设定，各个单位可以根据实际情况参考采用。

案例窗 3-1

接“案例窗 2-2”资料，随着信息化管理的要求不断提高，小王的公司业务发展很快，公司的资产、负债、所有者权益、收入、费用很多、很复杂。为了详细、全面、系统地进行记录和反映，就应该对会计要素进行分类，给每一类一个名称，用会计语言来说就是“会计科目”的意思。一个要素之下该用多少或哪些会计科目？这个用不着你去考虑。在你去一家单位之前，单位已经根据自身业务的特点及管理的需求设置好了会计科目并在使用。

视野拓展 3-1

（1）会计科目是复式记账的基础。

（2）会计科目是编制记账凭证的基础。

（3）会计科目为成本核算及财产清查提供了前提条件。

（4）会计科目为编制会计报表提供了方便。

3.1.2　会计科目的分类

1）按反映的经济内容分类

（1）资产类科目

资产类科目是用以反映资产要素内容的会计科目，如反映货币资产的“库存现金”“银行存款”等科目；反映债权资产的“应收账款”等科目；反映存货资产的“原材料”“库存商品”等科目；反映非流动资产的“长期股权投资”“固定资产”“无形资产”等科目。

（2）负债类科目

负债类科目是用以反映负债要素内容的会计科目，如反映流动负债的“短期借款”“应付账款”等科目，反映非流动负债的“长期借款”等科目。

（3）共同类科目

共同类科目是既用以反映资产会计要素内容，又用以反映负债会计要素内容的会计科目，如反映银行间业务往来的资金清算款项的“清算资金往来”科目，反映在基础金融工具或基础金融变量之上，其价格取决于后者价格变动的派生产品，通过预测利率、汇率等行情走势，采用支付少量保证金或权利金签订远期合同或互换不同商品等交易形式的新兴金融工具的“衍生工具”科目等。

（4）所有者权益类科目

所有者权益类科目是用以反映所有者权益要素内容的会计科目，如反映企业资本金的“实收资本”等科目，反映留存收益的“盈余公积”等科目。

（5）成本类科目

成本类科目是用以反映产品生产过程中发生的各种直接费用和间接费用的会计科目，如反映制造成本的“生产成本”等科目，反映间接费用的“制造费用”等科目。

（6）损益类科目

损益类科目是用以反映生产经营过程中的收益及费用，计算确定损益的会计科目，如反映收入的“主营业务收入”等科目，反映费用的“管理费用”“财务费用”等科目。

以上六类会计科目构成了一个完整的会计科目体系，各类会计科目相互联系、相互补充，从而为全面、系统地反映各项经济业务内容，为会计信息需求者提供有用的会计信息做好了前提准备。

2）按反映经济内容的详细程度分类

（1）总分类会计科目

总分类会计科目又称一级会计科目。它是对会计对象具体内容进行总括分类的会计科目，是进行总分类核算的依据。总分类科目原则上由国家统一的会计制度进行规定。

（2）明细分类会计科目

明细分类会计科目是在总分类会计科目的基础上设置的，它是根据经营管理和会计核算的需要对总分类会计科目所反映的经济内容进行进一步详细分类的会计科目。

为了适应经营管理和会计核算的需要，**明细分类会计科目可以分设多级，即在总分类会计科目下分别设置二级科目（子目）、三级科目（细目），以至更多的级次。**如在“原材料”总分类会计科目下可以开设“原料及主要材料”“辅助材料”“燃料”等二级科目，在各二级科目下还可以按照原材料的名称、规格等开设三级明细科目，对原材料进行明细分类核算。

总分类会计科目和明细分类会计科目性质相同，所反映的经济内容也相同，只是提供的核算信息详细程度不同而已。总分类会计科目提供的是总括、综合的核算信息，而下属的明细分类会计科目提供的是详细、具体的核算信息；总分类会计科目对明细分类会计科目具有统驭作用，明细分类会计科目对总分类会计科目具有补充的作用。会计科目级次的设置，要根据企业规模的大小和业务的繁简确定，规模大、业务复杂的单位可以按总分类会计科目、二级科目、三级科目层层开设；规模小、业务简单的单位只需要设置总分类会计科目和二级科目就可以了。在实际工作中，并非所有的总分类会计科目都需要设置明细分类会计科目，如“库存现金”“银行存款”“累计折旧”等会计科目一般不开设明细分类会计科目。

3.1.3　会计科目的设置

1）会计科目的设置原则

会计科目的设置原则有：

其一，合法性原则，指所设置的会计科目应当符合国家统一的会计制度的规定。

其二，相关性原则，指所设置的会计科目应当为提供有关各方所需要的会计信息服务，满足对外报告与对内管理的要求。

其三，实用性原则，指所设置的会计科目应符合单位自身特点，满足单位实际需要。

2）常用会计科目

我国《企业会计准则》规定企业的主要会计科目见表3-1。

表3-1　**会计科目表**

顺序号	编号	会计科目名称	顺序号	编号	会计科目名称
		一、资产类	56	2101	交易性金融负债
1	1001	库存现金	57	2201	应付票据
2	1002	银行存款	58	2202	应付账款
3	1012	其他货币资金	59	2203	预收账款
4	1101	交易性金融资产	60	2205	合同负债
5	1121	应收票据	61	2211	应付职工薪酬
6	1122	应收账款	62	2221	应交税费
7	1123	预付账款	63	2231	应付利息
8	1131	应收股利	64	2232	应付股利
9	1132	应收利息	65	2241	其他应付款
10	1221	其他应收款	66	2245	持有待售负债
11	1231	坏账准备	67	2314	受托代销商品款
12	1321	受托代销商品	68	2401	递延收益
13	1401	材料采购	69	2501	长期借款
14	1402	在途物资	70	2502	应付债券
15	1403	原材料	71	2601	租赁负债
16	1404	材料成本差异	72	2701	长期应付款
17	1405	库存商品	73	2702	未确认融资费用
18	1406	发出商品	74	2801	预计负债

续表

顺序号	编号	会计科目名称	顺序号	编号	会计科目名称
19	1407	商品进销差价	75	2901	递延所得税负债
20	1408	委托加工物资			**三、共同类**
21	1411	周转材料	76	3001	清算资金往来
22	1471	存货跌价准备	77	3101	衍生工具
23	1473	合同资产	78	3201	套期工具
24	1474	合同资产减值准备	79	3201	被套期项目
25	1475	合同履约成本			**四、所有者权益类**
26	1476	合同履约成本减值准备	80	4001	实收资本
27	1477	合同取得成本	81	4002	资本公积
28	1478	合同取得成本减值准备	82	4003	其他综合收益
29	1481	持有待售资产	83	4101	盈余公积
30	1482	持有待售资产减值准备	84	4103	本年利润
31	1485	应收退货成本	85	4104	利润分配
32	1501	债权投资	86	4201	库存股
33	1502	债权投资减值准备	87	4401	其他权益工具
34	1503	其他债权投资			**五、成本类**
35	1504	其他权益工具投资	88	5001	生产成本
36	1511	长期股权投资	89	5101	制造费用
37	1512	长期股权投资减值准备	90	5201	劳务成本
38	1521	投资性房地产	91	5301	研发支出
39	1531	长期应收款			**六、损益类**
40	1532	未实现融资收益	92	6001	主营业务收入
41	1601	固定资产	93	6051	其他业务收入
42	1602	累计折旧	94	6101	公允价值变动损益
43	1603	固定资产减值准备	95	6111	投资收益
44	1604	在建工程	96	6115	资产处置损益
45	1605	工程物资	97	6117	其他收益
46	1606	固定资产清理	98	6301	营业外收入
47	1607	使用权资产	99	6401	主营业务成本
48	1701	无形资产	100	6402	其他业务成本
49	1702	累计摊销	101	6403	税金及附加
50	1703	无形资产减值准备	102	6601	销售费用
51	1711	商誉	103	6602	管理费用
52	1801	长期待摊费用	104	6603	财务费用
53	1811	递延所得税资产	105	6701	资产减值损失
54	1901	待处理财产损溢	106	6711	营业外支出
		二、负债类	107	6801	所得税费用
55	2001	短期借款	108	6901	以前年度损益调整

为了便于编制会计凭证，登记账簿，查阅账目，实行会计信息化，会计科目的开设不仅要有名称，还需要对会计科目实行统一编号，见表3-1。会计科目的编号，就是以数码确定会计科目的所属类别及其在类别中的位置。在使用会计科目编号时，不能随意改变或者乱编号。

知识窗 3-1

会计学习离不开会计科目，通过网络了解一下每个会计科目都核算哪些特定的经济活动内容。

视野拓展 3-2

会计科目的内容有很多，对于初学者来说，要想在短时间内记清楚不是一件很容易的事，下面帮助大家归纳总结一下，以便于记忆：

（1）很多科目名称是相对应的：

❶ 收付对应：如应收票据和应付票据、应收股利和应付股利、应收账款和应付账款、预收账款和预付账款、其他应收款和其他应付款。

❷ 收支对应：如主营业务收入和主营业务成本、其他业务收入和其他业务成本、营业外收入和营业外支出。

❸ 长短对应：如短期借款和长期借款、应收账款和长期应收款、应付账款和长期应付款。

（2）有一些看得见摸得着的科目：如库存现金、原材料、周转材料、库存商品、固定资产、工程物资、在建工程等。

（3）有一些根据名字就可以理解其含义的科目：如库存现金、银行存款、应收股利、应收账款、其他应收款、材料采购、原材料、材料成本差异、库存商品、委托加工物资、受托代销商品、发出商品、长期股权投资、工程物资、在建工程、无形资产、长期待摊费用、待处理财产损溢、短期借款、应付账款、预收账款、应付职工薪酬、应付股利、应交税费、其他应付款、长期借款、长期应付款、本年利润、利润分配、生产成本、劳务成本、主营业务收入、其他业务收入、投资收益、主营业务成本、其他业务成本、所得税费用等。

（4）有些科目的最后两个字是“准备”：如坏账准备、存货跌价准备、长期股权投资减值准备、固定资产减值准备、无形资产减值准备等。

任务3.2 设置会计账户

3.2.1 账户的含义

账户是用来记录会计科目所反映经济业务内容的工具，它是根据会计科目开设的。账户以会计科目作为名称，同时又具备一定的格式，即结构。会计科目是对会计对象的具体内容进行分类，但它只有分类的名称而没有一定的格式，还不能把发生的经济业务连续、系统地记录下来，以取得经营管理所需的信息资料。因此，还必须根据规定的会计科目来设置账户，利用账户来记账，有利于分门别类、连续、系统地记录和反映各项经济业务，以及由此而引起的有关会计要素具体内容的增减变化及其结果。

账户与会计科目是两个既有联系又有区别的不同概念。会计科目和账户所反映的会计对象的具体内容是相同的，都体现了对会计要素具体内容的分类。会计科目是账户的名称，而账户是根据会计科目来设置的。因此，会计科目的性质决定了账户的性质，账户的分类和会计科目的分类一样，可分为资产类账户、负债类账户、共同类账户、所有者权益类账户、成本类账户和损益类账户。按会计科目提供核算资料的详细程度分类，相应地分为总分类账户和明细分类账户。会计科目和账户对会计对象的经济内容分类的方法和分类的用途及分类的结果是完全相同的。但是，账户除了有与会计科目相同的方面以外，还具有其自身的特征，即有自己的格式或结构，用来连续、系统、全面地记录和反映某种经济业务的增减变化及其结果。不过，在实际工作中，账户和会计科目这两个概念已不加严格区别，往往是互相通用的。

3.2.2 账户的基本结构

账户是用来连续、系统地记录经济业务的增减变动情况及其结果的载体，而企业的经济业务虽然复杂，但在数量上的变化归纳起来，不外乎增加和减少两种情况，例如，企业购入材料验收入库时，原材料的数量及金额就会增加，而当生产领用材料时，材料出库，原材料的数量及金额就会减少。因此，账户通过两列分别记录经济内容的增加（减少）与减少（增加），这就是账户的基本结构。在实际工作中，为了随时考查引起会计要素增减变动的经济业务事项的内容、记账时间与记账依据，账户中除“增加”和“减少”等基本部分外，还应包括“日期”“凭证字号”“摘要”“账户余额”等内容，这样就形成了账户的一般格式，见表3-2。

表3-2 **账户的一般格式**

年		凭证		摘 要	增 加	减 少	余 额
月	日	字	号				

为了便于理论与教学研究，也为了日常业务汇总与试算平衡的方便，账户的格式常常可以简化为左右两方，形成一个“T”形账户，如下所示：

会计科目名称	
增加（减少）	减少（增加）

账户一般提供四个金额要素，即期初余额、本期增加额、本期减少额、期末余额。每个账户的本期发生额反映的是该类经济内容在本期内变动的情况，而期末余额反映的是经济内容变动的结果。会计事项发生后，应将增加与减少额记在相应的栏目内。一定期间记

录到账户增加方的数额合计数，称为本期增加额；一定期间记录到账户减少方的数额合计数，称为本期减少额；期初余额加上本期增加额与本期减少额的差额就是账户的期末余额。因而账户的余额在方向上应与增加方一致。账户的本期期末余额转入下期即为下期的期初余额。期初余额、本期增加额、本期减少额、期末余额之间的关系如下：

期末余额=期初余额+本期增加额-本期减少额

具体记账中，账户的左右两方，究竟哪一方登记增加数，哪一方登记减少数，**取决于所采用的记账方法和各账户的性质**。

知识窗 3-2

去过中药房的人都会对中药房有很深的印象，那就是中药房的柜台背后有很多的抽屉，抽屉上面都有标签（如图3-1所示）。中药房为什么要有那么多抽屉？那是为了分类摆放药材。抽屉上的标签写的是什么？标签上写的是药材名称。如果没有抽屉，药材胡乱堆放，没有分类，要找药材非常麻烦；如果仅有抽屉，上面没有标签，不写药名，那就不知道抽屉里放的是什么药材，要找一种需要的药材同样非常麻烦。在会计核算中，设置会计科目和会计账户的目的与中药房设置抽屉与抽屉上面的标签相类似。会计账户如同抽屉，是为了分类“摆放”会计信息，而会计科目如同抽屉上面的标签，是为写明会计信息的名称。如果仅有会计科目，而没有会计账户，就如同中药房仅有药名的标签而没有抽屉一样，会计信息无法分类“摆放”；如果仅有会计账户，而没有会计科目，也如同中药房仅有抽屉而没有药名的标签一样，无法知道会计账户中“摆放”的是什么会计信息。

图 3-1　中药房抽屉

项目小结

1.会计科目是对会计要素具体内容进行科学分类的项目名称。

2.会计科目按反映的经济内容可分为：资产类、负债类、共同类、所有者权益类、成本类、损益类。

3.会计科目按反映经济内容的详细程度可分为总分类会计科目和明细分类会计科目。

4.账户是用来记录会计科目所反映经济业务内容的工具。

5.会计科目和账户都体现了对会计要素具体内容的分类，会计科目是账户的名称，账户是根据会计科目来设置的，但账户具有结构，会计科目是没有结构的。

关键概念

会计科目　总分类会计科目　明细分类会计科目　账户

项目4

复式记账应用

学习目标

知识目标：了解单式记账法和复式记账法的含义，掌握借贷记账法的记账原理。
技能目标：掌握借贷记账法的记账方法。
素养目标：树立严谨、科学解决会计问题的意识，逐步培养会计思维能力。

【德技兼修】

会计“三块铁”，你有几块？①

会计人员很容易成为“背锅侠”，这已是被无数案例证明的“铁论”。一个企业凡是与钱相关的事项都与会计人员脱不了干系。没事时，业务人员与会计人员“你好我好大家好”，有事时，业务人员轻飘飘地撂下一句“这些都是会计人员付的款、会计人员做的账，与我无关”，一下子就把“锅”甩给了会计人员。会计人员替人数钱付款，为公司做账编表，却经常无端遭遇“人在家中坐，锅从天上降”的尴尬，你觉得咱们会计人员冤不冤？冤与不冤，不能武断定论，而是要看在日常工作时，会计“三块铁”，你到底有几块？

铁算盘。这是对会计核算的要求，也是对所有从事财务工作的会计人员的基本技能要求。作为一名财务工作者，如果连基本的核算正确和准确都做不到，那就是不能胜任岗位，所以，需要会计人员会打“铁算盘”，把数据算准确，把账目算清楚。

铁公鸡。这是对降本节支的要求。会计人员不能像营销人员一样承揽订单直接为企业创造财富，但可以“精打细算”、节流增效，看好公司的每一分钱，该花的钱省着点花，不该花的钱绝不乱花。当然，这还需要公司领导层的大力支持和业务部门的协同配合。

铁心肠。这是对职业素质的要求。会计人员要有专业的职业判断能力，对于不合法、不合规的事项要坚决说“NO”，要坚持原则，坚守职业底线，绝不逾越红线或触碰“高压线”，既能坦然面对诱惑，亦能从容承受压力，秉持公平公正原则处理相关业务。

我们常说“打铁还需自身硬”，但是有铁才能打、才能硬，作为会计人员，有了“三

① 佚名. 会计“三块铁”，你有几块？[EB/OL]. [2021-04-01]. http://shuo.news.esnai.com/article/202104/215569.shtml.

块铁"，才有可能避免成为"背锅侠"！

任务4.1　认识记账方法

4.1.1　单式记账法

记账方法是会计核算的主要环节，它是对发生的经济业务按会计科目进行分类、整理和登记账簿的方法。按记录方式的不同，记账方法分为单式记账法和复式记账法。

单式记账法是对一笔经济业务，只用一个会计科目、一个账户进行登记，例如，用现金2 000元购买原材料，只对"库存现金"账户做减少的记录，或只对"原材料"账户做增加的记录。在我国，一般用收和付作为记账方向的符号进行记录："付出：库存现金2 000元"或"收入：原材料2 000元"。

单式记账法是一种比较简单的、不完整的记账方法，一般需要什么资料就登记什么资料，手续简单。各账户之间的记录没有什么直接的联系，也没有内在的平衡关系，因而不能全面、系统地反映一项经济业务的来龙去脉，也不便于检查账户记录的正确性，这种记账方法只适用简单的经济业务，做一些简单的记录。单式记账法的缺陷使其难以适应社会化大生产的需要，逐渐为复式记账法所取代。

4.1.2　复式记账法

1）复式记账法的含义

复式记账法，是指对发生的每一项经济业务，都以相等的金额，在相互联系的两个或两个以上账户中同时进行记录的记账方法。

比如前例用现金2 000元购买原材料一批，这项经济业务的发生，一方面使企业的库存现金减少了2 000元，另一方面使企业的原材料增加了2 000元。采用复式记账法，这项经济业务涉及"库存现金"和"原材料"这两个相互联系的账户，应以相等的金额2 000元在"库存现金"和"原材料"两个账户中进行全面登记，即在"库存现金"账户中登记减少2 000元，同时在"原材料"账户中登记增加2 000元。

复式记账法是从单式记账法发展而来的、以会计等式作为理论依据的记账方法。这种记账方法对每一项经济业务，从资金运动的内在联系出发，以相等的金额在两个或两个以上的有关账户中进行全面登记，有关账户之间的对应关系清楚，能反映资金的来龙去脉，反映经济业务的全过程，而且有关账户之间具有内在的平衡关系，便于检查账户记录的正确性，因此它是一种科学的记账方法。目前世界各国都采用复式记账法，对经济业务进行完整的记录。

2）复式记账法的种类

复式记账法是经过长期的会计实践形成的。过去，在我国，复式记账法有多种，主要有借贷记账法、增减记账法和收付记账法。其中，收付记账法又具体分为资金收付记账法、现金收付记账法、钱物收付记账法等。这些复式记账法，在我国过去的计划经济体制下都使用过相当长的时间，其特点是实用性强，易学易懂。但其缺点是理论上有缺陷，多种记账方法并存，国内记账方法不统一，而且与国际会计惯例不一致，外国人看不懂。1992年11月30日，我国财政部发布了《企业会计准则》，规定"会计记账采用借贷记账法"，这就统一了我国的会计记账方法。

任务 4.2　掌握借贷记账法

4.2.1　借贷记账法的产生与发展

借贷记账法产生于公元13世纪。在意大利，由于海上贸易较为发达，沿海城市已经形成了许多贸易中心，因此，在这些地方出现了一些专门从事借贷业务和兑换各种不同货币的银钱商，这些银钱商还为其他商人办理转账业务，在记账方法上形成了借贷记账法的原始形态——佛罗伦萨式簿记法。在当时的借贷记账法下，“借主”与“贷主”分别反映债权与债务的增减变动情况，即在账户中，分为上下两个部分进行登记，一部分登记债权，另一部分登记债务；在办理转账业务时，收进的存款记在“贷主”名下，付出的存款记在“借主”名下，这就形成借贷记账法借贷两字的由来。但是，这种原始形态的借贷记账法，只局限于债权、债务的结算，后来这种方法又扩展到实物以及现金的结算，账户的格式不再是上下两部分，而是分成了左、右两方，分别表示“借方”和“贷方”，形成了借贷记账法记账方向的符号。这一时期，以意大利的热那亚式簿记为代表。到了15世纪，借贷记账法在热那亚式簿记的基础上又增加了余额账户和损益账户及资本账户，发展成为威尼斯式簿记。

1494年，意大利的数学家、近代会计之父卢卡·帕乔利（Luca Pacioli）出版了《算术、几何、比及比例概要》（又称《簿记论》）一书，专篇专章系统地阐释了威尼斯式簿记的理论与方法。这本书的问世，揭开了世界会计史上崭新的一页。之后，该著作先后被译为英文、法文、荷兰文、西班牙文、德文等，在世界各国迅速传播，确立了借贷记账法作为世界公认的复式记账法的地位，标志着近代会计的产生，是近代会计发展史的里程碑。

我国最早介绍借贷记账法的著作是1905年由蔡锡勇所著的《连环账谱》。1907年，由谢霖和孟森合著的《银行簿记学》在日本东京发行，这是我国第二本介绍借贷记账法的著作。1858年（咸丰八年）后由英国人控制的海关是我国最早应用借贷记账法的部门。此外，西方资本家在中国开办的工厂、商行、银行也有应用借贷记账法的。

4.2.2　借贷记账法的内容

借贷记账法，是指以“借”和“贷”作为记账符号，对每一项经济业务，以相等的金额在两个或两个以上相互联系的账户中同时进行记录的一种复式记账法。

1）记账符号

记账符号，是会计上用来表示发生的经济业务所涉及的金额应该记入有关账户的左方金额栏还是右方金额栏的符号。借贷记账法以“借”和“贷”为记账符号，分别作为账户的左方和右方。“借”和“贷”作为纯粹的记账符号，既不单纯代表增加，也不单纯代表减少。对于一个账户而言，“借”和“贷”究竟哪个代表增加，哪个代表减少，要根据账户的性质及其核算内容来确定。

2）账户结构

在借贷记账法下，一切账户的左、右两方都以“借”和“贷”记账符号定名，人们习惯上把账户的左方叫“借方”，账户的右方叫“贷方”。为便于教学，通常将账户的格式用

"T"形账来表示，具体如下所示：

借方	账户名称（会计科目）	贷方

在借贷记账法下，所有账户的借方和贷方都要按相反的方向记录，即一方登记增加额，另一方登记减少额。但究竟是借方登记增加额、贷方登记减少额，还是贷方登记增加额、借方登记减少额，取决于账户记录的经济内容，亦即取决于会计科目的类别。

在借贷记账法下，按照经济内容的不同，应设置资产类、负债类、共同类、所有者权益类、成本类和损益类六类账户。

（1）资产类账户

资产类账户的结构是：借方登记资产的增加额，贷方登记资产的减少额，账户的余额通常在借方。资产类账户的结构如下所示：

借方	资产类账户		贷方
期初余额	×××		
本期资产增加额	×××	本期资产减少额	×××
	×××		×××
本期借方发生额合计	×××	本期贷方发生额合计	×××
期末余额	×××		

资产类账户期末余额的计算公式如下：

借方期末余额=借方期初余额+本期借方发生额－本期贷方发生额

（2）负债类账户

负债类账户的结构是：贷方登记负债的增加额，借方登记负债的减少额，账户的余额通常在贷方。负债类账户的结构如下所示：

借方	负债类账户		贷方
		期初余额	×××
本期负债减少额	×××	本期负债增加额	×××
	×××		×××
本期借方发生额合计	×××	本期贷方发生额合计	×××
		期末余额	×××

负债类账户期末余额的计算公式如下：

贷方期末余额=贷方期初余额+本期贷方发生额－本期借方发生额

（3）共同类账户

既反映资产又反映负债的账户称为共同类账户。共同类账户的结构是：当该账户反映资产内容时，就按资产类账户结构登记；当该账户反映负债内容时，就按负债类账户结构登记。在每一个会计期末，将借方发生额与贷方发生额相比较，若是借方余额，则反映企业的资产；若是贷方余额，则反映企业的负债。在应用中，共同类账户与资产类或负债类账户的结构相同。

（4）所有者权益类账户

所有者权益类账户的结构是：贷方登记所有者权益的增加额，借方登记所有者权益的减少额，账户的余额通常在贷方。所有者权益类账户的结构如下所示：

借方	所有者权益类账户		贷方
		期初余额	×××
本期所有者权益减少额	×××	本期所有者权益增加额	×××
	×××		×××
本期借方发生额合计	×××	本期贷方发生额合计	×××
		期末余额	×××

所有者权益类账户期末余额的计算公式与负债类账户相同。

（5）成本类账户

成本类账户在基本结构上与资产类账户是一致的，借方登记成本的增加额，贷方登记成本的转出额。期末余额通常为零，若有余额，一般为借方余额，表示期末尚未转为资产的成本数额。成本类账户的结构如下所示：

借方	成本类账户		贷方
期初余额	×××		
本期成本增加额	×××	本期成本转出额	×××
	×××		×××
本期借方发生额合计	×××	本期贷方发生额合计	×××
期末余额	×××		

成本类账户期末余额的计算公式与资产类账户相同。

（6）损益类账户

损益类账户包括收入类账户和费用类账户。由于收入增加最终导致所有者权益的增加，所以，**收入类账户的结构与所有者权益类账户的结构相似**；费用一般是由资产转化而来的，在抵减收入之前，可将其理解为资产，所以，**费用类账户的结构与所有者权益类账户的结构相反，与资产类账户的结构相似。**

收入类账户的结构是：贷方登记收入的增加额，借方登记收入的减少额和转出额，期末结转后没有余额。收入类账户的结构如下所示：

借方	收入类账户		贷方
本期收入减少额及转出额	×××	本期收入增加额	×××
	×××		×××
本期借方发生额合计	×××	本期贷方发生额合计	×××

费用类账户的结构是：借方登记费用的增加额，贷方登记费用的减少额和转出额，期末结转后没有余额。费用类账户的结构如下所示：

借方	费用类账户		贷方
本期费用增加额	×××	本期费用减少额及转出额	×××
	×××		×××
本期借方发生额合计	×××	本期贷方发生额合计	×××

根据以上对各类账户结构的说明，借贷记账法发生额和余额的账户结构如下所示：

借方	账户名称　　贷方
资产的增加	资产的减少
成本、费用的增加	成本、费用的减少或转出
负债的减少	负债的增加
所有者权益的减少	所有者权益的增加
收入的减少或转出	收入的增加

借方	账户名称　　贷方
借方余额	贷方余额
资产的实有数额	负债的实有数额
	所有者权益的实有数额

视野拓展 4-1

同样是针对企业存放于银行的银行存款，企业和银行记账的方向正好相反。这是因为，对于企业来讲，银行存款是企业的一种资产，企业可以自由支配和使用。所以，企业银行存款增加，应该记在借方。而对于银行来讲，企业的存款是一种负债，银行要随时准备支付给企业资金。所以，企业存款增加时，银行要记在贷方。再简单点说，对于企业来讲，存款肯定是一种资产，企业把资产放在银行，银行就对企业承担了债务。这就像甲企业应收乙企业的账款，对于乙企业来讲，就成了应付账款。

3）记账规则

在借贷记账法下，发生的每项经济业务都是以相等的金额、借贷相反的方向，在两个或两个以上相互联系的账户中进行登记的，可以将借贷记账法的记账规则概括为“有借（方）必有贷（方），借（方）贷（方）必相等”。

下面举例说明借贷记账法的记账规则。

第一种类型：会计等式左右两边同增的业务。此类经济业务一方面会引起会计等式左边的资产或成本、费用增加，另一方面也会引起会计等式右边负债、所有者权益或收入的增加，且双方增加的金额是相等的。按照账户的结构，对于资产、成本及费用的增加应记入相应账户的借方，对于负债、所有者权益及收入的增加则应以相等的金额记入相应账户的贷方。

【例 4-1】收到投资者投资 50 000 元，并存入银行。

这项经济业务，一方面使企业的资产——银行存款增加了 50 000 元，应记入“银行存款”账户的借方，另一方面使企业的所有者权益——实收资本增加了 50 000 元，应记入“实收资本”账户的贷方。其账户记录如下：

借方　实收资本	贷方
	50 000

借方　银行存款	贷方
50 000	

第二种类型：会计等式左右两边同减的业务。此类经济业务一方面会引起会计等式左

边的资产或成本、费用减少，另一方面也会引起会计等式右边负债、所有者权益或收入的减少，且双方减少的金额是相等的。按照账户的结构，对于资产、成本及费用的减少应记入相应账户的贷方，对于负债、所有者权益及收入的减少则应以相等的金额记入相应账户的借方。

【例4-2】以银行存款100 000元偿还银行的短期借款。

这项经济业务，一方面使企业的负债——短期借款减少了100 000元，应记入“短期借款”账户的借方，另一方面使企业的资产——银行存款减少了100 000元，应记入“银行存款”账户的贷方。其账户记录如下：

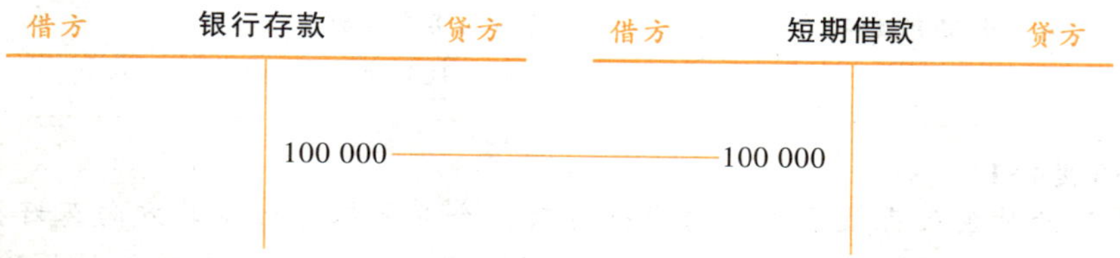

第三种类型：会计等式左边资产或成本、费用项目内此增彼减的业务。此类经济业务一方面会引起会计等式左边的一项资产或成本、费用增加，同时也会引起另一项资产或成本、费用减少，对于增加的项目将增加的金额记入借方，对于减少的项目将减少的金额记入贷方。

【例4-3】购入机器设备一台，价值60 000元，以银行存款支付。

这项经济业务，一方面使企业的一项资产——固定资产增加了60 000元，应记入“固定资产”账户的借方，同时使另一项资产——银行存款减少了60 000元，应记入“银行存款”账户的贷方。其账户记录如下：

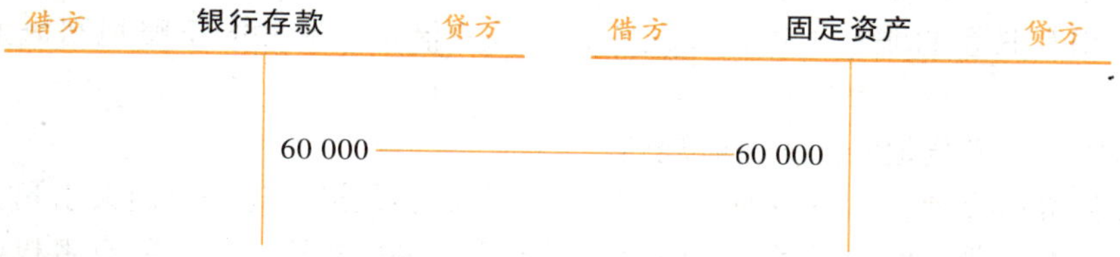

第四种类型：会计等式右边负债、所有者权益或收入项目内此增彼减的业务。此类经济业务一方面会引起会计等式右边的一项负债、所有者权益或收入增加，同时也会引起另一项负债、所有者权益或收入减少，对于增加的项目将增加的金额记入贷方，对于减少的项目将减少的金额记入借方。

【例4-4】经协商，中国工商银行将贷给本企业的长期借款300 000元转作对本企业的投资。

这项经济业务，一方面使企业的负债——长期借款减少了300 000元，应记入“长期借款”账户的借方，另一方面使企业的所有者权益——实收资本增加了300 000元，应记入“实收资本”账户的贷方。其账户记录如下：

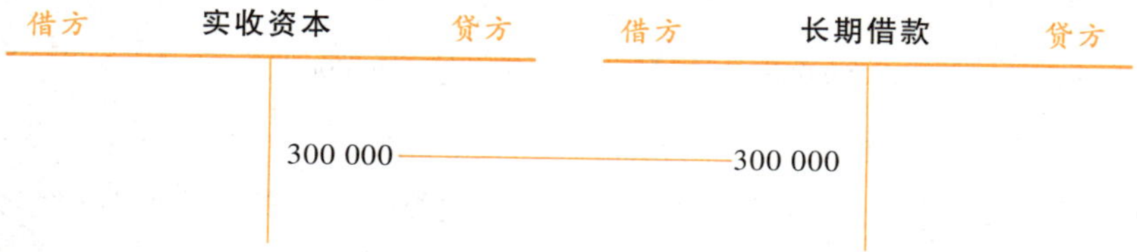

从以上四种类型的经济业务举例可以看出，在借贷记账法下，每一项业务发生以后，其记录都遵循着“有借必有贷，借贷必相等”的记账规则。其规律如图4-1所示。

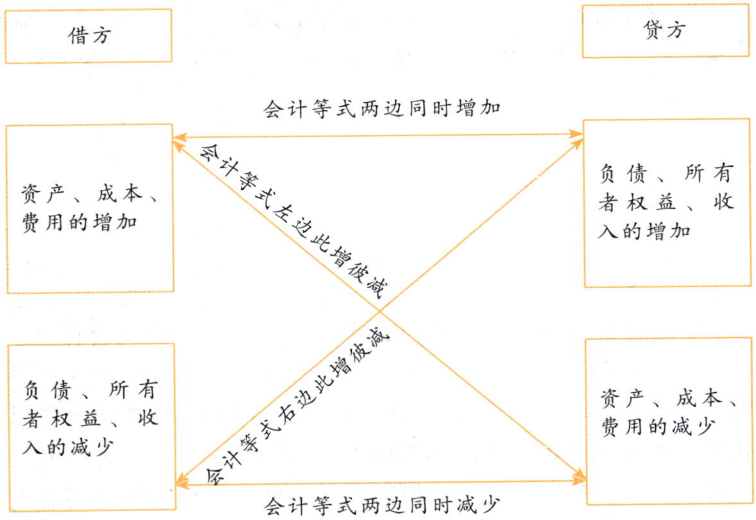

图4-1 借贷记账法记账规则

视野拓展4-2

记账规则之歌

借增贷减是资产，权益和它正相反。
成本资产总相同，细细记牢莫弄乱。
损益账户要分辨，费用收入不一般。
收入增加贷方看，减少借方来结转。

4）试算平衡

借贷记账法的试算平衡是指根据借贷记账法的记账规则与会计等式检查账户记录是否正确的一种方法，主要包括发生额试算平衡法和余额试算平衡法。

（1）发生额试算平衡法

发生额试算平衡法是检查本期记录的所有账户的借方发生额合计与贷方发生额合计是否正确的方法，其公式为：

本期全部账户借方发生额合计=本期全部账户贷方发生额合计

（2）余额试算平衡法

余额试算平衡法是检查期末（或期初）所有账户借方余额合计与所有账户贷方余额合计是否正确的方法，其公式为：

期初全部账户的借方余额合计=期初全部账户的贷方余额合计

期末全部账户的借方余额合计=期末全部账户的贷方余额合计

日常会计核算中，一般是在月末进行一次试算平衡，可以分别编制发生额试算平衡表和账户余额试算平衡表，也可以合并编制一张试算平衡表，见表4-1。

表 4-1

试算平衡表

年　　月　　日

账户名称	期初余额		本期发生额		期末余额	
	借　方	贷　方	借　方	贷　方	借　方	贷　方
合　计						

试算平衡有利于及时发现和纠正记账过程中的差错，并为编制会计报表打下基础。但是，试算平衡也有一些局限性，它不能完全杜绝记账过程中其他的一些错误和遗漏，因为有一些错误的出现并不影响借、贷方的平衡。比如，记账时重复登记和漏记整笔经济业务，一笔业务中对相互对应的账户都以相等但不正确的金额进行记账，对应账户的同方向串户等，都无法通过试算平衡检查出来，所以还必须通过其他方法进行核对和检查。

启示窗 4-1

小甄从某财经大学会计学专业毕业，刚刚被聘任为启明公司的会计员。今天是他来公司上班的第一天。会计科的同事们忙得不可开交，一问才知道，大家正在忙于月末结账。“我能做些什么？”会计科科长看他那急于投入工作的表情，也想检验一下他的工作能力，就问：“试算平衡表的编制方法在学校学过了吧？”“学过。”小甄很自然地回答。

“那好吧，趁大家忙别的的时候，你先编一下我们公司这个月的试算平衡表。”科长帮他找到了本公司所有的总账账簿，小甄便开始了工作。不到一个小时，一张“总分类账户发生额及余额试算平衡表”就完整地编制出来了。看到表格上那相互平衡的三组数字，小甄激动的心情难以言表，兴冲冲地向科长交了差。

“呀，昨天车间领材料的单据还没记到账上去呢，这也是这个月的业务啊！”会计员李媚说道。还没等小甄缓过神来，会计员小张手里又拿着一些会计凭证凑了过来，对科长说：“这笔账我核对过了，应当记入‘原材料’和‘生产成本’账户的是10 000元，而不是9 000元。已经入账的那部分数字还得改一下。”

“试算平衡表不是已经平衡了吗？怎么还有错账呢？”小甄不解地问。

科长看他满脸疑惑的神情，就耐心地开导说：“试算平衡表也不是万能的，像在账户中把有些业务漏记了，借贷金额记账方向彼此颠倒了，还有记账方向正确但记错了账户，这些都不会影响试算平衡表的平衡。像小张刚才发现的把两个账户的金额同时记多了或记少了，也不会影响试算平衡表的平衡。”

小甄边听边点头，心里想：“这些内容在上‘基础会计’课的时候好像老师也讲过。以后在实践中还得好好琢磨呀。”

经过一番调整，一张真实反映本月试算平衡的表格又在小甄的手里诞生了。

知识窗 4-1

复式记账法有借贷记账法、增减记账法和收付记账法，学习了借贷记账法的特点，再去了解一下另外两种复式记账法的特点，总结一下为什么借贷记账法能独树一帜而被国际会计界采纳。

4.2.3　账户的对应关系与会计分录

1）账户的对应关系

运用借贷记账法，对每一项经济业务都至少在两个账户中相互联系地进行登记，这样就使这两个账户间形成了相互依存的关系，账户之间的这种相互依存的关系，就称为账户的对应关系；存在对应关系的账户，互为对应账户。

例如，将现金存入银行的经济业务，要记入“库存现金”账户的贷方和“银行存款”账户的借方，“库存现金”账户和“银行存款”账户之间就具有了相互对应的关系，“库存现金”账户和“银行存款”账户就互为对应账户。

2）会计分录

会计分录（简称分录），是对经济业务应借、应贷的账户名称以及金额的一种记录。每笔会计分录包括三个要素，即账户的名称、记账符号和记账金额。

会计分录

会计分录可分为简单分录和复合分录两种。简单分录是指一笔会计分录中，只有一个借方账户和一个贷方账户，即一借一贷的会计分录。复合分录是指在一笔会计分录中，有两个以上账户的分录，即一借多贷、一贷多借或多借多贷的分录。在实际工作中，除非业务反映的需要，一般不编制多借多贷的会计分录。

运用借贷记账法编制会计分录，一般应按以下步骤进行：

- 分析发生的经济业务所涉及的账户及其性质。在经济业务发生后，分析该项业务涉及的会计要素是资产、成本、费用还是负债、所有者权益、收入。
- 确定涉及账户的金额是增加还是减少。
- 根据该账户的结构，确定增加或减少的金额应记入账户的借方还是贷方。
- 检查会计分录中的应借、应贷账户是否正确，借贷双方金额是否相等。

例如，以银行存款100 000元归还银行长期借款。

编制会计分录如下：

借：长期借款	100 000	
贷：银行存款		100 000

案例窗 4-1

尚艺公司2024年11月发生下列经济交易与事项，想想如何运用借贷记账法编制会计分录：

（1）将现金15 000元存入银行。

（2）向银行取得3年期借款1 000 000元。

（3）收到大华公司投资入股的机器设备一批，总价值540 000元。

(4) 11月20日，购入宝岛公司股票50 000股，每股3.6元，总价款180 000元，以银行存款支付。企业不准备长期持有该股票。

(5) 11月22日，以银行存款偿还市商业银行6个月期的借款2 000 000元。

(6) 11月23日，收到汉口公司购货款27 000元，已经存入银行。

(7) 11月27日，从大牧公司购入材料一批，总价值13 000元，材料已经入库，货款未付。

(8) 11月30日，以银行存款支付所欠大牧公司材料款13 000元。

案例分析提示：

以（3）为例分析会计分录的编制步骤：

❶分析涉及要素⟶	资产	所有者权益
❷确定登记账户⟶	固定资产	实收资本
❸分析增减变化⟶	增	增
❹确定记账方向⟶	借	贷
❺确定登记金额⟶	540 000	540 000

❻写出完整分录⟶ 借：固定资产　　540 000

　　贷：实收资本　　540 000

项目小结

1. 记账方法分为单式记账法和复式记账法。

2. 复式记账法是对每一项经济业务，以相等的金额在两个或两个以上的有关账户中进行登记的方法。

3. 借贷记账法是以“借”和“贷”作为记账符号，以“有借必有贷、借贷必相等”作为记账规则，对资产类、成本费用类账户借记增加、贷记减少或转出，对负债类、所有者权益类及收入类账户贷记增加、借记减少或转出，采用发生额和余额试算平衡法进行试算平衡的一种复式记账法。

4. 账户的对应关系是指账户之间相互依存的关系，存在对应关系的账户，互为对应账户。

5. 会计分录（简称分录），是对经济业务应借、应贷的账户名称以及金额的一种记录，每笔会计分录包括三个要素，即账户的名称、记账符号和记账金额。

关键概念

单式记账法　复式记账法　借贷记账法　对应账户　会计分录

项目5

企业一般业务核算

学习目标

知识目标：了解产品制造企业生产经营活动的环节以及各环节发生的主要经济业务；掌握在借贷记账法下核算这些经济业务应设置的账户、账户的结构以及账务处理方法，进一步理解和巩固账户、借贷记账法的基本内容；明确资产、权益、生产费用、生产成本、期间费用、利润、利润分配等概念和相关内容。

技能目标：通过了解产品制造企业主要经济业务，熟悉借贷记账法的实际运用、材料采购成本的计算、简单的产品成本计算、计提坏账准备金额的计算、各种税费的计算方法和利润计算。

素养目标：培养学生的"工匠精神"，以一丝不苟、精益求精的态度认真掌握每一笔经济业务会计分录的编制，提高专业素养；以公允、客观的态度核算每一笔业务，树立严谨的工作作风，养成良好的职业习惯；严格遵守会计准则、税法等法律法规，提高依法办事的意识和觉悟，运用法律的力量，促进道德修养的提升。

【德技兼修】

融入业财融合理念　提高人才培养质量

会计专业是培养能够核算企业经济业务，并能参与企业经营决策、提高企业经营管理能力的专业性技能人才。这方面人才的培养需要建立在具有一定企业经营认知的基础上，否则学习会面临较大的瓶颈。实际情况是多数学生缺乏对企业经营一般性的认识，不清楚企业的生产经营流程，不清楚企业是如何盈利的，不明白企业的资金链、实物链是如何流转的。对于借贷记账法应用的学习，更多地是采用机械记忆的方式强制背下会计分录，并未理解。

随着大数据技术的发展，业财融合更加紧密。业财融合是指企业业务与财务的有机结合，最基本的要求是财务能懂业务。企业希望财务人员成为"业务中的财务专家，财务中的业务专家"。因此，会计人才的培养应注重业财融合理念的融入，"基础会计"课程需要考虑业财融合背景的改革。

如何融入、如何改革？比如，引入企业经营管理沙盘，模拟生产企业经营管理流程，让学生在观摩、实践生产型企业的主要流程中，对企业做什么、在什么时候做、决策对生产经营的影响等问题有初步的认识。利用网络平台，在业务流程方面做游戏化闯关设计的尝试等，以提高趣味性和学生的学习热情。若有条件，可将学生带入企业进行实地参观。这样，同学们可以基本了解业务的前因后果、逻辑关系，明确企业的运转是个复杂的过程，业务数据与财务数据要对接；另一方面，明白各个环节之间的交替与循环都离不开财会部门所提供的会计信息，财务要服务企业业务，可以从财务数据中发现企业管理中存在的问题。总之，通过业财融合，进一步强调会计的不可或缺的作用，树立学生的职业责任观、自豪感。

资料来源　李勇，张力，邹玲莉. 浅议业财融合视角下“基础会计实务”课程建设［J］. 科技经济市场，2020（7）.

任务 5.1 核算筹集资金业务

企业进行生产经营活动，必须具有一定数量的资金。产品制造企业的资金来源渠道主要有两个：一个是投资者对企业的投资，形成企业的所有者权益，这是企业设立的先决条件之一；另一个是债权人对企业提供的借款，形成企业的负债，这是企业日常经营中常用的资金来源渠道。

知识窗 5-1

负债和所有者权益统称为权益，企业的债权人和投资者都对企业资产享有要求权，二者有何区别与联系？

5.1.1 投入资本的核算

投入资本是指投资者按照企业章程或者合同、协议的约定，实际投入企业经营活动的各种财产物资的货币表现。投入资本是企业所有者权益的基本组成部分。投入资本按其投资主体的不同，分为国家投入资本、法人投入资本、个人投入资本和外商投入资本等。投资者可以采用现金资产形式投资，也可以采用材料物资、固定资产、无形资产等非现金资产形式投资。

1）账户设置

（1）“实收资本”账户

该账户属于所有者权益类账户，股份有限公司将其改为“股本”账户，用以核算和监督企业接受投资者投入的资本。其贷方登记企业实际收到的投资者投入的资本额；借方登记企业归还投资者的投资额；期末余额在贷方，表示企业实收资本或股本总额。“实收资本”账户按投资者设置明细分类账户，进行明细分类核算。

（2）“资本公积”账户

该账户属于所有者权益类账户，用以核算和监督企业收到投资者出资额超出其在注册资本或股本中所占份额的部分等。其贷方登记企业资本公积的增加额；借方登记企业资本公积的减少额；期末余额在贷方，表示企业资本公积的结存数额。“资本公积”账户可按资本公积的来源不同，分别设置“资本溢价”“其他资本公积”明细分类账户，进行明细分类核算。

（3）“库存现金”账户

该账户属于资产类账户，用以核算和监督企业的库存现金。其借方登记库存现金的增加额；贷方登记库存现金的减少额；期末余额在借方，表示企业持有的库存现金数额。

（4）“银行存款”账户

该账户属于资产类账户，用以核算和监督企业存入银行或其他金融机构的各种存款。其借方登记银行存款的增加额；贷方登记银行存款的减少额；期末余额在借方，表示企业存放在银行或其他金融机构的款项数额。

（5）“固定资产”账户

该账户属于资产类账户，用以核算和监督企业持有的固定资产的原始价值。其借方登记增加固定资产的原始价值；贷方登记减少固定资产的原始价值；期末余额在借方，表示企业现有固定资产的原始价值。“固定资产”账户按固定资产类别和项目进行明细分类核算。

2）账务处理

下面以宏安公司2024年12月份发生的经济业务为例说明有关筹资业务的会计处理方法。

【例5-1】12月2日，收到银海公司投入银行存款310 000元。

该项经济业务的发生，引起资产要素中的银行存款和所有者权益要素中的实收资本同时增加，涉及“银行存款”和“实收资本”两个账户，结合这两个账户的结构，编制会计分录如下：

借：银行存款	310 000	
贷：实收资本——银海公司		310 000

【例5-2】12月13日，收到国家投入房屋一栋，投资合同约定的房屋价值为560 000元（不考虑增值税）。

该项经济业务的发生，引起资产要素中的固定资产和所有者权益要素中的实收资本同时增加，涉及“固定资产”和“实收资本”两个账户，结合这两个账户的结构，编制会计分录如下：

借：固定资产——房屋建筑物	560 000	
贷：实收资本——国家资本		560 000

【例5-3】12月18日，收到海蓝公司投入银行存款400 000元，其中，350 000元作为实收资本，另50 000元作为资本公积。

该项经济业务的发生，引起资产要素中的银行存款和所有者权益要素中的实收资本、资本公积同时增加，涉及“银行存款”、“实收资本”和“资本公积”三个账户，结合这三个账户的结构，编制会计分录如下：

借：银行存款	400 000	
贷：实收资本——海蓝公司		350 000
资本公积——资本溢价		50 000

【例5-4】12月30日，按法定程序报经批准后，公司向投资者退还资本金100 000元，以银行存款支付。

企业实收资本减少的原因有两种：一是资本过剩；二是企业发生重大亏损而需要减少实收资本。企业必须按法定程序报经批准后才能减少注册资本，按减少的注册资本金额减少实收资本。企业因资本过剩而减资，一般要返还投资者的投资款。

该项经济业务的发生，引起资产要素中的银行存款和所有者权益要素中的实收资本同时减少，涉及“银行存款”和“实收资本”两个账户，结合这两个账户的结构，编制会计分录如下：

借：实收资本　　100 000

　贷：银行存款　　100 000

5.1.2 短期借款和长期借款的核算

企业在生产经营过程中，为了弥补资金的不足，往往需要向银行或其他金融机构借入款项。企业借款按偿还期限长短，分为短期借款和长期借款。短期借款是指归还期在1年以内（含1年）的借款；长期借款是指归还期在1年以上的借款。借入资金不仅要按期还本，还需按期付息。

1）账户设置

（1）“短期借款”账户

该账户属于负债类账户，用以核算和监督企业借入的期限在1年以内（含1年）的各种借款。其贷方登记取得的短期借款的数额（即本金）；借方登记归还的短期借款的数额（即本金）；期末余额在贷方，表示企业尚未归还的短期借款的本金。“短期借款”账户应按债权人和借款种类设置明细账户，进行明细分类核算。

（2）“长期借款”账户

该账户属于负债类账户，用以核算和监督企业借入的期限在1年以上的各种借款。其贷方登记取得的长期借款的数额；借方登记偿还的长期借款的数额；期末余额在贷方，表示企业尚未归还的长期借款的数额。“长期借款”账户应按债权人和借款种类设置明细账户，进行明细分类核算。

2）账务处理

【例5-5】12月14日，因临时生产周转需要，向银行借款50 000元，期限5个月，年利率为6%，借款已存入银行。

该项经济业务的发生，引起资产要素中的银行存款和负债要素中的短期借款同时增加，涉及“银行存款”和“短期借款”两个账户，结合这两个账户的结构，编制会计分录如下：

借：银行存款　　50 000

　贷：短期借款　　50 000

【例5-6】12月23日，为购置设备，从银行借入400 000元，期限3年，年利率为9%，借款已存入银行。

该项经济业务的发生，引起资产要素中的银行存款和负债要素中的长期借款同时增加，涉及“银行存款”和“长期借款”两个账户，结合这两个账户的结构，编制会计分录如下：

借：银行存款　　400 000

　贷：长期借款　　400 000

【例5-7】12月30日，以银行存款偿还长期借款150 000元、短期借款40 000元。

该项经济业务的发生，引起资产要素中的银行存款和负债要素中的短期借款、长期借款同时减少，涉及“银行存款”、“短期借款”和“长期借款”三个账户，结合这三个账户的结构，编制会计分录如下：

借：短期借款　　40 000

借：长期借款　　150 000
　贷：银行存款　　190 000

任务5.2　核算供应过程业务

5.2.1　供应过程的主要经济业务

产品制造企业的供应过程是从采购材料开始，到材料验收入库为止的整个过程，是企业生产的准备阶段。在供应过程中，企业应按照合同和结算制度的规定向供货单位支付货款，同时，还必须支付运输费、装卸费、包装费等各种采购费用。因此，供应过程的主要经济业务包括：材料的采购、与供应单位的货款结算、材料采购成本的计算。

5.2.2　账户设置

1）“原材料”账户

该账户属于资产类账户，用以核算和监督企业库存的各种材料。其借方登记验收入库材料的成本；贷方登记发出材料的成本；期末余额在借方，表示库存材料的成本。对于购入的原材料，其成本是指采购成本。“原材料”账户应按材料的类别、品种、规格设置明细账户，进行明细分类核算。

2）“应交税费”账户

该账户属于负债类账户，用以核算和监督企业应缴纳的各种税费，包括增值税、城市维护建设税、教育费附加、所得税等。其贷方登记企业按税法规定计算的应缴纳的各种税费；借方登记企业实际缴纳的各种税费；期末余额如在贷方，表示企业尚未缴纳的税费，期末余额如在借方，表示企业多缴的税费。“应交税费”账户应按税费的种类设置明细账户，进行明细分类核算。

视野拓展5-1

增值税是对在中华人民共和国境内（简称境内）销售货物、服务、无形资产、不动产（简称应税交易），以及进口货物的单位和个人（包括个体工商户），就其销售货物、服务、无形资产、不动产的增值额和进口货物金额为计税依据而课征的一种流转税。增值税是一种价外税。实际上，增值税是就货物、服务、无形资产或者不动产的增值部分征收的一种税，有增值才征税，没有增值不征税。

增值税的纳税人分为一般纳税人和小规模纳税人两种，与此相应的增值税的计算与会计核算也不相同。我国现行的增值税，对小规模纳税人采取简易的征收办法，对一般纳税人采用抵扣法计征。

一般纳税人应交增值税税额=当期销项税额-当期进项税额

销项税额，是指纳税人发生应税交易，按照销售额乘以规定的税率计算的增值税税额；进项税额，是指纳税人购进货物、服务、无形资产、不动产支付或者负担的增值税税额。为了核算企业应交增值税的情况，应在“应交税费”总账下设置“应交增值税”明细账户。

注：关于增值税核算的细节在陈德萍教授主编的《财务会计》（第十一版）中详细介绍。

素养提升 5-1

4) “应付账款”账户

该账户属于负债类账户，用以核算和监督企业因购买材料、商品等形成的应支付的款项。其贷方登记发生的应付而未付供应单位的款项；借方登记偿还供应单位的款项；期末余额一般在贷方，表示企业尚未支付的应付账款数。“应付账款”账户应按供应单位名称设置明细账户，进行明细分类核算。

4) “预付账款”账户

该账户属于资产类账户，用以核算和监督企业按购货合同规定预付给供货单位的款项。其借方登记预付给供货单位的款项及补付的款项；贷方登记因收到货物或劳务而冲销的预付款项的金额及收到退回多付的款项；期末余额一般在借方，表示已预付的款项，若为贷方余额，表示收货后尚未补付给供货单位的款项。“预付账款”账户应按供货单位名称设置明细账户，进行明细分类核算。

5.2.3　材料采购成本的构成和计算

材料采购成本的构成

购入材料的采购成本是由材料的买价和采购费用构成的。买价是供货单位开具的发票上标明的价格。采购费用是企业在采购材料过程中支付的各项费用，包括材料的运输费、装卸费、保险费、包装费、仓储费、运输途中的合理损耗等。

材料采购成本的计算就是将企业采购材料所支付的买价和采购费用，按照材料的品种加以归集，计算各种材料的实际采购总成本和单位成本。计算时，有些费用能够划分清楚是为采购哪种材料所支付的，应直接计入该种材料的采购成本；有些费用是不能划分清楚的（如材料的运输费用），因此不能直接计入某种材料的采购成本，应采用合理的分配标准，比如材料的重量、买价、体积等，分配计入各种材料的采购成本。

采购费用分配率=采购费用总额÷各种材料分配标准合计

某种材料应负担的采购费用=该种材料的分配标准×采购费用分配率

案例窗 5-1

羽飞公司 2024 年 12 月发生如下材料采购业务：

（1）13 日，购进甲、乙材料。甲材料数量 2 000 千克，价值 70 000 元；乙材料数量 3 000 千克，价值 135 000 元。共支付了 10 000 元的外地运杂费，以两种材料的数量为标准分摊运杂费。

（2）20 日，购进甲材料 1 500 千克，单价 37 元/千克，价值 55 500 元。由于途中自然损耗，验收时发现应入库 1 500 千克的甲材料只入库了 1 450 千克。

计算本月购进甲材料的总成本和单位成本。

案例分析提示：

甲材料总成本=70 000+10 000÷（2 000+3 000）×2 000+55 500=129 500（元）

甲材料单位成本=129 500÷（2 000+1 450）=37.54（元/千克）

5.2.4　账务处理

下面以宏安公司 2024 年 12 月份的采购业务为例说明供应过程业务的会计处理

方法。

【例5-8】12月3日，从光大公司购入甲材料1 500千克，单价10元/千克，增值税税率为13%；发生运费300元，运费的增值税税额为27元。材料已验收入库，上述款项已用银行存款支付。

该项经济业务的发生，引起资产要素中的原材料增加、银行存款减少及负债要素中的应交税费减少，涉及“原材料”、“应交税费”和“银行存款”三个账户，结合这三个账户的结构，编制会计分录如下：

借：原材料——甲材料　15 300

　　应交税费——应交增值税（进项税额）　1 977

　贷：银行存款　17 277

【例5-9】12月8日，从星海公司购入甲、乙两种材料，甲材料2 000千克，单价12元/千克，乙材料3 000千克，单价9元/千克，增值税税率13%；两种材料的运输费、装卸费等采购费用共计600元，运费、装卸费的增值税税额为44元，材料已验收入库，款项尚未支付。按照购入材料的重量作为分配标准计算甲、乙材料应负担的采购费用。

采购费用分配率=600÷（2 000+3 000）=0.12（元/千克）

甲材料应负担的采购费用=2 000×0.12=240（元）

乙材料应负担的采购费用=3 000×0.12=360（元）

甲材料采购成本=2 000×12+240=24 240（元）

乙材料采购成本=3 000×9+360=27 360（元）

在实际工作中，材料采购成本的计算是通过编制“材料采购成本计算单”进行的，见表5-1。

表5-1　**材料采购成本计算单**　金额单位：元

材料名称	计量单位	数量	单价	买价	采购费用	总成本	单位成本
甲材料	千克	2 000	12	24 000	240	24 240	12.12
乙材料	千克	3 000	9	27 000	360	27 360	9.12
合计	—	5 000	—	51 000	600	51 600	—

该项经济业务的发生，引起资产要素中的原材料增加及负债要素中的应付账款增加、应交税费减少，涉及“原材料”、“应交税费”和“应付账款”三个账户，结合这三个账户的结构，编制会计分录如下：

借：原材料——甲材料　24 240

　　　　　——乙材料　27 360

　　应交税费——应交增值税（进项税额）　6 674

　贷：应付账款——星海公司　58 274

【例5-10】12月10日，按照购货合同约定，以银行存款98 000元向华丰公司预付购买甲材料货款。

该项经济业务的发生，引起资产要素中的预付账款增加和银行存款减少，涉及“预付账款”和“银行存款”两个账户，结合这两个账户的结构，编制会计分录如下：

借：预付账款——华丰公司 98 000

贷：银行存款 98 000

【例 5-11】12月22日，收到华丰公司发来甲材料7 500千克，单价10.5元/千克，增值税税率13%；发生运费150元，运费的增值税税额为13.5元。材料已验收入库。

该项经济业务的发生，引起资产要素中的原材料增加、预付账款减少及负债要素中的应交税费减少，涉及“原材料”、“应交税费”和“预付账款”三个账户，结合这三个账户的结构，编制会计分录如下：

借：原材料——甲材料 78 900

应交税费——应交增值税（进项税额） 10 251

贷：预付账款——华丰公司 89 151

【例 5-12】12月24日，收到银行通知，华丰公司退回多付货款8 849元。

该项经济业务的发生，引起资产要素中的预付账款减少和银行存款增加，涉及“预付账款”和“银行存款”两个账户，结合这两个账户的结构，编制会计分录如下：

借：银行存款 8 849

贷：预付账款——华丰公司 8 849

【例 5-13】12月25日，以银行存款偿还前欠供应单位星海公司货款50 000元。

该项经济业务的发生，引起资产要素中的银行存款减少及负债要素中的应付账款减少，涉及“应付账款”和“银行存款”两个账户，结合这两个账户的结构，编制会计分录如下：

借：应付账款——星海公司 50 000

贷：银行存款 50 000

【例 5-14】12月28日，购入一台不需要安装的机器设备，价款138 000元，增值税税额17 940元；发生运费800元，运费的增值税税额为72元。上述款项以银行存款支付。

该项经济业务的发生，引起资产要素中的固定资产增加、银行存款减少及负债要素中的应交税费减少，涉及“固定资产”、“应交税费”和“银行存款”三个账户，结合这三个账户的结构，编制会计分录如下：

借：固定资产 138 800

应交税费——应交增值税（进项税额） 18 012

贷：银行存款 156 812

固定资产的取得

任务 5.3 核算生产过程业务

5.3.1 生产过程的主要经济业务

产品制造企业将原材料投入生产到产品完工验收入库的过程称为生产过程。在该过程中，企业一方面生产产品，另一方面要发生各种耗费。发生在生产过程中的各种耗费，称作生产费用。生产费用是为生产各种产品而发生的，最终都要归集、分配到各种产品的名下，由生产出来的产品负担。所以，企业为制造一定种类、一定数量的产品而发生的各种生产费用的总和，称为产品制造成本或产品生产成本。

构成产品制造成本的生产费用可进一步分为**直接费用**和**间接费用**。直接费用是指企业为生产产品所发生的各项直接支出，包括直接材料费和直接人工费。直接材料费是直接用于产品生产、构成产品实体的材料耗费。比如，棉纺织厂生产棉纱所耗用的原棉、生产布匹所耗用的棉纱；印刷厂生产印刷品耗用的书写纸、油墨等。生产耗用的不构成产品实体的其他材料，如润滑油、汽油、清洁用品等，不能直接归属于某种产品的生产，不应当包括在直接材料费之中，而应作为间接费用中的机物料消耗，经过归集之后按照某种标准（如产品工时）分配计入到各种产品中去。直接人工费是直接从事产品生产的工人享有的工资、福利费等职工薪酬。间接费用又称制造费用，是指企业各个生产车间或生产部门等生产单位为组织和管理生产所发生的各项间接支出，包括生产车间或生产部门管理人员的职工薪酬、固定资产的折旧费、水电费、办公费、机物料消耗等。直接费用在发生时直接计入各种产品成本，无须在各种产品之间进行分配；间接费用在发生时不能直接计入产品成本，需要按期采用一定的方法分配计入各种产品的成本。

生产过程费用用分类

此外，在生产经营期间发生的、为维护一定生产经营能力的费用，称为**期间费用**，**包括管理费用、财务费用和销售费用**。期间费用不计入产品的制造成本，**直接计入当期损益**。

综上所述，各种耗费的发生、归集、分配，产品成本的计算，构成了生产过程的主要经济业务。

知识窗 5-2

了解不同类型的制造业企业，认识其生产流程、生产过程中消耗的原材料、耗费的人工费以及发生的其他耗费，进一步理解和区分直接费用、间接费用、期间费用。

5.3.2 账户设置

1）“生产成本”账户

该账户属于成本类账户，用以核算和监督企业为进行产品生产所发生的各项生产费用。其借方登记产品生产过程中发生的计入产品成本的全部生产费用，包括直接材料费、直接人工费以及由“制造费用”账户归集后分配转入的制造费用；贷方登记转出的已完工并验收入库的产成品的生产成本；期末余额在借方，表示尚未加工完成的在产品的成本。“生产成本”账户应按**产品种类或名称**设置明细账户，进行明细分类核算。

2）“制造费用”账户

该账户属于成本类账户，用以核算和监督企业生产车间或生产部门为生产产品而发生的各项间接费用。其借方登记本期发生的各种间接费用；贷方登记期末分配转入“生产成本”账户、计入产品成本的全部制造费用；**期末一般无余额**。“制造费用”账户应按**生产车间、部门及费用项目**设置明细账户，进行明细分类核算。

3）“管理费用”账户

该账户属于损益类账户，用以核算和监督企业行政管理部门为组织和管理企业生产经营所发生的管理费用，包括行政管理部门职工薪酬、机物料消耗、水电费、办公费、差旅费、业务招待费、固定资产折旧费等。其借方登记本期发生的各种管理费用；贷方登记期末转入“本年利润”账户的本期全部管理费用；结转后期末无余额。“管理费用”账户应按费用项目设置明细账户，进行明细分类核算。

4）“应付职工薪酬”账户

该账户属于负债类账户，用以核算和监督企业根据有关规定应付给职工的各种薪酬，包括工资、奖金、福利费、社会保险费、住房公积金、工会经费、职工教育经费、非货币性福利等。其贷方登记本期实际发生的、根据职工提供服务的受益对象分配计入成本费用或期间费用的应付给职工的薪酬；借方登记本期实际支付的职工薪酬；期末余额一般在贷方，表示企业应付而未付的职工薪酬。“应付职工薪酬”账户应按薪酬的构成要素设置明细账户，进行明细分类核算。

5）“累计折旧”账户

该账户属于资产类账户，用以核算和监督企业固定资产的累计折旧。固定资产在使用过程中不断发生磨损，其价值逐渐减少。磨损的价值逐渐地、部分地转化为成本、费用。固定资产由于使用而逐渐减少或转移的价值称为固定资产折旧。固定资产折旧既反映成本、费用的增加，又反映固定资产价值的减少。因管理的需要，“固定资产”账户要始终反映企业现有固定资产的原始价值，因折旧而导致的固定资产价值的减少不通过“固定资产”账户核算，不直接冲减固定资产的原始价值，需另设置一个专门的账户进行核算，即“累计折旧”账户。该账户贷方登记按期计提固定资产的折旧额；借方登记因固定资产减少而相应结转的累计折旧额；期末余额在贷方，表示企业现有固定资产已计提的累计折旧额。“累计折旧”账户应按固定资产的类别或项目设置明细账户，进行明细分类核算。

6）“其他应收款”账户

该账户属于资产类账户，用以核算和监督企业除应收账款、应收票据、预付账款等以外的其他各种应收及暂付款项，包括各种赔款、罚款、应向职工收取的各种垫付款项等。其借方登记发生的各种其他应收款项；贷方登记收回的款项；期末余额在借方，表示企业尚未收回的其他应收款项。“其他应收款”账户应按债务人设置明细账户，进行明细分类核算。

7）“库存商品”账户

该账户属于资产类账户，用以核算和监督企业库存的各种商品（产品制造企业为产成品）的成本。其借方登记已经生产完工、验收入库的产成品成本；贷方登记因销售等发出的产成品成本；期末余额在借方，表示企业库存产成品的成本。“库存商品”账户应按产成品的种类、名称和规格等设置明细账户，进行明细分类核算。

5.3.3 账务处理

1）材料费用的归集

材料费用归集与分配

企业在生产过程中耗用的材料，根据有关领料凭证，按照受益对象进行归集。属于生产车间生产产品耗用的材料，直接记入“生产成本”账户的借方；属于生产车间管理生产耗用的消耗性材料，记入“制造费用”账户的借方；属于行政管理部门管理生产耗用的消耗性材料，记入“管理费用”账户的借方。

下面以宏安公司2024年12月份生产过程有关业务为例说明生产过程业务的会计处理方法。

【例5-15】月末，根据领料单汇总本月发出材料，见表5-2。

表 5-2　**发出材料汇总表**

耗用材料 / 材料用途	甲材料		乙材料		合　计
	数量（千克）	金额（元）	数量（千克）	金额（元）	金额（元）
制造A产品耗用	9 300	108 000	600	6 000	114 000
制造B产品耗用	5 880	69 600	600	6 000	75 600
小　计	15 180	177 600	1 200	12 000	189 600
车间一般耗用	2 600	31 200	250	2 500	33 700
管理部门耗用	1 200	10 800	200	2 000	12 800
合　计	18 980	219 600	1 650	16 500	236 100

该项经济业务的发生，引起费用要素中的生产成本、制造费用、管理费用增加及资产要素中的原材料减少，涉及“生产成本”、“制造费用”、“管理费用”和“原材料”四个账户，结合这些账户的结构，编制会计分录如下：

借：生产成本——A产品　114 000
　　　　　　——B产品　75 600
　　制造费用　33 700
　　管理费用　12 800
　贷：原材料——甲材料　219 600
　　　　　　——乙材料　16 500

2）人工费用的归集

人工费用，即企业承担的职工薪酬。职工薪酬是指企业为获得职工提供的服务而给予各种形式的报酬以及其他相关支出，包括职工的工资、奖金、津贴和补贴、福利费、社会保险费、住房公积金、工会经费、职工教育经费、非货币性福利等。企业发生的人工费用，应按职工提供服务的受益对象，也就是按其用途归集，分配计入有关的成本、费用。属于产品生产工人的人工费用直接记入“生产成本”账户的借方；属于生产车间管理人员的人工费用记入“制造费用”账户的借方；属于行政管理部门管理人员的人工费用记入“管理费用”账户的借方。

【例5-16】12月15日，以银行存款发放职工工资130 000元。

该项经济业务的发生，引起资产要素中的银行存款和负债要素中的应付职工薪酬同时减少，涉及“银行存款”和“应付职工薪酬”两个账户，结合这两个账户的结构，编制会计分录如下：

借：应付职工薪酬——工资　130 000
　贷：银行存款　130 000

【例5-17】月末，分配本月工资费用，其中：生产A产品工人工资62 400元，生产B产品工人工资41 600元，车间管理人员工资18 200元，行政管理部门人员工资7 800元，共计130 000元。

该项经济业务的发生，引起费用要素中的生产成本、制造费用、管理费用及负债要素中的应付职工薪酬同时增加，涉及“生产成本”、“制造费用”、“管理费用”和“应付职工薪酬”四个账户，结合这些账户的结构，编制会计分录如下：

借：生产成本——A产品　　62 400
　　　　　　——B产品　　41 600
　　制造费用　　18 200
　　管理费用　　7 800
　贷：应付职工薪酬——工资　　130 000

3）制造费用的归集、分配与结转

（1）制造费用的归集（涉及管理费用的经济业务在此一并介绍）

企业发生的各项制造费用，按期在“制造费用”账户予以归集汇总。

【例5-18】12月11日，生产车间购买办公用品930元，以现金支付。

该项经济业务的发生，引起费用要素中的制造费用增加和资产要素中的库存现金减少，涉及“制造费用”和“库存现金”两个账户，结合这两个账户的结构，编制会计分录如下：

借：制造费用　　930
　贷：库存现金　　930

【例5-19】12月13日，职工周皓借款3 500元，以银行存款支付。该项经济业务的发生，引起资产要素中的其他应收款增加、银行存款减少，涉及“其他应收款”和“银行存款”两个账户，结合这两个账户的结构，编制会计分录如下：

借：其他应收款——周皓　　3 500
　贷：银行存款　　3 500

【例5-20】12月21日，职工王杰出差归来，报销差旅费1 980元，以银行存款支付。

该项经济业务的发生，引起费用要素中的管理费用增加和资产要素中的银行存款减少，涉及“管理费用”“银行存款”两个账户，结合这些账户的结构，编制会计分录如下：

借：管理费用——差旅费　　1 980
　贷：银行存款　　1 980

【例5-21】12月30日，用银行存款支付本月水电费11 500元及增值税，其中，生产车间耗用7 500元，行政管理部门耗用4 000元，增值税进项税额为1 265元。

该项经济业务的发生，引起费用要素中的制造费用、管理费用增加，负债要素中的应交税费减少，资产要素中的银行存款减少，涉及“制造费用”、“管理费用”、“应交税费”和“银行存款”四个账户，结合这些账户的结构，编制会计分录如下：

借：制造费用　　7 500
　　管理费用　　4 000
　　应交税费——应交增值税（进项税额）　　1 265
　贷：银行存款　　12 765

【例5-22】月末，计提本月固定资产折旧41 000元，其中，生产车间固定资产折旧30 000元，行政管理部门固定资产折旧11 000元。

该项经济业务的发生，引起费用要素中的制造费用和管理费用增加，同时资产要素中的固定资产价值减少，即累计折旧增加，涉及“制造费用”、“管理费用”和“累计折旧”三个账户，结合这些账户的结构，编制会计分录如下：

借：制造费用　　30 000
　　管理费用　　11 000

贷：累计折旧　　41 000

知识窗5-3

固定资产折旧是指固定资产在使用寿命内，按照确定的方法对应计折旧额进行的系统分摊。应计折旧额是指应当计提折旧的固定资产的原价扣除其预计净残值后的金额。固定资产的净残值是指预计的固定资产报废时可以收回的残余价值扣除预计清理费用后的金额。企业应当按月对所有的固定资产计提折旧，但是，已提足折旧仍继续使用的固定资产、单独计价入账的土地除外。固定资产折旧计提应以固定资产的月初原值为依据，当月增加的固定资产当月不提折旧，从下月起计提折旧；当月减少的固定资产当月仍计提折旧，从下月起不提折旧。企业可选用的折旧方法有年限平均法、工作量法、双倍余额递减法、年数总和法等。本教材重点介绍年限平均法和工作量法。

年限平均法又称直线法，是指将固定资产的应计折旧额均匀地分摊到固定资产预计使用寿命内的一种方法。各月应计提折旧额的计算公式如下：

年折旧额=（固定资产原值-预计净残值）÷固定资产预计使用年限

月折旧额=年折旧额÷12

或　　　　=固定资产原值×月折旧率

月折旧率=年折旧率÷12

年折旧率=（1-预计净残值率）÷预计使用年限

工作量法，是根据实际工作量计算每期应提折旧额的一种方法。计算公式如下：

某项固定资产月折旧额=该项固定资产当月工作量×单位工作量折旧额

单位工作量折旧额=固定资产原值×（1-预计净残值率）÷预计总工作量

案例窗5-2

（1）宏安公司有一厂房，原价为450 000元，预计可使用20年，预计净残值率为4%，采用直线法计提折旧。

（2）宏安公司有一辆运货卡车，原值为85 000元，预计总行驶里程为600 000千米，预计净残值率为5%，本月行驶4 500千米，采用工作量法计提折旧。

计算该厂房和运货卡车的当月折旧额。

案例分析提示：

厂房每月应计提的折旧额计算如下：

年折旧率=（1-4%）÷20=4.8%

月折旧率=4.8%÷12=0.4%

月折旧额=450 000×0.4%=1 800（元）

运货卡车的月折旧额计算如下：

单位里程折旧额=85 000×（1-5%）÷600 000=0.1346（元/千米）

本月折旧额=4 500×0.1346=605.7（元）

（2）制造费用的分配

制造费用归集汇总后，在各种产品之间采用适当的标准进行分配，以便计算出本期完工产品和在产品的制造成本。选择的制造费用分配标准应能使分配的结果体现受益原则，即受益大的产品多负担费用，受益小的产品少负担费用。制造费用分配标准有多种，如生产工时、生产工人工资、机器工时等。其分配过程如下：

制造费用分配率=制造费用总额÷各种产品分配标准合计

某种产品应负担的制造费用=该种产品的分配标准×制造费用分配率

【例 5-23】月末，根据有关资料汇总，宏安公司 12 月份共发生制造费用 90 330 元，以两种产品的生产工时为标准分配制造费用。A 产品的生产工时为 18 066 小时，B 产品的生产工时为 12 044 小时。具体计算过程见表 5-3。

制造费用分配率=90 330÷（18 066+12 044）=3（元/小时）

A 产品应负担的制造费用=18 066×3=54 198（元）

B 产品应负担的制造费用=12 044×3=36 132（元）

表 5-3 制造费用分配表

车间：略 2024 年 12 月 31 日

分配对象（产品名称）	分配标准（小时）	分配率（元/小时）	分配金额（元）
A 产品	18 066	—	54 198
B 产品	12 044	—	36 132
合　计	30 110	3	90 330

（3）制造费用的结转

经过分配的制造费用，应由“制造费用”账户的贷方转入“生产成本”账户的借方，结转完成之后，制造费用账户期末应无余额。

【例 5-24】月末，根据【例 5-23】制造费用分配的结果，将制造费用转入 A、B 两种产品的生产成本。

该项经济业务的发生，引起费用要素中的生产成本增加、制造费用减少，涉及“生产成本”和“制造费用”两个账户，结合这两个账户的结构，编制会计分录如下：

借：生产成本——A 产品　　54 198

　　　　　　——B 产品　　36 132

　贷：制造费用　　90 330

4）完工产品制造成本的确定和结转

通过上述费用的归集和分配后，生产费用已按产品归集到了“生产成本”账户的借方。月末，可以将归集到某种产品的各项生产费用在本月完工产品和月末在产品之间进行分配，确定完工产品的制造成本，并将其由“生产成本”账户的贷方转入“库存商品”账户的借方。

本期完工产品成本的计算公式如下：

本期完工产品成本=期初在产品成本+本期的生产费用−期末在产品成本

假设期末没有在产品，则：

本期完工产品成本=期初在产品成本+本期的生产费用

【例5-25】月末，本月生产的A产品200件、B产品200件，全部完工验收入库，结转其实际生产成本。

A、B产品制造成本的计算见表5-4和表5-5。

表5-4　**产品成本计算单（一）**

产品名称：A产品　2024年12月

产成品数量：200件　金额单位：元

项目	直接材料	直接人工	制造费用	合计
期初在产品成本	1 016	530	456	2 002
本期生产费用	114 000	62 400	54 198	230 598
合计	115 016	62 930	54 654	232 600
完工产品总成本	115 016	62 930	54 654	232 600
完工产品单位成本	575.08	314.65	273.27	1 163
在产品成本	—	—	—	—

表5-5　**产品成本计算单（二）**

产品名称：B产品　2024年12月

产成品数量：200件　金额单位：元

项目	直接材料	直接人工	制造费用	合计
期初在产品成本	130	74	64	268
本期生产费用	75 600	41 600	36 132	153 332
合计	75 730	41 674	36 196	153 600
完工产品总成本	75 730	41 674	36 196	153 600
完工产品单位成本	378.65	208.37	180.98	768
在产品成本	—	—	—	—

该项经济业务的发生，引起资产要素中的库存商品增加和费用要素中的生产成本减少，涉及“库存商品”和“生产成本”两个账户，结合这两个账户的结构，编制会计分录如下：

借：库存商品——A产品　232 600
　　　　　——B产品　153 600
　贷：生产成本——A产品　232 600
　　　　　——B产品　153 600

案例窗5-3

2024年5月，明远公司投入生产甲产品80件、乙产品120件，各项耗费情况如下：

原材料：生产甲、乙产品领用材料50 000元，车间领料400元；

工资：生产工人10 000元，车间管理人员3 000元，厂部管理人员4 000元；

折旧费：车间厂房、机器设备的折旧费1 400元，厂部办公楼的折旧费2 000元；

办公费：车间800元，厂部1 000元。

甲、乙产品共同耗用的材料、生产工人的工资按照两种产品的生产数量进行分配；制造费用按照两种产品生产工人的工资进行分配。

甲产品全部完工，乙产品全部未完工，现有一客户愿意按每件500元的价格订购80件甲产品，请问明远公司是否应接受该订单？

案例分析提示：

按照产品成本的构成项目，计算出本月完工甲产品单位成本，然后和500元的单价进行比较，进而判断是否接受该订单。

任务5.4　核算销售过程业务

5.4.1　销售过程的主要经济业务

产品制造企业从产成品验收入库起到销售给购买方止的过程称为销售过程。在该过程中，企业以一定方式将产品销售给购货单位，并按销售价格取得销售收入，是产品价值和使用价值的实现过程。在产品销售过程中，企业为取得一定数量的销售收入，必须付出相应数量的产品，这些产品的制造成本称为产品销售成本；为了推销产品还要发生运输费、包装费、广告费等销售费用；在取得销售收入时，应按国家规定计算缴纳产品销售的相关税费。所有的这些成本、费用、相关税费都应当在销售收入中得到补偿。综上所述，销售过程的主要经济业务是：销售产品，实现收入；与购货单位结算货款；结转销售成本；支付销售费用；计算和结转税金及附加。

5.4.2　账户设置

1）“主营业务收入”账户

该账户属于损益类账户，用以核算和监督企业销售商品、提供劳务等为完成其经营目标所从事的经营性活动实现的收入。其贷方登记实现的收入；借方登记期末转入“本年利润”账户的本期全部收入；结转后期末无余额。“主营业务收入”账户应按销售产品的类别、名称等设置明细账户，进行明细分类核算。

2）“应收账款”账户

该账户属于资产类账户，用以核算和监督企业因销售商品、提供劳务等形成的应收取的款项。其借方登记发生的应收而未收购买方的款项；贷方登记收回的应收账款；期末余额一般在借方，表示企业尚未收回的应收账款。“应收账款”账户应按购货单位或接受劳务单位名称设置明细账户，进行明细分类核算。

3）“主营业务成本”账户

该账户属于损益类账户，用以核算和监督为取得主营业务收入发生的相关成本，比如企业已销产品的生产成本。其借方登记从“库存商品”账户转入的本期已销产品的生产成本；贷方登记期末转入“本年利润”账户的本期已销产品的生产成本；结转后期末无余额。“主营业务成本”账户应按销售产品的类别、名称等设置明细账户，进行明细分类核算。

4）“税金及附加”账户

该账户属于损益类账户，用以核算和监督企业经营活动发生的消费税、城市维护建设税、资源税、教育费附加及房产税、城镇土地使用税、车船税、印花税等相关税费。其借方登记按规定计算确定的应负担的相关税费；贷方登记期末转入“本年利润”账户的本期税金及附加；结转后期末无余额。“税金及附加”账户应按**税费种类**设置明细账户，进行明细分类核算。

5）“销售费用”账户

该账户属于损益类账户，用以核算和监督企业在销售产品过程中发生的各项费用，包括保险费、包装费、广告费、运输费、装卸费等。其借方登记发生的各项销售费用；贷方登记期末转入“本年利润”账户的本期销售费用；结转后期末无余额。“销售费用”账户应按**费用项目**设置明细账户，进行明细分类核算。

5.4.3 账务处理

下面以宏安公司2024年12月份销售过程有关业务为例说明销售过程相关业务的会计处理方法。

【例5-26】12月7日，向蓝海公司销售A产品150件，每件售价2 000元，增值税税率为13%，货款及增值税已收到并存入银行。

该项经济业务的发生，引起资产要素中的银行存款增加、负债要素中的应交税费增加和收入要素中的主营业务收入增加，涉及“银行存款”、“主营业务收入”和“应交税费”三个账户，结合这些账户的结构，编制会计分录如下：

借：银行存款	339 000	
贷：主营业务收入——A产品		300 000
应交税费——应交增值税（销项税额）		39 000

【例5-27】12月20日，向腾讯公司销售B产品100件，每件售价1 100元，增值税税率为13%，货款及增值税尚未收到。

该项经济业务的发生，引起资产要素中的应收账款增加、负债要素中的应交税费增加和收入要素中的主营业务收入增加，涉及“应收账款”、“主营业务收入”和“应交税费”三个账户，结合这些账户的结构，编制会计分录如下：

借：应收账款——腾讯公司	124 300	
贷：主营业务收入——B产品		110 000
应交税费——应交增值税（销项税额）		14 300

【例5-28】12月21日，以银行存款收回洋洋公司前欠的货款5 000元。

该项经济业务的发生，引起资产要素中的应收账款减少、银行存款增加，涉及“应收账款”“银行存款”两个账户，结合这些账户的结构，编制会计分录如下：

借：银行存款	5 000	
贷：应收账款——洋洋公司		5 000

【例5-29】12月22日，以银行存款支付广告费2 350元，增值税税率为6%，进项税额为141元。

该项经济业务的发生，引起费用要素中的销售费用增加、负债要素中的应交税费减少、资产要素中的银行存款减少，涉及“销售费用”、“应交税费”和“银行存款”三个账户，结合这三个账户的结构，编制会计分录如下：

借：销售费用　2 350

　应交税费——应交增值税（进项税额）　141

　贷：银行存款　2 491

【例 5-30】月末，按税法规定计算出本月应负担城市维护建设税 1 048.60 元、教育费附加 449.40 元（暂不考虑地方教育附加）。

该项经济业务的发生，引起费用要素中的税金及附加增加和负债要素中的应交税费增加，涉及“税金及附加”和“应交税费”两个账户，结合这两个账户的结构，编制会计分录如下：

借：税金及附加　1 498

　贷：应交税费——应交城市维护建设税　1 048.60

　　　　　　——应交教育费附加　449.40

【例 5-31】月末，结转本月已销 A、B 产品的营业成本，销售 A 产品 150 件，单位成本 1 163 元；B 产品 100 件，单位成本 768 元。

该项经济业务的发生，引起资产要素中的库存商品减少和费用要素中的主营业务成本增加，涉及“主营业务成本”和“库存商品”两个账户，结合这两个账户的结构，编制会计分录如下：

借：主营业务成本——A 产品　174 450

　　　　　　——B 产品　76 800

　贷：库存商品——A 产品　174 450

　　　　　——B 产品　76 800

案例窗 5-4

羽飞公司的张晶，在出纳、材料会计等岗位上经历磨炼后，又接手了会计稽核工作。他在对羽飞公司 2024 年 12 月的凭单审核时，发现这样一些会计记录：

1. 羽飞公司在新产品发布会上公布了一款新研制的产品，预计在 3 个月后投产。在会上收到了两份客户订单及客户预交的订货款 200 000 元，编制会计分录如下：

借：银行存款　200 000

　应收账款　26 000

　贷：主营业务收入　200 000

　　应交税费——应交增值税（销项税额）　26 000

2. 财务处新购进两台电脑，总价 22 000 元，增值税税额 2 860 元，编制会计分录如下：

借：管理费用　22 000

　应交税费——应交增值税（进项税额）　2 860

　贷：银行存款　24 860

3. 生产车间机器设备 12 月应提折旧 30 000 元，办公室固定资产 12 月应提折旧 12 000 元，编制会计分录如下：

借：制造费用　42 000

　贷：累计折旧　42 000

4. 从建行借入期限为3个月的借款，按借款合同的规定，利息在每月月末支付一次，借款本金为600 000元，月利率为0.5%，编制会计分录如下：

借：财务费用　3 000

　贷：应付利息　3 000

张晶对上述会计分录在2024年12月做了修正，你认为张晶是怎样分析并调整上述会计分录的？

案例分析提示：

上述四笔业务的会计分录的处理均不正确，第一笔业务不应确认收入；第二笔业务应增加固定资产；第三笔业务不应将折旧额全部计入制造费用；第四笔业务应反映银行存款减少。

任务5.5　核算财务成果

5.5.1　利润形成核算

1）利润的构成

利润是企业在一定会计期间所取得的经营成果，是将一定会计期间的各种收入与各项费用相抵后形成的最终财务成果。企业的利润总额由营业利润和营业外收支净额组成。利润总额扣除所得税费用后的财务成果是企业的净利润。计算公式如下：

净利润=利润总额-所得税费用

利润总额=营业利润+营业外收入-营业外支出

营业利润=营业收入-营业成本-税金及附加-销售费用-管理费用-研发费用-财务费用-资产减值损失-信用减值损失+其他收益+投资收益（减损失）+净敞口套期收益（减损失）+公允价值变动收益（减损失）+资产处置收益（减损失）

营业收入=主营业务收入+其他业务收入

营业成本=主营业务成本+其他业务成本

营业利润是企业利润的主要来源。营业外收入和营业外支出是企业发生的营业利润以外的收益和支出。营业外收入包括与企业日常活动无关的政府补助、捐赠利得、盘盈利得等。营业外支出包括非流动资产毁损报废损失、非常损失、公益性捐赠支出、盘亏损失等。

2）账户设置

（1）“本年利润”账户

该账户属于所有者权益类账户，用以核算和监督企业实现的净利润或发生的净亏损。其贷方登记期末从损益类账户转入的本期实现的收入总额；借方登记期末从损益类账户转入的本期发生的支出总额；在会计年度的1月至11月该账户的期末余额可能在贷方，也可能在借方，贷方余额表示年初至本月末止已累计实现的利润额，借方余额表示年初至本月末止已累计发生的亏损额，年度终了，应将本年收入和支出相抵后的利润额转入“利润分配”账户的贷方，如为亏损额则作相反的会计处理，结转后本账户年末无余额。

（2）“财务费用”账户

该账户属于损益类账户，用以核算和监督企业为筹集生产经营所需资金等而发生的费用，包括利息支出、相关的手续费等。其借方登记发生的各项财务费用；贷方登记期末转入“本年利润”账户的本期全部财务费用；结转后期末无余额。“财务费用”账户应按费用项目设置明细账户，进行明细分类核算。

（3）“应付利息”账户

该账户属于负债类账户，用以核算和监督企业按合同约定应支付的利息。其贷方登记按合同利率计算确定的本期应付未付利息；借方登记实际支付的利息；期末余额在贷方，表示企业应付未付的利息。“应付利息”账户应按债权人设置明细账户，进行明细分类核算。

（4）“其他业务收入”账户

该账户属于损益类账户，用以核算和监督企业为完成其经营目标所从事的与经常性活动相关的其他活动实现的收入，包括销售材料、出租固定资产、提供非工业性劳务等实现的收入。其贷方登记实现的其他业务收入；借方登记期末转入“本年利润”账户的本期全部其他业务收入；结转后期末无余额。“其他业务收入”账户应按其他业务收入的种类设置明细账户，进行明细分类核算。

（5）“其他业务成本”账户

该账户属于损益类账户，用以核算和监督企业为取得其他业务收入发生的相关成本，包括销售材料的成本、出租固定资产的折旧额、提供非工业性劳务的成本等。其借方登记企业发生的其他业务成本；贷方登记期末转入“本年利润”账户的本期全部其他业务成本；结转后期末无余额。“其他业务成本”账户应按其他业务成本的种类设置明细账户，进行明细分类核算。

（6）“营业外收入”账户

该账户属于损益类账户，用以核算和监督企业发生的除营业利润以外的各项收益。其贷方登记取得的各项营业外收入；借方登记期末转入“本年利润”账户的本期全部营业外收入；结转后期末无余额。“营业外收入”账户应按收入项目设置明细账户，进行明细分类核算。

（7）“营业外支出”账户

该账户属于损益类账户，用以核算和监督企业发生的除营业利润以外的各项支出。其借方登记发生的各项营业外支出；贷方登记期末转入“本年利润”账户的本期全部营业外支出；结转后期末无余额。“营业外支出”账户应按支出项目设置明细账户，进行明细分类核算。

（8）“固定资产清理”账户

该账户属于资产类账户，用以核算和监督企业因出售、报废、毁损等原因转出的固定资产价值以及在清理过程中发生的费用等。其借方登记转入清理的固定资产的净值和发生的清理费用；贷方登记转入清理的资产的变价收入和应由保险公司或过失人承担的损失等；期末借方余额，表示企业尚未清理完毕的固定资产清理净损失，如果清理完毕，结转后期末无余额。“固定资产清理”账户应按被清理的固定资产项目设置明细账户，进行明细分类核算。

（9）“所得税费用”账户

该账户属于损益类账户，用以核算和监督企业确认的应从当期利润总额中扣除的所得税费用。其借方登记当期发生的所得税费用；贷方登记期末转入“本年利润”账户的本期所得税费用；结转后期末无余额。

3）账务处理

下面以宏安公司2024年12月份的相关经济业务为例说明企业财务成果的会计处理方法。

（1）其他业务的核算

【例5-32】12月15日，向奔腾公司销售甲材料259千克，不含税售价5 400元，增值税税率为13%，货款及增值税尚未收到。

该项经济业务的发生，引起资产要素中的应收账款增加、负债要素中的应交税费增加和收入要素中的其他业务收入增加，涉及“应收账款”、“其他业务收入”和“应交税费”三个账户，结合这些账户的结构，编制会计分录如下：

借：应收账款——奔腾公司　　6 102

　贷：其他业务收入——甲材料　　5 400

　　应交税费——应交增值税（销项税额）　　702

【例5-33】月末，结转本月出售甲材料的成本3 000元。

该项经济业务的发生，引起资产要素中的原材料减少和费用要素中的其他业务成本增加，涉及“其他业务成本”和“原材料”两个账户，结合这两个账户的结构，编制会计分录如下：

借：其他业务成本　　3 000

　贷：原材料——甲材料　　3 000

（2）营业外收支的核算

【例5-34】12月6日，按有关规定取得现金罚款收入800元。

该项经济业务的发生，引起资产要素中的库存现金增加和利润要素中的营业外收入增加，涉及“营业外收入”和“库存现金”两个账户，结合这两个账户的结构，编制会计分录如下：

借：库存现金　　800

　贷：营业外收入　　800

【例5-35】12月27日，以银行存款向某希望小学捐款20 000元。

该项经济业务的发生，引起资产要素中的银行存款减少和利润要素中的营业外支出增加，涉及“营业外支出”和“银行存款”两个账户，结合这两个账户的结构，编制会计分录如下：

借：营业外支出　　20 000

　贷：银行存款　　20 000

【例5-36】月末，将一台使用期满的设备予以报废，原始价值79 000元，已提折旧76 400元，在拆卸搬运中发生清理费用950元，设备清理所得零部件出售收回1 530元，上述款项均通过现金收付（假设不考虑增值税）。

该项经济业务属于固定资产处置业务，需要使用“固定资产清理”账户将处置过程中涉及的各项变化予以反映。

❶固定资产报废清理时：

借：固定资产清理　　2 600
　　累计折旧　　76 400
　贷：固定资产　　79 000

❷支付清理费用时：

借：固定资产清理　　950
　贷：库存现金　　950

❸收回残料销售款时：

借：库存现金　　1 530
　贷：固定资产清理　　1 530

❹清理完毕，结转报废净损失时：

借：营业外支出　　2 020
　贷：固定资产清理　　2 020

(3) 财务费用的核算

【例 5-37】月末，计提本月银行短期借款利息3 500元。

该项经济业务的发生，引起费用要素中的财务费用增加和负债要素中的应付利息增加，涉及“财务费用”和“应付利息”两个账户，结合这两个账户的结构，编制会计分录如下：

借：财务费用——利息费　　3 500
　贷：应付利息　　3 500

【例 5-38】月末，计提本月银行长期借款利息7 583元（假设该利息应全部费用化）。

该项经济业务的发生，引起费用要素中的财务费用增加和负债要素中的长期借款增加，涉及“财务费用”和“长期借款”两个账户，结合这两个账户的结构，编制会计分录如下：

借：财务费用——利息费　　7 583
　贷：长期借款　　7 583

(4) 损益类账户的结转

【例 5-39】月末，将本月各损益类账户余额结转到“本年利润”账户。

借：主营业务收入　　410 000
　　其他业务收入　　5 400
　　营业外收入　　800
　贷：本年利润　　416 200

借：本年利润　　328 781
　贷：主营业务成本　　251 250
　　　其他业务成本　　3 000
　　　税金及附加　　1 498
　　　销售费用　　2 350
　　　管理费用　　37 580
　　　财务费用　　11 083
　　　营业外支出　　22 020

（5）所得税费用的核算

【例5-40】月末，计算出本月应交所得税21 854.75元。

该项经济业务的发生，引起费用要素中的所得税费用增加和负债要素中的应交税费增加，涉及“所得税费用”和“应交税费”两个账户，结合这两个账户的结构，编制会计分录如下：

借：所得税费用 21 854.75

贷：应交税费——应交所得税 21 854.75

【例5-41】月末，结转所得税费用。

借：本年利润 21 854.75

贷：所得税费用 21 854.75

5.5.2 利润分配核算

1）利润分配的内容及顺序

利润分配是指企业根据国家有关规定和企业章程、投资者协议等，对企业当年可供分配的利润指定其特定用途和分配给投资者的行为。利润分配应按下列顺序进行：

（1）计算可供分配的利润

企业在利润分配前，应根据本年净利润（或亏损）与年初未分配利润（或亏损）、其他转入的金额（如盈余公积弥补的亏损）等项目，计算可供分配的利润，即：

可供分配的利润=净利润（或亏损）+年初未分配利润-弥补以前年度的亏损+其他转入的金额

如果可供分配的利润为负数（即累计亏损），则不能进行后续分配；如果可供分配的利润为正数（即累计盈利），则可进行后续分配。

（2）提取法定盈余公积

企业应当按照当年净利润（抵减年初累计亏损后）的10%提取法定盈余公积。如果不存在年初累计亏损，提取法定盈余公积的基数为当年实现的净利润；如果存在年初累计亏损，提取法定盈余公积的基数为可供分配的利润。

（3）提取任意盈余公积

企业提取法定盈余公积后，经股东会决议，还可以从净利润中提取任意盈余公积。

（4）向投资者分配利润（或股利）

企业可供分配的利润扣除提取的盈余公积后，形成可供投资者分配的利润，即：

可供投资者分配的利润=可供分配的利润-提取的盈余公积

企业可采用现金股利、股票股利和财产股利等形式向投资者分配利润（或股利）。可供投资者分配的利润扣除向投资者分配利润后的余额形成企业的未分配利润，是企业留待以后年度进行分配的利润或等待分配的利润。

知识窗5-4

通过一些财经、会计网站或者财务会计教材了解企业利润分配的全部内容，思考相应的会计处理方法。

2）账户设置

（1）“利润分配”账户

该账户属于所有者权益类账户，用以核算和监督企业利润的分配或亏损的弥补和历年分配或弥补后的积存余额。其借方登记企业按规定提取的盈余公积、分配给投资者的现金股利或利润等利润分配去向，以及年度终了自“本年利润”账户转入的本年发生的净亏损；贷方登记年度终了自“本年利润”账户转入的本年实现的净利润等；期末余额可能在贷方，也可能在借方，贷方余额表示企业历年积存的未分配利润，借方余额表示企业的未弥补亏损。“利润分配”账户应按利润分配去向等设置明细账户，进行明细分类核算。

（2）“盈余公积”账户

该账户属于所有者权益类账户，用以核算和监督企业从净利润中提取的盈余公积。其贷方登记按规定提取的盈余公积；借方登记由于弥补亏损或转增资本等使用的盈余公积数额；期末余额在贷方，表示企业盈余公积的实际结存数。“盈余公积”账户应按盈余公积的种类设置明细账户，进行明细分类核算。

（3）“应付股利”账户

该账户属于负债类账户，用以核算和监督企业分配的现金股利或利润。其贷方登记企业根据利润分配方案计算确定应支付给投资者的现金股利或利润；借方登记实际支付的现金股利或利润；期末余额在贷方，表示企业应付未付的现金股利或利润。“应付股利”账户应按投资者设置明细账户，进行明细分类核算。

3）账务处理

下面以宏安公司2024年年末的相关经济业务为例说明企业利润分配的会计处理方法。

【例5-42】年末，宏安公司将全年实现的净利润844 076.93元由“本年利润”账户结转到“利润分配”账户。

借：本年利润	844 076.93	
贷：利润分配——未分配利润		844 076.93

【例5-43】从净利润中提取法定盈余公积84 407.69元、任意盈余公积金126 611元。

该项经济业务的发生，引起所有者权益要素中的盈余公积增加、未分配利润减少，涉及“利润分配”和“盈余公积”两个账户，结合这两个账户的结构，编制会计分录如下：

借：利润分配——提取盈余公积	211 018.69	
贷：盈余公积——法定盈余公积		84 407.69
——任意盈余公积		126 611

【例5-44】向投资者分配利润365 600元。

该项经济业务的发生，引起所有者权益要素中的未分配利润减少和负债要素中的应付股利增加，涉及“利润分配”和“应付股利”两个账户，结合这两个账户的结构，编制会计分录如下：

借：利润分配——应付现金股利或利润	365 600	
贷：应付股利		365 600

【例5-45】年末，将“利润分配”其他明细账户的余额结转到“利润分配——未分配利润”账户。

借：利润分配——未分配利润	576 618.69	

贷：利润分配——提取盈余公积　　211 018.69

　　　　　　——应付现金股利或利润　　365 600

项目小结

产品制造企业的会计核算按照业务类别分为资金筹集业务核算、供应过程业务核算、生产过程业务核算、销售过程业务核算、财务成果核算和其他会计业务事项的核算。

1. 资金筹集渠道主要有两个，即接受投资者投资和取得借款，前者形成了企业的所有者权益，后者形成了企业的负债，统称为权益，但其在企业中享有的要求权不同，所以应在不同的账户中进行核算。

2. 企业在供应过程中要购买用以生产产品的原材料，需要支付买价和采购费用，采购费用采用一定的方法在各种材料之间进行分配，某种材料的买价和应分配的采购费用，构成该种材料的采购成本。

3. 企业在生产经营过程中会发生各种各样的耗费，与生产产品有直接关系的耗费称为生产费用，为了维持一定生产经营能力的耗费称为期间费用，包括销售费用、管理费用和财务费用。生产费用可进一步划分为直接费用和间接费用，直接费用直接计入产品成本，间接费用分配计入产品成本，将生产费用归集、分配到各种产品的名下，可计算出产品制造成本。期间费用不由具体产品承担，而从当期收入中冲减。

4. 企业在销售过程中将生产的产品和多余的材料对外销售，属于日常经营活动，要确认销售收入，同时需要结转销售成本、确认发生的销售费用和应上交的销售税费。

5. 使用期满的固定资产要办理报废，确认发生的清理费用和取得的残料收入，并结转清理净损益。

6. 财务成果包括利润的形成和利润的分配。利润总额是指营业利润加营业外收支净额的总和；营业利润是构成利润总额的主要来源，是营业收入扣除营业成本、税金及附加、期间费用等，加上其他收益、投资收益（减损失）、净敞口套期收益（减损失）、公允价值变动收益（减损失）和资产处置收益（或损失）等后的余额。净利润是指利润总额减去所得税费用后的余额。

7. 利润分配是对净利润进行的分配，按国家法律规定，先按一定比例提取盈余公积，剩余部分才能对投资者分配，对投资者分配后的剩余部分称为未分配利润。

上述各过程发生的经济业务，在借贷记账法下应设置的账户、各账户的具体结构以及账务处理方法本项目都作了详细的介绍。

关键概念

实收资本　短期借款　长期借款　采购成本　生产费用　生产成本　直接费用　间接费用　期间费用　营业收入　营业成本　税金及附加　销售费用　利润总额　净利润

项目6

会计凭证管理

学习目标

知识目标：掌握会计凭证的概念、分类、基本内容，明确会计凭证的填写规范及要求，了解会计凭证的传递程序。

技能目标：熟悉原始凭证和记账凭证的填制与审核方法，了解会计凭证的保管要求。

素养目标：培养规范填制会计凭证的职业习惯；树立一切从实际出发的哲学立场，不弄虚作假，不夸大其词，拒绝开具虚假发票等虚假凭证，坚守职业底线，养成求真务实的工作作风和敬业态度；提高独立判断、明辨是非的能力；养成审慎、严谨的思维特点；培育诚实守信、廉洁自律、遵纪守法的职业道德素养。

【德技兼修】

钤下印章，立下言信

会计凭证是会计工作的基础，如若凭证造假，企业的财务状况就像建在沙滩上的城堡，随时都会崩塌。因此，凡事必申请、申请必审批、审批必签章、签章才办理，是会计处理经济业务的流程规则，也体现了有凭有据的思维和盖章必负责的担当精神。

中国的印章文化最早可追溯到商周时期，甲骨文的出现使印章具有初步明确的含义。在公，它是官署长官在执政时所持的信物；在商，它是货物交流的证明；在私，它是交换信件、防止私拆的信验。

将印章用于会计，是对印章文化的发扬，不盖章合同不能成立、货款不能支付、货物不能收发，所有的原始凭证都成了无效凭证。会计最常用的单位公章、合同专用章、财务专用章、发票专用章以及法定代表人专用章都有规范的使用场景和使用规则，会计用章已然成为会计的一部分。钤下印章，便是立下言信。

资料来源 秦玉熙．将思政有机融入会计专业教材的探索——以《基础会计》为例［J］．财务与会计，2022（6）．

任务6.1　认识会计凭证

6.1.1　会计凭证的作用

启示窗6-1

据媒体报道：长野冬奥会申办过程的凭证被全部烧毁；银广夏1998年以前的财务资料丢失；美国安然公司以及为其进行审计的安达信会计师事务所在其假账丑闻被曝光之后，都传出了暗中销毁凭证的内幕。它们为什么要销毁凭证？凭证上通常记载些什么？凭证提供了关于企业真实经济活动的什么证据？

1）会计凭证的概念

会计凭证是记录经济业务，明确经济责任，据以登记账簿的书面证明。

会计记录必须具有真实性和客观性，每反映一笔经济业务都要有凭有据。因此，会计主体在进行任何一项经济业务时，都必须取得或填制会计凭证。例如，购买商品或原材料要由供货方开出发票；支付款项要由收款方开出收据；商品或材料入库要有入库单；发出商品或材料要有出库单。所有的会计凭证，都要经过会计部门和其他有关部门的严格审核，只有审核无误的会计凭证，才能作为登记账簿的依据。

2）会计凭证的作用

填制和审核会计凭证是会计核算的一种专门方法，是会计核算工作的起点和基础，对于完成会计工作的任务、发挥会计在经济管理中的作用，具有十分重要的作用。

❶通过填制和审核会计凭证，可以记录经济业务，提供记账依据。每发生一项经济业务，必须由经办业务的有关人员按照规定的程序和要求，及时地取得和填制会计凭证，通过会计凭证将经济业务的执行、完成情况如实地反映出来。以会计凭证为依据进一步登记有关账簿，为登记账簿提供了真实、合法、正确的记账依据，保证了会计记录的真实、正确，防止弄虚作假行为的发生。

❷通过填制和审核会计凭证，可以监督经济活动，控制经济运行。通过会计凭证的审核，可以检查经济业务是否符合国家的有关法律、法规和相关制度的要求，是否符合单位的计划和预算规定，有无违法乱纪和铺张浪费等现象，并且可以及时发现经营管理中存在的问题和漏洞，以改善经营管理，提高经济效益。

❸通过填制和审核会计凭证，可以明确经济责任，强化内部控制。对于发生的各项经济业务，都要由有关经办人员在凭证上签字或盖章，这样便于划清责任范围，促使有关人员严格按照规章制度办事，加强责任感；一旦出现问题，也便于查明责任，有利于推行经济责任制。

6.1.2　会计凭证的种类

会计凭证是多种多样的，为了正确使用各种不同的会计凭证，必须对其按照一定的标准进行分类。会计凭证按其填制程序和用途的不同，可分为原始凭证和记账凭证。

任务 6.2　管理与使用原始凭证

6.2.1　原始凭证的基本内容

原始凭证是在经济业务发生或完成时，由业务经办人员直接取得或填制的，用来记录经济业务的发生或完成情况，明确经济责任并具有法律效力的书面证明。原始凭证是进行会计核算的原始资料，是编制记账凭证的依据。

由于各项经济业务的内容和经济管理的要求不同，原始凭证的具体内容和格式不尽相同，具体见表6-1至表6-6。但是，作为原始凭证，必然存在共性的内容，将这些共性的内容称为原始凭证的基本内容或原始凭证要素，具体包括：

❶原始凭证的名称；

❷填写凭证的日期；

❸凭证的编号；

❹填制凭证单位的名称或者填制人姓名；

❺对外凭证要有接受凭证单位的名称，即抬头人；

❻经济业务的内容，包括摘要、所涉及的财物数量、单价和金额；

❼填制单位签章及有关人员（如部门负责人、经办人）签章。

此外，有些原始凭证为了满足计划、统计或其他业务管理的需要，还要列入计划任务、合同号码、定额、预算等项目，使原始凭证发挥多方面的作用。

知识窗 6-1

收集不同的原始凭证，比较其格式、联次、具体内容上的区别，进一步认识原始凭证，总结原始凭证通常记载的内容。

6.2.2　原始凭证的种类

1）按取得来源不同分类

原始凭证按其取得来源不同，可分为外来原始凭证和自制原始凭证。

外来原始凭证是指同外部单位或个人发生经济往来时，从外部单位或个人取得的原始凭证，如购货时从销货单位取得的发票、付款时取得的收据、银行借款借据等。增值税专用发票是比较典型的一种外来原始凭证，其具体格式见表6-1；借据格式见表6-2。

自制原始凭证是指本单位内部经办业务的部门和个人，在执行或完成某项经济业务时所填制的原始凭证。如采购员报销时填制的差旅费报销单、职工归还欠款时填写的收据、材料验收入库时由仓库保管员填制的收料单等。差旅费报销单、收据、材料的验收单（收料单）和领料单的具体格式分别见表6-3、表6-4、表6-5和表6-6。

2）按填制的手续和内容不同分类

原始凭证按其填制的手续和内容不同，可以分为一次凭证、累计凭证和汇总凭证。

一次凭证是指凭证的填制手续是一次完成的，用以记录一项或若干项同类性质经济业务的原始凭证。外来原始凭证和大部分自制原始凭证都是一次凭证，如收料单、领料单、购货发票、付款收据、费用报销单等。

表6-1

电子发票（增值税专用发票）

国家税务总局大连市税务局

发票号码：24141000500021026237
开票日期：2024年12月29日

购买方信息　名称：格格实业有限公司 统一社会信用代码/纳税人识别号：91210202808080801W	销售方信息　名称：大连市黄海物资供应公司 统一社会信用代码/纳税人识别号：91210202123456781S

项目名称	规格型号	单位	数量	单价	金额	税率/征收率	税额
*黑色金属冶炼及压延品*生铁		吨	100	500.00	50 000.00	13%	6 500.00
*有色金属冶炼及压延品*铝锭		吨	200	800.00	160 000.00	13%	20 800.00
合　计					¥210 000.00		¥27 300.00
价税合计（大写）	⊗贰拾叁万柒仟叁佰元整				（小写）¥237 300.00		
备注							

开票人：侯倩

表6-2

中国农业银行　借款借据　第一联借据回单

银行编号：　　　　立据2024年12月02日

借款单位名称	山西晋美制衣有限责任公司	放款账号	0213789546	利率	7%
		存款账号	11223246546		

借款金额（大写）	千	百	十	万	千	百	十	元	角	分
人民币叁佰万元整	¥	3	0	0	0	0	0	0	0	0

约定还款日期	2026年12月01日	借款种类	固定资产建造	借款合同号码	2024-12-016
展期到期日期	年　月　日				

借款直接用途			还款记录	年	月	日	还款金额	余额
	1. 固定资产购建	4.						
	2.	5.						
	3.	6.						

根据签订的借款合同和你单位申请借款用途，经审查同意发放上列金额贷款。

中国农业银行　　批准人

中国农业银行股份有限公司太原长风支行 2024.12.02 转讫

银行转账盖章
2024年12月02日

此联退交借款单位

表 6-3

差旅费报销单

部门：供应科　　　　2024年8月20日

姓名				李元							出差事由			购买材料			
出发地				到达地				公出补助			车船飞机费	卧铺	住宿费	市内车费	邮电费	其他	合计金额
月	日	时	地点	月	日	时	地点	天数	标准	金额							
8	12		太原	8	12		银川				103						103
8	16		银川	8	16		太原	5	30	150	99		520	120		40	929
合计人民币（大写）：壹仟零叁拾贰元整											预支2 000元　核销1 032元　退回968元						

附件5张

单位领导：刘鹏　　财会主管：赵安　　审核人：罗杰

表 6-4

收　款　收　据

2024年12月25日　　　　第　　号

今收到办公室张红

人民币（大写）伍仟元整　　（小写）¥5 000.00

系归还公司借款

现金收讫

财务专用章

单位印章　　会计主管：赵安　　收款人：李红　　经手人：张红

表 6-5

康康食品厂　收料单

No.202

类别：原料及主要材料　　　　库别：3号库

供货单位：宏发面粉厂　　2024年5月20日　　金额单位：元

材料编号	名称	规格及型号	计量单位	数量		实际成本				
				应收	实收	买价		运杂费	其他	合计
						单价	金额			
（略）	面粉		千克	1 000	1 000	3.00	3 000.00			3 000.00
备注										

第三联：财务记账

主管：李梅　　验收：张军　　采购：李华　　制单：高红波

表6-6

康康食品厂 领料单

领用单位：饼干车间 编号：

仓库： 2024年5月30日 金额单位：元

材料类别	材料编号	名称及规格	计量单位	数量		单价	金额	领料用途
				请领	实发			
（略）	（略）	面料	千克	200	200			生产饼干

②此联经签收交材料核算员

主管：王娜 审核：章函 领料：王刚 发料：李霞

累计凭证是一定时期内在一张凭证中，连续记录同类经济业务，期末按其累计数作为记账依据的自制原始凭证。累计凭证的填制随着经济业务的发生分次进行，可以减少凭证的数量，简化核算手续；同时，累计凭证也可以随时计算累计发生数，以便同计划数或定额数进行比较，便于控制和管理。累计凭证主要适用于大量重复发生的经济业务，如限额领料单，其格式见表6-7。“限额领料单”是多次使用的累计领发料凭证，在有效期间内（一般为一个月），只要领用数量不超过限额就可以连续使用。

表6-7

光耀有限责任公司 限额领料单

领料单位：生产车间 编号：001

产品名称：A产品 发料仓库：1号库

计划产品：6 000台 2024年9月 单耗定额：0.2千克/台

材料名称	材料编号	计量单位	单位成本（元/千克）	领料限额（千克）	全月实用	
					数量（千克）	金额（元）
塑钢18m/m	1349	千克	4	1 200	1 150	4 600
领用日期	请领数量	实发数量	累计数量	限额结余	发料人	领料人
9.5	200	200	200	1 000	刘科	孟欣
9.12	100	100	300	900	刘科	张国华
9.17	300	300	600	600	刘科	王亮
9.23	100	100	700	500	刘科	张国华
9.25	150	150	850	350	刘科	王亮
9.30	300	300	1 150	50	刘科	孟欣
累计实发金额（大写）肆仟陆佰元整				（小写）¥4 600.00		

供应部门负责人：张亮 生产计划部门负责人：刘国 仓库管理员：陈为云

汇总凭证，也称原始凭证汇总表，是对一定时期内反映内容相同的经济业务的若干张原始凭证，按照一定标准综合填制的原始凭证，如发料凭证汇总表（见表6-8）、收料凭证汇总表等。在实际工作中，编制汇总原始凭证是为了集中反映某项经济业务的总括情况，并简化记账凭证的填制工作。汇总原始凭证所汇总的内容，只能是同类经济业务，不能汇总两类或两类以上的经济业务。

表 6-8　　发料凭证汇总表

2024年11月　　单位：元

应借科目 应贷科目	生产成本		制造费用		管理费用	合　计
	面包车间	饼干车间	面包车间	饼干车间		
原料及主要材料	14 385	14 899				29 284
辅助材料	3 960	3 778			4 500	12 238
备品备件			690	520		1 210
燃　料			230			230
合　计	18 345	18 677	920	520	4 500	42 962

审核：王伟　　制表：董建斌

3）按格式不同分类

原始凭证按照格式不同，可分为通用凭证和专用凭证。

通用凭证是指由有关部门统一印制、在一定范围内使用的具有统一格式和使用方法的原始凭证。通用凭证的使用范围因制作部门的不同而有所差异，可以分地区、分行业使用，也可以全国通用，如某省（市）印制的在该省（市）通用的发票、收据等，由中国人民银行制作的在全国通用的银行转账结算凭证，由国家税务总局统一印制的全国通用的增值税专用发票等。

专用凭证是指由单位自行印制、仅在本单位内部使用的原始凭证，如领料单、差旅费报销单、折旧计算表等。

6.2.3　原始凭证的填制

原始凭证是会计核算的原始依据，它的正确与否是确保会计信息正确、真实的重要前提。为了保证原始凭证能够正确、及时、清晰地反映各项经济业务的真实情况，原始凭证的填制必须符合规定的要求。

1）原始凭证填制的基本要求

❶记录要真实。填制在凭证上的内容和数字，必须符合有关经济业务的实际情况，不得弄虚作假。

❷内容要完整。原始凭证中应该填写的项目要逐项填写，不得缺漏。如果是一式多联的原始凭证，保证各联一次填写完成，各联内容一致。

❸手续要完备。自制原始凭证必须有经办单位负责人或其授权人员的签名或盖章。对外开出的原始凭证，必须加盖本单位发票专用章、财务专用章或其他公章，同时由经办人员、收款人员签名、盖章。

❹书写要清楚规范。书写原始凭证的字迹要端正、工整、简明、易于辨认。

❺编号要连续。各种凭证必须连续编号，以便查找。如果凭证已有预先编号，比如发票、收据、支票等，填制时应按照编号的次序使用，跳号的凭证或写错作废的凭证，应加盖“作废”的戳记，并连同存根单独保管，不得撕毁。

❻不得涂改、刮擦、挖补。如果原始凭证出现书写错误，不得涂改、刮擦、挖补，应按会计法规、制度的有关规定进行更正或作废，重新填写。

❼填制要及时。经济业务一经发生或完成，应立即填制凭证，并按规定程序进行传递，不积压、不拖延、不事后补制。

2）原始凭证填制的具体要求

❶从外单位取得的原始凭证，必须盖有填制单位的公章；从个人取得的原始凭证，必须有填制人员的签名或者盖章。

视野拓展6-1

"公章"是指具有法律效力和规定用途，能够证明单位身份和性质的印鉴，如业务公章、财务专用章、发票专用章、收款专用章、结算专用章、汇票专用章等。

❷凡填有大写和小写金额的原始凭证，大写与小写金额必须相符。

❸购买实物的原始凭证，必须有验收证明。实物购入以后，要按照规定办理验收手续，需要入库的实物必须填写入库验收单；购入后直接交由使用人使用的，应由接收人在发票等原始凭证上签字。

❹支付款项的原始凭证，必须有收款单位和收款人的收款证明。

❺一式多联的原始凭证，应当注明各联的用途，只能以一联作为报销凭证。一式多联的发票和收据，必须用双面复写纸（发票和收据本身具备复写纸功能的除外）套写，并连续编号。发票一般由税务部门统一印制，或经税务部门批准由经营单位印制，在填制时加盖出具凭证的单位发票专用章方有效。

视野拓展6-2

为贯彻落实中办、国办《关于进一步深化税收征管改革的意见》明确的"稳步实施发票电子化改革""基本实现发票全领域、全环节、全要素电子化，着力降低制度性交易成本"要求，自2021年12月1日广东省、上海市和内蒙古自治区试点推行全面数字化电子发票（简称"数电发票"）以来，试点地区已逐步扩大至全国。试点推行工作平稳有序，取得了优化营商环境、提升行政效能、助力经济社会数字化转型的积极效果。国家税务总局决定，在全国正式推广应用数电发票。

数电发票是《中华人民共和国发票管理办法》中"电子发票"的一种，是将发票的票面要素全面数字化、号码全国统一赋予、开票额度智能授予、信息通过税务数字账户等方式在征纳主体之间自动流转的新型发票。数电发票与纸质发票具有同等法律效力。

数电发票为单一联次，以数字化形态存在，类别包括电子发票（增值税专用发票）、电子发票（普通发票）、电子发票（航空运输电子客票行程单）、电子发票（铁路电子客票）、电子发票（机动车销售统一发票）、电子发票（二手车销售统一发票）等。数电发票可以根据特定业务标签生成建筑服务、成品油、报废产品收购等特定业务发票。

电子发票（增值税专用发票）的样式如图6-1所示。

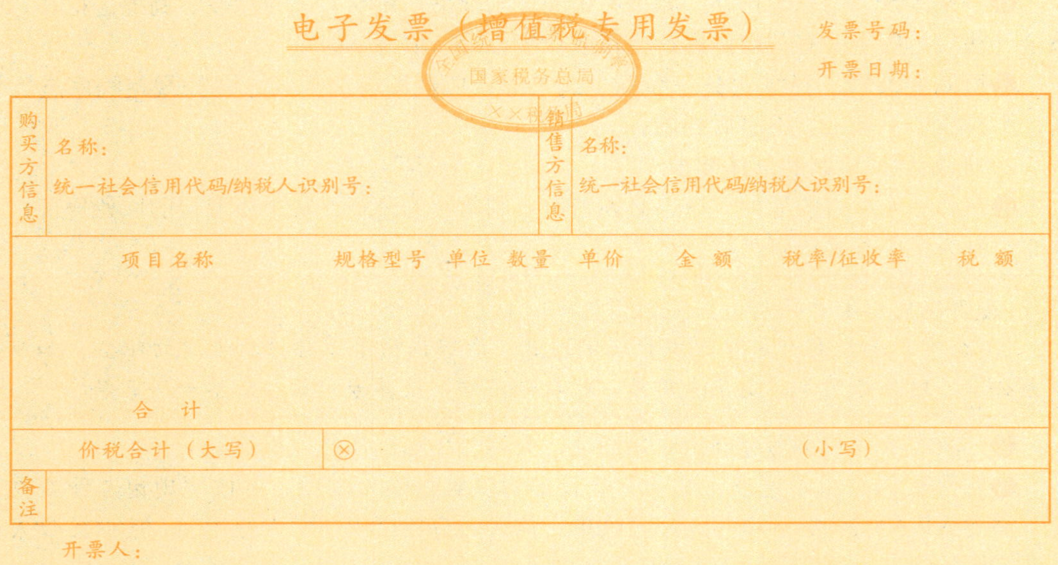
电子发票（增值税专用发票）　　发票号码：
开票日期：
国家税务总局
××税务局

购买方信息	名称： 统一社会信用代码/纳税人识别号：	销售方信息	名称： 统一社会信用代码/纳税人识别号：

项目名称	规格型号	单位	数量	单价	金额	税率/征收率	税额
合计							

价税合计（大写）	⊗	（小写）
备注		

开票人：

图 6-1　电子发票（增值税专用发票）样式

⑥发生销货退回的，除填制红字退货发票外，还必须有退货验收证明，即填制红字“出库单”；退款时，必须取得对方的收款收据或者汇款银行的凭证，不得以退货发票代替收据。

⑦职工公出填制的借款借据，必须附在记账凭证之后。收回借款时，应当另开收据或者退还借据副本，不得退还原借款借据，否则会损害会计资料的完整性。

⑧经上级有关部门批准的经济业务，应当将批准文件作为原始凭证附件。如果批准文件需要单独归档的，应当在凭证上注明批准机关名称、批准日期和文件字号。

⑨原始凭证要用蓝色或黑色钢笔或碳素笔填写，文字、数字书写要规范，应符合下列要求：

第一，原始凭证的填写应当使用中文，不得使用未经国务院公布的简化汉字；民族自治地方可以同时使用当地通用的一种民族文字；外商投资单位和外商单位可以同时使用一种外国文字。

第二，阿拉伯数字应当一个一个地写，不得连笔写。阿拉伯金额数字前面应当书写货币币种符号或者货币名称简写，如在人民币金额数字前可以写人民币符号“¥”或直接写“人民币”。币种符号与阿拉伯金额数字之间不得留有空白。凡阿拉伯数字前写有币种符号的，数字后面不再写货币单位。例如，人民币 1 500.00 元，表示为“¥1 500.00”，而“¥1 500.00元”是错误的。

第三，所有以元为单位（其他货币种类为货币基本单位，下同）的阿拉伯数字，除表示单价等情况外，一律填写到角分；无角分的，角位和分位可写“00”，或者符号“—”；有角无分的，分位应当写“0”，不得用符号“—”代替。如¥11.38、¥532.80、¥760.—等。

第四，汉字大写数字金额，如壹、贰、叁、肆、伍、陆、柒、捌、玖、拾、佰、仟、万、亿、元、角、分、零、整等，一律用正楷或者行书体书写，不得用〇、一、二、三、

四、五、六、七、八、九、十等字代替，不得任意自造简化字。大写金额数字到元或者角为止的，在“元”或者“角”字之后应当写“整”字或者“正”字；大写金额数字有分的，“分”字后面不写“整”字或者“正”字。

第五，阿拉伯数字金额中间有“0”时，汉字大写金额要写“零”字；阿拉伯数字金额中间连续有几个“0”时，汉字大写金额中可以只写一个“零”字；阿拉伯数字金额元位是“0”，或者数字中间连续有几个“0”、元位也是“0”但角位不是“0”时，汉字大写金额可以只写一个“零”字，也可以不写“零”字。例如，“￥90 065.50”用大写表示为“人民币玖万零陆拾伍元伍角整”，“￥130 000.00”用大写表示为“人民币壹拾叁万元整”。

第六，大写金额数字前未印有货币名称的，应当加填货币名称，货币名称与金额数字之间不得留有空白，也不得加冒号。

第七，银行结算票据（包括支票、汇票和本票）的日期必须用大写填写，其他原始凭证的日期使用小写即可。

年份：应按阿拉伯数字表示的年份所对应的大写汉字书写，如：贰零壹贰年。

月份：壹月、贰月、拾月前“零”字必须写，即零壹月、零贰月、零壹拾月；叁月至玖月前“零”字可写可不写；11月、12月必须写成壹拾壹月、壹拾贰月（前面多写了“零”字也认可，如零壹拾壹月）。

日：1~9日、10日、20日、30日前应加“零”字；11~19日必须写成壹拾壹日至壹拾玖日（前面多写了“零”字也认可），21~29日必须写成贰拾壹日至贰拾玖日，31日应写成叁拾壹日。

知识窗 6-2

利用学校实训室或实训基地就一些经常发生的经济业务进行原始凭证填制的训练，比如，增值税专用发票、收据、收料单和领料单、产品入库单和产品出库单、借据等，通过填制原始凭证的实际操作，进一步明确应该注意的问题及具体要求。

6.2.4　原始凭证的审核

原始凭证取得或填制完成以后，为了保证其内容的真实、正确、合法，经办业务的部门及其他相关部门和人员要对其进行审核，会计人员在进行下一步的会计处理之前，也必须对其进行严格的审核。审核原始凭证是会计核算工作中必不可少的环节，是国家赋予财会人员的监督权限。**只有经审核无误后的原始凭证，才能作为编制记账凭证和登记明细分类账的依据。**

1）原始凭证审核的内容

（1）审核原始凭证的真实性

审核原始凭证中所记录的内容是否同实际情况相符。审核的范围包括但不限于以下内容：业务双方当事人是否真实；业务发生的时间、地点和凭证填制日期是否真实；业务的内容是否真实；业务的实物量和价值量是否真实；有无涂改、添加内容和金额；有无模仿领导笔迹签字冒领现象。对在全国或一定范围内通用的原始凭证，比如发票、车票、统一收据等，还要审核凭证本身的真实性，有无假发票、假收据。要注意审核发票有无加盖税务局的监制章、发票号码与单位归属地址是否一致、机打发票日期是否精确到年月日等；收据有无加盖税务部门、财政部门的监制章，是否盖有财务专用章等；检查是否为已过期或停止使用的凭证。

案例窗 6-1

某企业采购员赵海平出差回来报销差旅费，宾馆开出发票记载日单价为80元，人数为1人，时间为10天，金额为800元。而赵海平将单价80元直接改为180元，小写金额改为1 800元，将大写金额前加了一个“壹仟”，报销后贪污金额为1 000元。

1.会计审核人员对此应承担什么责任？

2.会计人员应如何审核这类虚假凭证？

案例分析提示：

会计人员应负责追回损失的现金，若无法追回，会计人员应承担连带赔偿责任。会计人员应首先检查原始凭证，检查发票有无部门领导的签字，发票金额的笔体是否一致，发现有疑点时，应采用函询法调查住宿单价。

（2）审核原始凭证的合法性

审核原始凭证所反映的经济业务是否符合国家有关政策、法令、制度和单位编制的计划、预算、合同等，有无违反财经制度规定，是否按成本开支范围办事，是否贯彻专款专用原则，有无贪污盗窃、虚报冒领、伪造凭证等违纪行为。

（3）审核原始凭证的合理性

审核原始凭证所记载经济业务是否符合企业生产经营活动的需要，是否符合有关的计划和预算等。

（4）审核原始凭证的完整性

审核原始凭证各项基本要素是否齐全，凭证联次是否正确，编号是否连续，有关人员及单位是否签名、盖章，附件是否齐全等。如招待费是否有分管领导批准，培训费、固定资产购置及大额支出是否有申请批示。

（5）审核原始凭证的正确性

审核原始凭证各项数字、单价、金额的计算及填写是否正确，合计金额是否正确，大小写金额是否相符等。

（6）审核原始凭证的及时性

审核原始凭证是否在经济业务发生或完成时及时填制，并及时进行凭证的传递。审核时应注意审查凭证的填制日期，尤其对支票、银行汇票、银行本票等时效性较强的原始凭证，更应仔细验证其签发日期。

2）审核后原始凭证的处理

审核后的原始凭证，会计人员应按照《会计法》的规定，视具体情况分别处理。

❶审核无误的原始凭证，会计人员应及时办理各种必要的会计手续。

❷随意涂改的原始凭证即为无效凭证，不能作为填制记账凭证或登记会计账簿的依据。

❸对不真实、不合法的原始凭证，会计人员有权拒绝接受，并向单位负责人报告，请

求查明原因，追究当事人的责任。

④对不正确、不完整的原始凭证，应退回有关经办人员，由经办人员本人或由其退回开具凭证的单位或个人，按照《会计法》的有关规定进行更正或重新填制。具体地讲，如果原始凭证金额填写错误，不得进行更正，必须由原开具单位重新开具，并将原错误凭证加盖“作废”戳记，同存根一起保存；如果原始凭证不是金额错误，应由原开具单位重新开具或更正，更正的凭证应在更正处加盖更正单位公章及经办人员签章。但是，由单位自行填制的提交银行的各种结算凭证，如支票、银行汇票、银行本票等，其填制错误一律不得更改，应加盖“作废”戳记同存根一起保存，并重新填写正确的结算凭证。

案例窗6-2

会计人员董某发现一张由甲企业开具的金额有错误的原始凭证，董某要求甲企业进行更正，并在更正处加盖甲企业印章。

董某的做法是否符合规定？

案例分析提示：

董某的做法不符合规定，原始凭证金额有错误的，应当由原出具单位重开，不得在原始凭证上更正。

视野拓展6-3

原始凭证中容易出现的错误与舞弊主要包括：

（1）内容记载含糊不清，或故意掩盖事情真相，以此进行贪污舞弊。

（2）发票抬头不是本单位。

（3）数量、单价与金额不符。

（4）无收款单位签章。

（5）在整理和粘贴原始凭证过程中进行作弊。例如，利用单位原始凭证粘贴、整理不规范的弱点，在粘贴、整理时，采用“移花接木”的手法，故意将个别原始凭证抽出，等以后再重复报销；或在汇总原始凭证金额时，故意多汇或少汇，达到贪污其差额的目的。

（6）模仿领导笔迹签字冒领。

（7）涂改原始凭证上的时间、数量、单价、金额，或添加内容和金额。

任务6.3　编制与审核记账凭证

6.3.1　记账凭证的基本内容

记账凭证是会计人员根据审核无误的原始凭证填制的，用来确定会计分录，并作为登记账簿直接依据的会计凭证。记账凭证必须具备以下基本内容：

素养提升6-1

①记账凭证的名称；

②记账凭证的日期；

③经济业务事项的内容摘要；

❹经济业务事项所涉及的会计科目名称及其记账方向；

❺经济业务事项的金额；

❻记账凭证的编号；

❼所附原始凭证张数和其他有关资料的数量；

❽记账标记；

❾填制人员、审核人员、记账人员、会计主管人员签名或盖章，收、付款记账凭证还要有出纳人员的签名或盖章。

6.3.2 记账凭证的种类

1）按编制的方式不同分类

记账凭证按其编制的方式不同可分为复式记账凭证和单式记账凭证。

（1）复式记账凭证

复式记账凭证是将一项经济业务所涉及的全部会计科目都集中在一张凭证上，完整地反映各项经济业务来龙去脉的记账凭证。使用复式记账凭证可以减少凭证的数量，便于查账及凭证的保管，但是不便于汇总每一个会计科目的发生额，也不便于会计人员分工记账。在会计实务中，大多数单位采用复式记账凭证。

在手工记账的情况下，复式记账凭证按照凭证用途的不同，可分为专用记账凭证和通用记账凭证。

❶专用记账凭证，是专门用来记录某一类经济业务的记账凭证。专用记账凭证按其所记录的经济业务内容是否与库存现金和银行存款的收付有关，分为收款凭证、付款凭证和转账凭证。

收款凭证是专门用来记录库存现金、银行存款增加业务的记账凭证。它既是登记库存现金和银行存款日记账、总分类账的依据，也是出纳人员收款的依据和证明。会计人员填制收款凭证后交由审核人员进行审核，并分别在凭证上的“制单”及“审核”处签章。出纳人员必须根据审核无误的收款凭证办理库存现金及银行存款的收入业务，并在收款凭证的“出纳”处签章，同时，还应在原始凭证上加盖“收讫”的戳记，以避免差错。收款凭证的格式见表6-9。

表6-9 收款凭证

借方科目： 年 月 日 收字第 号

摘要	贷方总账科目	明细科目	记账符号	金额									
				千	百	十	万	千	百	十	元	角	分
合计（人民币大写）													

附单据 张

会计主管： 记账： 出纳： 审核： 制单：

付款凭证是专门用来记录库存现金、银行存款减少业务的记账凭证。同收款凭证一样，它可以作为登记库存现金和银行存款日记账、总分类账的依据，也是出纳人员支付款项的依据和证明。会计人员填制付款凭证后交由审核人员进行审核，并分别在凭证上的“制单”及“审核”处签章。出纳人员必须根据审核无误的付款凭证办理库存现金及银行存款支付业务，并在付款凭证的“出纳”处签章，同时，还应在原始凭证上加盖“付讫”的戳记，以避免重复付款。付款凭证的格式见表6-10。

表6-10

付款凭证

贷方科目：　　　　年　月　日　　　　付字第　号

摘要	借方总账科目	明细科目	记账符号	金额									
				千	百	十	万	千	百	十	元	角	分
合计（人民币大写）													

附单据　张

会计主管：　记账：　出纳：　审核：　制单：

对于库存现金与银行存款之间的收付业务，为避免重复记账，在我国会计实务中，只需编制一张付款凭证，而不编制收款凭证。

转账凭证是专门用来记录不涉及库存现金和银行存款收付的其他经济业务的记账凭证。它是登记总分类账和明细分类账的依据，其格式见表6-11。

表6-11

转账凭证

年　月　日　　　　转字第　号

摘要	借方科目			贷方科目			金额										
	总账科目	明细科目	√	总账科目	明细科目	√	亿	千	百	十	万	千	百	十	元	角	分
合计（人民币大写）																	

附单据　张

会计主管：　记账：　审核：　制单：

专用记账凭证一般适用于规模较大、经济业务较多、会计人员分工较细的单位。

❷通用记账凭证，是全部经济业务共同使用、统一格式的记账凭证。通用记账凭证的格式与专用记账凭证中的转账凭证基本相同，只是增加了“出纳”的签章。在手工记账情况下，通用记账凭证一般适用于业务比较简单、经营规模比较小的单位，而在会计信息化环境下，均采用通用记账凭证。

（2）单式记账凭证

单式记账凭证是将一项经济业务所涉及的每个会计科目，分别编制记账凭证，每张记账凭证只填列一个会计科目的记账凭证。采用单式记账凭证，一笔经济业务涉及几个会计科目，就要填制几张记账凭证。其中，填列借方科目的凭证称为借项记账凭证，填列贷方科目的凭证称为贷项记账凭证。使用单式记账凭证便于汇总每一个会计科目的发生额，也便于会计人员进行分工记账，但是，制证工作量较大，而且也不能反映经济业务的全貌，不便于检查账目。在手工记账的情况下，使用单式记账凭证的单位较少；在会计信息化环境下，不采用单式记账凭证。

2）按是否经过汇总分类

记账凭证按其是否经过汇总，可分为汇总记账凭证和非汇总记账凭证。

汇总记账凭证是根据一定时期内同类记账凭证加以汇总而重新编制的记账凭证，目的是简化总分类账的登记手续，在手工记账的情况下是有必要的。汇总记账凭证按其反映经济业务的内容分类，分为汇总收款凭证、汇总付款凭证、汇总转账凭证和记账凭证汇总表（也称科目汇总表）。汇总记账凭证在项目9介绍。

非汇总记账凭证是没有经过汇总的记账凭证，前面介绍的单式记账凭证、复式记账凭证都是非汇总记账凭证。

6.3.3　记账凭证的填制

1）记账凭证的填制依据

记账凭证可以根据每一张审核无误的原始凭证单独填制，也可以根据若干张反映同类经济业务的原始凭证汇总形成的汇总原始凭证填制。但不得将不同内容和类别的原始凭证汇总填制在一张记账凭证上。对于期末损益结转（结账业务）和更正错账的业务，记账凭证还可以根据有关的账簿记录进行填制。

记账凭证的
填制与审核

2）记账凭证的填制要求

记账凭证是登记账簿的直接依据，为了保证账簿记录的正确性，记账凭证除严格按原始凭证的填制要求填制外（如内容完整、书写清楚规范、编号连续等），还必须符合以下要求：

（1）摘要填写简明扼要

记账凭证的摘要必须反映经济业务的核心与重点，文字简练，语意准确，使阅读的人通过摘要就能了解该项经济业务的性质、特征，判断出会计分录正确与否，一般不必再去翻阅原始凭证或询问有关人员。

（2）日期填写正确

记账凭证的日期是指记账凭证的编制日期，不一定是经济业务的发生日期。但是，反映收、付款业务的凭证应按收、付款业务发生的日期填写，以保证库存现金、银行存款日记账的及时登记和核对。例外的是，按权责发生制原则期末计算收益、分配费用、结转成本和利润等的记账凭证，会计实务中可能需要到下月初才能编制，但仍应填写当月月末的日期，以便在当月的账内进行登记。

（3）会计分录编写正确

首先，必须根据国家统一会计制度的规定和经济业务的内容，正确使用和填写会计科目。会计科目应填写全称，不得只填其代码。其次，金额的填写应正确、规范，按行从上到下逐行填写，不得空行、跳行，借、贷方的金额必须相等，合计数必须计算正确。填写小写金额合计栏应在第一位数字前填写货币符号，大写金额栏应顶格书写，以防范舞弊行为的发生。

（4）注销多余行次

在手工记账的情况下，记账凭证填制完经济业务事项后，如果在最后一笔数字和合计数字之间有空行，应当在金额栏自最后一笔数字下的空行处至合计数上的空行处划斜线或“s”线注销。

（5）编号连续、规范

记账凭证应按业务发生顺序连续编号，以便查核。在会计实务中，大多数单位是以月份为基础对记账凭证编号的。每月都从第1号编起，顺序编至月末，中间不得重号、漏号、错号，最后一张记账凭证编号的后面应加注“全”字，以防丢失和舞弊。具体来讲，在手工记账的情况下，记账凭证编号的方法主要有以下三种：

第一，一类编号法，即每月不分经济业务内容，将所有的记账凭证按照填制日期从第1号开始顺序编号，如记字第1号、记字第2号等。在使用通用记账凭证时，可以采用这种方法编号。

第二，三类编号法，将每月的记账凭证按照收款凭证、付款凭证和转账凭证三类分别顺序编号，如收字第1号、付字第1号、转字第1号。

第三，五类编号法，将每月的记账凭证按照库存现金收款凭证、库存现金付款凭证、银行存款收款凭证、银行存款付款凭证和转账凭证五类分别顺序编号，如现收字1号、现付字1号、银收字1号、银付字1号、转字1号。这种编号方法主要在收、付款业务较多的单位采用。

如果一笔经济业务需要填制两张或者两张以上记账凭证的，可以采用分数编号法编号，如某经济业务需要填制三张记账凭证，这一凭证的编号应为15号，那么这一经济业务的记账凭证编号就可以编成第$15\frac{1}{3}$号、第$15\frac{2}{3}$号、第$15\frac{3}{3}$号。

各单位应当根据本单位业务繁简程度、人员多少和分工情况来选择便于记账、查账、内部稽核而又简单严密的编号方法。

在会计信息化环境下，记账凭证的编号方法采用一类编号法。

（6）附件数量完整

除结账和更正错账的记账凭证外，其他记账凭证必须附有原始凭证并注明所附原始凭证的张数。所附原始凭证张数的计算，一般以原始凭证的自然张数为准。与记账凭证中的经济业务记录有关的每一张证据，都应当作为原始凭证的附件。如果记账凭证中附有原始凭证汇总表，则应该把所附的原始凭证和原始凭证汇总表的张数一起计入附件的张数之内。在手工记账情况下，报销差旅费等的零散票券，可以粘贴在一张纸上，作为一张原始凭证。

在手工记账情况下，如果根据一张原始凭证编制两张或两张以上记账凭证，可以将该原始凭证附在一张主要的记账凭证后面，在其他记账凭证上注明该主要记账凭证的编号，如“附件××张，见第××号记账凭证”，或在其他记账凭证后面附该原始凭证的复印件。如有重要资料或原始凭证过多，需要另行保管的，也应在记账凭证附件栏目内加以说明。

一张原始凭证所列的支出需要由两个以上的单位共同负担时，应当由保存该原始凭证的单位开给其他应负担单位原始凭证分割单。原始凭证分割单必须具备原始凭证的基本内容，包括凭证的名称、填制凭证的日期、填制凭证单位的名称或填制人的姓名、经办人员的签名或盖章、接受凭证单位的名称，以及经济业务内容、数量、单价、金额和费用的分担情况等。

（7）注明过账标记

过账标记是将记账凭证的内容过入账簿的结束标记。记账人员应在登记账簿以后，在相应的“记账符号”栏中画“√”，以防漏记或重记。

（8）明确经济责任

记账凭证应按制单→审核→出纳（库存现金、银行存款收付业务）→记账→会计主管的顺序传递，每一个经手人员都应在记账凭证的相关栏目中签名或盖章，以明确责任。

（9）机制凭证的处理

实行会计信息化的单位，对于机制记账凭证，要认真审核，做到会计科目使用正确，数字准确无误。打印出的机制记账凭证要由制单人员、审核人员、记账人员及会计机构负责人或会计主管人员盖章或者签字。

符合《会计档案管理办法》第八条规定的单位，电子会计凭证可仅以电子形式保存，形成电子会计档案。

3）记账凭证的填制方法

随着会计信息化系统的普及和完善，几乎所有单位的会计核算都是在信息系统中完成的，不再手工填制记账凭证。而在会计信息化环境下，记账凭证都是通用凭证，所以，这里着重说明通用记账凭证的填制方法。通用记账凭证的借、贷方科目全部填列在凭证内的会计科目栏，借方科目在先，贷方科目在后；借方总分类科目及其所属的明细分类科目与相应的借方金额应填在同一行次，贷方总分类科目及其所属的明细分类科目与相应的贷方金额应填在同一行次；合计行只合计总账科目金额，借、贷方金额合计数应该相等；右上方填写凭证的编号；在凭证的右侧“附单据　张”处填写所附原始凭证张数；在最下面由有关人员签章，明确经济责任。

【例 6-1】某企业 2024 年 10 月 13 日销售 A 产品 1 000 件，单价 100 元，增值税税率为 13%，款项收到并存入银行。根据该笔经济业务填制的通用记账凭证见表 6-12。

表 6-12

记账凭证

2024年10月13日　　　　记字第8号

摘要	总账科目	明细科目	借方金额											贷方金额											记账
			亿	千	百	十	万	千	百	十	元	角	分	亿	千	百	十	万	千	百	十	元	角	分	
销售A产品1000件	银行存款					1	1	3	0	0	0	0	0												
	主营业务收入	A产品															1	0	0	0	0	0	0	0	
	应交税费	应交增值税（销项税额）																1	3	0	0	0	0	0	
合计（人民币大写）壹拾壹万叁仟元整					¥	1	1	3	0	0	0	0	0			¥	1	1	3	0	0	0	0	0	

附单据 2 张

会计主管：赵凯　　记账：王红　　审核：张小丽　　出纳：牛岩　　制单：张丽

收款凭证是根据有关库存现金和银行存款收入业务的原始凭证填制的；付款凭证是根

据有关库存现金和银行存款支付业务的原始凭证填制的。收款凭证左上角的“借方科目”也称主体科目，应该填写“库存现金”或“银行存款”，凭证内的“贷方总账科目”栏和“明细科目”栏填写与“库存现金”或“银行存款”科目相对应的总分类科目及其所属的明细分类科目；付款凭证左上角的“贷方科目”也称主体科目，应该填写“库存现金”或“银行存款”，凭证内的“借方总账科目”栏和“明细科目”栏填写与“库存现金”或“银行存款”科目相对应的总分类科目及其所属的明细分类科目。其他内容的填制方法比照记账凭证。而转账凭证的填制方法与通用记账凭证的填制方法一致。

6.3.4　记账凭证的审核

记账凭证编制后，必须经过专门稽核人员的审核，才能登记账簿。记账凭证审核的主要内容包括：

❶内容是否真实。记账凭证是否附有原始凭证，记录的内容与所附原始凭证是否一致，所附原始凭证的张数是否与记账凭证所列附件张数相符。

❷科目、金额是否正确。记账凭证所列的应借、应贷会计科目是否正确，账户对应关系是否清晰，金额计算是否正确，明细科目金额之和与相应的总账科目的金额是否相等，借、贷双方的金额是否平衡。

❸项目是否齐全。审核记账凭证摘要是否填写清楚，日期、凭证编号、一级和明细会计科目、附件张数以及有关人员签章等各个项目填写是否齐全。

❹书写是否规范。审核记账凭证中的记录是否文字工整、数字清晰，是否按规定进行更正等。这一条主要针对在手工记账环境下。

❺手续是否完备。审核出纳人员在办理收款或付款业务后，是否已在原始凭证上加盖“收讫”或“付讫”的戳记。

审核中如发现差错，应立即查明原因，按规定及时处理和更正。在手工记账环境下，如果记账之前发现记账凭证有错误，应当重新填制正确的记账凭证，并将错误记账凭证作废或撕毁；如果发现已经登记入账的记账凭证有错误，应区分情况按不同的方法进行更正，具体内容见本书项目7更正错账的介绍。

案例窗 6-3

2024年11月10日，市审计局对该市一水泥厂进行年度财务检查，查阅记账凭证时发现，一张记账凭证上的会计分录为：

借：原材料——燃料（烟煤）　　84 370

　贷：应收账款——A公司　　84 370

但是购入的烟煤没有购货发票，也没有入库单，只是在记账凭证后面附了一张由该水泥厂开具给A公司的收款收据。经核查，A公司既不耗用烟煤也不经营烟煤。通过调查了解，原来是该水泥厂以购烟煤为名，行以车抵债之实。进一步追问得知，A公司以一台吉普车抵还了欠该水泥厂的货款，由于厂长要求会计人员不要将其入固定资产账，于是就做烟煤处理掉了。

审计人员对发现的这一情况应如何处理？

案例分析提示：

进行会计核算，填制会计凭证，必须以实际发生的经济事项为依据，任何单位不得以虚假的经济业务事项进行会计核算。在本案例中，既没有原始凭证，又没有实物验收单，仅凭自己开具的收款收据，就编制了一笔虚假的会计分录，填制了记账凭证，是一种严重的违法行为。应对单位进行经济处罚，并追究会计人员的法律责任。

任务 6.4 传递与保管会计凭证

6.4.1 会计凭证的传递

1）正确组织会计凭证传递的意义

会计凭证的传递是指会计凭证从取得或填制开始到归档保管为止，在本单位内部有关职能部门和人员之间的传递路线、传递时间和处理程序。

会计凭证中的原始凭证并非都是在会计部门由会计人员填制和办理凭证手续的，但最终都必须传递、集中到会计部门来，由会计人员进行记账凭证的编制和审核、账簿的登记等会计处理。而且，会计凭证除了作为记账依据之外，还有其他的用途，如据以组织经济活动、协调业务关系、强化内部控制、明确岗位责任、加强会计监督等。因此，正确组织会计凭证的传递，对于充分发挥会计的作用、提高会计核算资料的及时性、合理组织经济活动、加强经济管理责任、实行会计监督具有重要意义。

各种会计凭证所记载的经济业务不同，涉及的部门和人员不同，办理的业务手续和所需时间也不尽相同，因此，应当为各种会计凭证规定一个合理的传递程序，即一项经济业务发生后，由谁填制或取得原始凭证，填制多少联，填制的各联凭证或取得的凭证应分别交到哪个部门，由谁接办下一步业务手续，由谁交到会计部门，再由谁负责整理填制记账凭证，又由谁负责审核、记账，直到最后由谁归档保管为止。在这里不仅要规定各种凭证的传递环节和顺序，还要规定一定的停留时间，才能使各项工作有条不紊、及时地进行。

2）正确、合理地组织会计凭证传递的基本要求

科学的会计凭证传递，应该使会计凭证沿着最合理、最迅速的轨道传递。在制定会计凭证传递办法时，应遵循以下要求：

❶各单位应根据自身经济业务的特点、内部机构设置、人员分工情况，以及经济管理的需要，从完善内部控制的角度出发，规定各种会计凭证填制的联数和传递程序，既要保证会计凭证经过必要环节进行处理和审核，符合内部牵制原则，又要避免会计凭证在不必要的环节停留，使有关部门和人员及时了解情况，并按规定手续进行工作，提高工作效率。

❷根据有关部门和人员办理经济业务必要的手续所需要的时间，确定各种会计凭证在各个环节停留的最长时间，防止会计凭证积压，保证会计凭证以最快的速度传递，充分发挥会计凭证及时传递经济信息的作用。一切会计凭证的传递和处理，都应在报告期内完成，不允许跨期，否则将影响会计核算的准确性和及时性。

❸会计凭证在传递过程中的衔接手续，应该做到既完备、严密，又简单易行。凭证的收发、交接在各个环节中都应指定专人办理，责任明确，以保证会计凭证的安全和

完整。

为了保证会计凭证传递的顺利进行，单位要以会计部门为主，会同有关部门共同研究和协商凭证的格式、份数及传递程序。然后，分别将各种主要经济业务的凭证传递程序绘成流程图或流程表，以便有关部门和人员执行。在执行中如有不合理的地方，可根据实际情况加以修改。

6.4.2　会计凭证的保管

会计凭证的保管是指会计凭证登账后的整理、装订和归档存查。会计凭证是一个单位的重要经济档案，必须妥善保管，以备日后查阅。以下介绍纸质会计凭证的保管方法。

❶原始凭证按一定方法整理后粘贴在据以编制的记账凭证后面。

对于纸张面积大于记账凭证的原始凭证，可按记账凭证的面积尺寸，先自右向后，再自下向后两次折叠。注意应把凭证的左上角或左侧面让出来，以便装订后，还可以展开查阅。

对于纸张面积略小于记账凭证的原始凭证，可先用回形针或大头针别在记账凭证后面，待装订时再抽去回形针或大头针。

对于纸张面积过小的原始凭证，比如支票存根、车票等，可先按一定次序和类别排列，再粘在一张同记账凭证大小相同的白纸上。

证票应分张排列，同类、同金额的单据尽量粘在一起；同时，在一旁注明张数和合计金额。如果是板状票证，可以将票面票底轻轻撕开。

❷记账凭证在记账以后，应定期进行分类整理，并将记账凭证按照编号顺序排列，加具封面、封底装订成册。如果凭证数量不多，可一个月装订一册；如果凭证数量较多，一个月内可分装若干册。在封面上应注明单位名称、记账凭证种类、所属年度和月份、起讫日期、起讫号码、原始凭证和记账凭证张数等，并由有关人员签章。为防止任意拆装，在装订线上加贴封签，在封签处加盖会计主管的骑缝图章。会计凭证封面的样式见表6-13。

表6-13

凭证封面

第　　册

共　　册

自　　年　　月　　日至　　年　　月　　日

凭证名称	凭证起讫号码		凭证张数	附件张数	备注
	自	至			

会计档案	全宗号	目录号	案卷号	保管年限

会计主管　　　　装订

③如果某些记账凭证所附原始凭证数量过多，可以单独装订保管，但应在其封面上注明所属记账凭证的日期、编号和种类，同时在有关记账凭证上注明“附件另订”和原始凭证的名称和编号，以便查找。对于一些重要的文件，如各种经济合同和涉外文件等，以及各种需要随时查阅的原始凭证，如工资单、收据等，应另编目录，单独登记保管，并在有关原始凭证和记账凭证上予以说明。

④装订成册的记账凭证应指定专人负责保管，年度终了，要移交会计机构档案室登记归档。之后，可暂由单位会计机构保管1年，期满后应当移交本单位档案机构统一保管；未设立档案机构的，应当在会计机构内部指定专人保管。

⑤单位应当严格按照相关制度利用会计凭证等会计档案，在进行会计档案查阅、复制、借出时履行登记手续，严禁篡改和损坏。单位保存的会计凭证等会计档案一般不得对外借出，确因工作需要且根据国家有关规定必须借出的，应当严格按照规定办理相关手续。会计档案借用单位应当妥善保管和利用借入的会计档案，确保借入会计档案的安全完整，并在规定时间内归还。

⑥从外单位取得的原始凭证遗失时，应取得原签发单位盖有公章的证明，并注明原始凭证的号码、金额、内容等，由本单位会计机构负责人、会计主管人员和单位负责人批准后，才能代作原始凭证。若确实无法取得证明的，如车票、船票、飞机票等，则应由当事人写明详细情况，由本单位会计机构负责人或会计主管人员和单位负责人批准后，代作原始凭证。

⑦会计凭证的保管期限和销毁手续，必须严格执行会计制度的规定。除了少数会计凭证（如涉外凭证）需要长期保存外，其余都应按规定保管期限保管。单位应当定期对已到保管期限的会计凭证等会计档案进行鉴定，并形成会计档案鉴定意见书。经鉴定，需继续保存的会计档案，应当重新划定保管期限；对保管期满，确无保存价值的会计档案，可以销毁。

经鉴定可以销毁的会计凭证等会计档案，单位档案管理机构编制会计档案销毁清册，单位负责人、档案管理机构负责人、会计管理机构负责人、档案管理机构经办人、会计管理机构经办人在会计档案销毁清册上签署意见。单位档案管理机构负责组织会计档案销毁工作，并与会计管理机构共同派员监销。监销人在会计档案销毁前，应当按照会计档案销毁清册所列内容进行清点核对；在会计档案销毁后，应当在会计档案销毁清册上签名或盖章。电子会计档案的销毁还应当符合国家有关电子档案的规定，并由单位档案管理机构、会计管理机构和信息系统管理机构共同派员监销。

知识窗6-3

学习《中华人民共和国会计法》、《会计基础工作规范》和《会计档案管理办法》等关于会计凭证保管和销毁的具体规定，特别注意一些例外情况。

在现实生活中，有时会发生单位领导指使其下属销毁会计凭证等会计档案的案件，搜集近年来发生的类似案件，并分析他们的动机。

知识窗 6-4

自2016年1月1日起施行的修订后的《会计档案管理办法》部分条款规定如下：

第八条　同时满足下列条件的，单位内部形成的属于归档范围的电子会计资料可仅以电子形式保存，形成电子会计档案：

（一）形成的电子会计资料来源真实有效，由计算机等电子设备形成和传输；

（二）使用的会计核算系统能够准确、完整、有效接收和读取电子会计资料，能够输出符合国家标准归档格式的会计凭证、会计账簿、财务会计报表等会计资料，设定了经办、审核、审批等必要的审签程序；

（三）使用的电子档案管理系统能够有效接收、管理、利用电子会计档案，符合电子档案的长期保管要求，并建立了电子会计档案与相关联的其他纸质会计档案的检索关系；

（四）采取有效措施，防止电子会计档案被篡改；

（五）建立电子会计档案备份制度，能够有效防范自然灾害、意外事故和人为破坏的影响；

（六）形成的电子会计资料不属于具有永久保存价值或者其他重要保存价值的会计档案。

第九条　满足本办法第八条规定条件，单位从外部接收的电子会计资料附有符合《中华人民共和国电子签名法》规定的电子签名的，可仅以电子形式归档保存，形成电子会计档案。

第十一条　当年形成的会计档案，在会计年度终了后，可由单位会计管理机构临时保管一年，再移交单位档案管理机构保管。因工作需要确需推迟移交的，应当经单位档案管理机构同意。

单位会计管理机构临时保管会计档案最长不超过三年。临时保管期间，会计档案的保管应当符合国家档案管理的有关规定，且出纳人员不得兼管会计档案。

第十二条　单位会计管理机构在办理会计档案移交时，应当编制会计档案移交清册，并按照国家档案管理的有关规定办理移交手续。

纸质会计档案移交时应当保持原卷的封装。电子会计档案移交时应当将电子会计档案及其元数据一并移交，且文件格式应当符合国家档案管理的有关规定。特殊格式的电子会计档案应当与其读取平台一并移交。

单位档案管理机构接收电子会计档案时，应当对电子会计档案的准确性、完整性、可用性、安全性进行检测，符合要求的才能接收。

启示窗 6-2

3个案例解读会计人员做账中的“证据链”思维

【案例1】2024年公司支付年终经营总结会发生的会务费共计100 600元，取得增值税专用发票。

会计处理如下：

借：管理费用——会务费 100 000

应交税费——应交增值税（进项税额） 6 000

贷：银行存款 106 000

证据链包括：①会务审批单；②会务进程单；③出席签到单；④合规的增值税专用发票；⑤费用的预算情况；⑥会务现场照片（或者其他影像资料）；⑦其他资料。

【案例2】北京某商贸公司2024年5月购买日常用办公用品452 000元，取得了增值税专用发票。

会计处理如下：

借：管理费用——办公费 400 000

应交税费——应交增值税（进项税额） 52 000

贷：银行存款 452 000

证据链包括：①购买办公用品的审批单；②合规的办公用品发票；③办公用品清单或者明细表（列明货物名称、单价、数量等）；④若现金支付，还需要收款方的有效凭据，若以银行存款支付，则需要银行付款证明；⑤其他资料。

【案例3】济南一家公司2024年12月份购买服装用作工作服，取得增值税专用发票，价税合计金额226 000万元。

会计处理如下：

借：管理费用——劳保费 200 000

应交税费——应交增值税（进项税额） 26 000

贷：银行存款 226 000

证据链包括：①购买工作服的采购合同。②公司劳动手册（明确写着：工作服属于公司所有，员工离职一律交回公司）。③合规的增值税专用发票。④工作服的购买单价应该符合行业一般标准，即不能远高于行业价，或者远高于生产经营需要的要求。例如，企业生产经营，每人一套500元的制服就足以达到使用标准，结果公司买买50 000元一套的制服，则存在福利性质。

启示：

①会计人员做账的依据不仅是一张张正规的发票等，更需要通过取得多个证据链来共同佐证该项业务的真实性、合理性、合法性。

②会计人员的每一笔账务必须吻合业务，真实地还原该项业务的本来面目与来龙去脉。

资料来源 郝守勇. 3个案例解读会计人员做账中的“证据链”思维［EB/OL］.［2016-12-31］. https://shuo.news.esnai.com/article/201612/149116.shtml.

项目小结

会计凭证是记账的依据，填制和审核会计凭证是会计的一项基本工作，也是会计核算的专门方法之一。

1.会计凭证按填制程序和用途不同可以分为原始凭证和记账凭证两大类。

2.原始凭证按其来源不同可分为外来原始凭证和自制原始凭证；按照填制方法不同可分为一次凭证、累计凭证和汇总凭证；按照格式不同可分为通用凭证和专用凭证。

3.记账凭证是确定会计分录，作为记账直接依据的一种会计凭证。记账凭证按其编制方式不同可分为单式记账凭证和复式记账凭证；复式记账凭证按照使用的范围不同可分为通用记账凭证和专用记账凭证；专用记账凭证根据其业务性质分为收款凭证、付款凭证和转账凭证三种。

4.原始凭证和记账凭证分别具有特定的基本内容和填制要求。无论是原始凭证还是记账凭证，取得和填制以后，必须经过审核，只有审核无误的会计凭证才是登记账簿的依据。

5.为了提高会计核算资料的及时性，加强经济管理责任，实行会计监督，必须正确合理地组织会计凭证传递，而且会计凭证是单位的重要经济档案，应按规定妥善保管，不得随意拆装、出借和销毁。

关键概念

会计凭证　原始凭证　记账凭证　通用记账凭证　专用记账凭证

项目7

会计账簿管理

学习目标

知识目标：掌握账簿的概念、种类、登账规则，明确各种账页格式及其适用性、总账和明细账平行登记的要点、错账的类型，了解账簿的基本内容、账簿的更换与保管方法。

技能目标：熟悉各种账簿的启用和登记方法、错账的更正方法、总账和明细账的平行登记方法、各种对账方法和期末的结账方法。

素养目标：培养规范登记会计账簿的职业习惯，不做假账，确保账目清晰明确，不影响大众的判断，不影响国家的税收，引导学生树立社会责任感和守法意识，强化法治思维；培养学生诚信、客观、谨慎的会计职业素养，不偏不倚地反映经济事实，客观公正地记录资金流向，摒弃私利，保持职业操守；培养耐心专注、精益求精的匠心精神。

【德技兼修】

合规如矩　不做假账

党的十九大以来，习近平总书记就加强财会监督、有效遏制财务造假作出重要指示批示。2024年6月28日，第十四届全国人民代表大会常务委员会第十次会议通过《全国人民代表大会常务委员会关于修改〈中华人民共和国会计法〉的决定》，自2024年7月1日起施行。此次会计法修改，保持现行基本制度不变，重点解决会计工作中的突出问题，进一步加强财会监督，加大对会计违法行为的处罚力度，切实提高会计信息质量，更好维护社会公共利益。新会计法承载着新时代党和国家对会计工作赋予的使命和任务，具有严肃财经纪律、建立社会诚信体系的重要意义。

新会计法对于伪造、变造会计账簿；隐匿或者故意销毁依法应当保存的会计账簿；授意、指使、强令会计机构、会计人员及其他人员伪造、变造会计账簿或者隐匿、故意销毁依法应当保存的会计账簿等严重违法行为，比较修订之前，加大了打击力度，增加了财务造假行为的违法成本。本次会计法的修改，首次将信用记录写入会计法律条文中，为推进会计诚信建设提供了法律保障。因此，诚信为本，合规如矩，德法兼修，无论是过去、现在，还是将来，始终是会计人员的核心素养。

资料来源　曾铁兵. 如何看待和认识进入新时代的新会计法［J］. 经济责任审计，2024（10）.

任务7.1　认识会计账簿

7.1.1　账簿的含义

账簿是指由一定格式账页组成的，以经过审核的会计凭证为依据，全面、系统、连续地记录各项经济业务事项的簿籍。设置和登记账簿是会计核算的基本方法之一。

设置和登记账簿是会计核算工作的重要环节，在经济管理中具有重要作用。各单位在经济业务发生时，首先要取得和填制会计凭证，对经济业务的内容加以详细记录，提供大量的核算资料，但这仅仅是会计核算工作的起点。会计凭证数量多且分散，每张会计凭证所记载的只是个别经济业务的内容，所提供的会计信息是零星的、片段的，不能满足经营管理的需要。为了全面、连续、分类地反映单位在一定时期内所发生的经济业务，了解单位在一定时期的全部经济活动情况，取得经营管理上所需要的各种系统、完整的会计信息，就必须设置和登记账簿，把会计凭证所提供的个别资料归类整理，序时地、分门别类地记入账簿中。

启示窗7-1

Lovesac事件背后的警示与反思

2024年10月30日，美国家具制造商Lovesac因财报造假被美国证券交易委员会（SEC）罚款150万美元的消息引发了广泛关注。这一事件不仅揭示了现代企业面临的道德困境，也让我们不禁回溯历史，思考财务欺诈行为在不同历史时期的表现及其背后的原因。

回顾过去，我们可以发现，财务欺诈并不是一个新问题。早在20世纪初，随着工业革命的推进和资本主义经济体系的发展，企业为了追求利润最大化而采取各种手段掩盖真实财务状况的现象便已存在。例如，在19世纪末至20世纪初的美国，铁路公司曾通过虚增收入、隐瞒债务等方法欺骗投资者，导致了多次金融危机和社会动荡。进入20世纪后半叶，随着全球化进程加快及金融市场日益复杂化，此类违规操作更是层出不穷，从安然公司的会计丑闻到雷曼兄弟破产前夕的虚假陈述，都给全球经济带来了巨大冲击。

具体到Lovesac案例中，据SEC指控，该公司两名前高管设计并实施了一项旨在达到华尔街关键指标的会计欺诈计划，包括隐瞒了约220万美元的运输费用，以避免重述先前财务业绩所带来的负面影响，并帮助实现毛利率预期。这种做法虽然短期内可能为企业赢得了市场信任，但从长远来看却严重损害了股东利益，破坏了整个行业的公平竞争环境。

那么，为何即使面临严厉惩罚仍有人铤而走险呢？这背后涉及了复杂的动机考量。一方面，管理层或许面临着来自董事会或外部投资者的巨大压力；另一方面，个人贪婪心理也可能驱使他们选择捷径。此外，监管制度不完善、法律执行力度不够等因素也为不法分子提供了可乘之机。

然而值得注意的是，每一次重大财务丑闻曝光都会促使相关法律法规进一步完善。比如，安然事件之后，《萨班斯-奥克斯利法案》出台，加强了对上市公司内部控制的要求；而在当前背景下，如何有效预防类似事件再次发生，则需要社会各界共同努力——政府应加大执法力度，提高违法成本；企业自身则需强化诚信文化建设，建立健全内控机制；同时，公众亦应当增强自我保护意识，学会辨别信息真伪。

总之，Lovesac此次遭受处罚再次提醒我们，诚实守信是商业活动中最基本也是最重要的原则之一。只有构建起一套行之有效的监督体系，才能真正遏制住那些试图钻空子的行为，维护良好的市场秩序。

资料来源 佚名. 美国企业财务丑闻：Lovesac事件背后的警示与反思！[EB/OL]. [2024-10-30]. https://www.sohu.com/a/821844634_121885030.

7.1.2 设置账簿的原则

账簿的设置，包括确定账簿的种类和数量、账页格式、登记的内容和方法。任何单位不论规模大小、业务繁简，只要进行会计工作，就必须正确地设置账簿。各单位的具体情况不同，账簿设置的方法也不尽一致。一般来说，设置账簿应遵循如下原则：

1）统一性原则

各单位应当按照国家统一会计制度的规定和会计业务的需要设置账簿，账簿的核算内容必须与会计制度的要求相吻合，而且设置的会计账簿前后各期要一致。这样，保证了会计信息的可比性，满足了单位连续考核经济活动情况的需要，也便于国家进行宏观经济调控。

2）科学性原则

各单位账簿的设置要组织严密、层次分明、体系完整。账簿之间要互相衔接、互相补充、互相制约，能够体现各账簿的内在联系和勾稽关系，能清晰地反映账户的对应关系，以便能提供完整、系统的资料。

3）实用性原则

账簿的设置要符合单位的实际情况，在满足会计核算和经营管理需要的前提下，既要避免重复设账，也要防止过于简化。对于经济活动频繁、规模较大、会计人员较多、分工较细的单位，账簿设置可以细一些；而对于经济业务简单、规模较小、会计人员较少的单位，账簿设置可以相应简化一些。账簿的格式应按所记录的经济业务的内容和需要提供的会计信息进行设计，力求简明实用，以利于提高核算的效率和质量。

4）合法性原则

账簿的设置必须符合国家会计法律制度的规定。《中华人民共和国会计法》《会计基础工作规范》等规定，各单位发生的各项经济业务事项应当在依法设置的会计账簿上统一登记、核算，不得违反规定私设会计账簿。

7.1.3 账簿的种类

1）按用途分类

账簿按其用途分类，可分为序时账簿、分类账簿和备查账簿。

（1）序时账簿。序时账簿也称日记账，是按照经济业务发生的时间先后顺序，逐日逐笔顺序登记的账簿。日记账按其记录内容的不同可分为普通日记账和特种日记账两种。

普通日记账是用来登记各单位全部经济业务的发生完成情况的日记账。它是以日常发生的经济业务所取得的原始凭证为依据，直接序时在账簿中编制会计分录，然后作为过入分类账依据的账簿。因而这种日记账也称分录簿，它起到了记账凭证的作用，其格式见表7-1。

表7-1　普通日记账

2024年		业务号	原始凭证	摘　要	会计科目	借方	贷方	分类账页数
月	日							
10	2	1	略	采购甲材料	原材料	10 000		略
					应交税费	1 300		
					银行存款		11 300	
		2		偿还应付账款	应付账款	20 000		
					银行存款		20 000	

普通日记账主要运用在西方会计实务中，在我国会计实务中较少使用。

特种日记账是专门用来登记某一特定项目经济业务发生完成情况的日记账。将该类经济业务在账簿中按发生的时间先后顺序进行登记，可以反映出这一特定项目增减变动的详细情况，一般是针对那些发生次数频繁的、重要的特定项目。常见的特种日记账有库存现金日记账、银行存款日记账、购货日记账、销货日记账等。其中，为了加强对货币资金的监督和管理，各单位必须设置库存现金日记账和银行存款日记账。

（2）分类账簿。分类账簿是对全部经济业务进行分类登记的账簿。按其反映内容的详细程度不同，又分为总分类账簿和明细分类账簿两种。

（3）备查账簿。备查账簿也称辅助账簿，是对某些在序时账簿和分类账簿中未能反映和记录的事项进行补充登记的账簿，主要用来提供某些必要的、有用的参考资料或补充信息，如“应收、应付票据备查簿”“受托代销商品登记簿”“租入固定资产登记簿”。各单位应根据实际需要设置备查账簿，如果没有备查事项，也可以不设。备查账簿只是对正式账簿记录的一种补充，没有固定的格式，灵活机动，不拘一格，由单位根据需要自行设计，它与其他账簿之间不存在严密的依存、勾稽关系。

2）按外形特征分类

在手工记账环境下，账簿可按外形特征分类，分为订本账簿、活页账簿和卡片账簿。

（1）订本账簿。订本账簿是在启用前将若干账页固定装订成册，并对账页进行连续编号的账簿。它的优点是可以防止账页的散失和非法抽换；缺点是账页固定后，没有增减的弹性。在账簿中开设账户时，必须估计每一个账户需要使用的账页数，预留空白账页，如果预留少了会影响账簿记录的连续性，预留多了又会造成浪费，同时，这种账簿在同一时点只能由一人登账，不便于分工记账。现行会计制度规定，库存现金、银行存款日记账必须使用订本账簿，总分类账簿一般也使用订本账簿。

（2）活页账簿。活页账簿是在启用之前和使用过程中，都不把账页固定装订成册的账簿。这种账簿的优点是可以根据需要随时增加账页，并且有利于分工记账；缺点是账页容易丢失或被抽换。因此，空白账页在使用时应按顺序连续编定分户号数和页码，由记账人员和会计主管在账页上加盖印章，装置在账夹内。会计期末（通常是一个会计年度结束）装订成册，再按实际使用的账页顺序编定总页数，并添加目录。明细分类账一般采用活页账簿的形式。

知识窗 7-1

活页账簿在使用过程中可以将其装置在活页摇夹内。活页摇夹使用的特点是比较安全，因为账簿摇紧后，其他人员如果没有专门工具，不容易随意抽取、更换账页，从而使得账页不易散失，但其成本相对较高。请通过网络或在实际工作中掌握活页摇夹的使用方法。

（3）卡片账簿。卡片账簿是由印有专门格式、分散的卡片作为账页组成的账簿，是一种特殊的活页账簿。这种账簿平时将账页放置在卡片箱中，由专人负责保管，可以随取随放。卡片账簿的优、缺点及防范措施与活页账簿相同。卡片账簿不需要每年更换，可以跨年度使用。它适用于记载内容比较复杂的财产物资明细账，如固定资产明细账（固定资产卡片）等。

3）按账页格式分类

账簿按其账页格式分类，可分为两栏式账簿、三栏式账簿、数量金额式账簿和多栏式账簿。

（1）两栏式账簿。两栏式账簿是指由只有借方和贷方两个基本金额栏目的账页组成的账簿，见表 7-1。

（2）三栏式账簿。三栏式账簿是指由设置借方、贷方和余额（或者收入、支出、结余）三个金额栏的账页组成的账簿，见表 7-4。

（3）数量金额式账簿。数量金额式账簿亦称三大栏式账簿，是指由在借方、贷方和余额三大栏内，又分设数量、单价、金额三小栏目的账页组成的账簿，见表 7-10。

（4）多栏式账簿。多栏式账簿是指由在借方、贷方两个基本栏次中按需要又分设若干专栏的账页所组成的账簿，见表 7-11 至表 7-13。

知识窗 7-2

选择工厂、商店、学校、行政单位等会计主体，了解它们设置的账簿以及各种账簿的账页格式，总结这些账簿的区别，分析产生区别的原因。思考一个会计主体至少应设置几册账。

7.1.4 账簿与账户

在前面学习了账户的概念，账户是根据会计科目开设的，具有一定的格式和结构，用来连续、系统、分类记录各种经济业务，反映会计要素变动情况的一种专门工具。账簿是指由一定格式账页组成的，用来记录各项经济业务事项的簿籍。账簿和账户之间有着十分密切的联系。

账户存在于账簿之中，账簿中的每一账页就是账户的存在形式和载体，没有账簿，账户就不能独立存在；账簿序时、分类地登记经济业务，是在各个账户中完成的，所谓记账就是在账簿中按账户进行登记。因此，账簿只是一个外在形式，账户才是其内在真实内容，账簿与账户的关系是形式和内容的关系。

任务7.2　启用与登记账簿

7.2.1　账簿的基本内容

各种账簿所记录的经济内容不同，格式多种多样，不同账簿格式所包括的具体内容也不尽一致，但各种账簿都应具备以下基本内容：

1）封面

封面主要标明账簿名称和记账单位名称。

2）扉页

扉页列示“账簿启用和经管人员表”（见表7-2）及“账户目录”（或科目索引）（见表7-3）。“账簿启用和经管人员表”主要是用来明确账簿名称、启用日期、经管人员、账簿交接情况等内容。“账户目录”是为了方便查阅账簿中登记的内容，由记账人员在账簿中开设账页户头后，按每个账户的名称和页数顺序进行登记的。活页账簿和卡片账簿在装订成册后，完成“账簿启用和经管人员表”及“账户目录”的填写。

表7-2　**账簿启用和经管人员表**

单位名称										印花粘贴处
账簿名称										
账簿编号		字第　号　第　册共　册								
账簿页数		本账簿共计　页								
启用日期		年　月　日至　年　月　日								
经管人员		接管			移交			会计负责人		单位公章
姓名	盖章	年	月	日	年	月	日	姓名	盖章	

表7-3　**账户目录**

起讫页码	总账科目	明细科目	起讫页码	总账科目	明细科目

3）账页

账页是账簿的主要内容和核心，是用来具体记录经济业务事项的载体。账页因反映的经济业务内容不同，可用不同的格式，但基本内容应包括：

（1）账户名称（总账科目、明细科目等）；

（2）总页次和分户页次；

(3) 登记日期栏；

(4) 凭证种类和号数栏；

(5) 摘要栏（记录经济业务内容的简要说明）；

(6) 借、贷方金额及余额的方向、金额栏。

7.2.2 账簿的启用

账簿的启用是一项重要的会计工作。对于新成立的经济单位，应依法建账并启用账簿；对于持续经营的单位在每个新的会计年度开始时，除固定资产明细账等少数明细分类账簿和备查账簿可以连续使用旧账外，其他的分类账簿和库存现金日记账、银行存款日记账均要启用新账，不能跨年度使用，以利于账簿的归档保管和日后查阅。

账簿是重要的会计档案，为了确保账簿记录的合法、安全、完整，明确记账责任，账簿要有专人负责登记。启用新账时，记账人员应在账簿封面上写明单位名称和账簿名称；在账簿扉页的“账簿启用和经管人员表”上详细填写单位名称、账簿名称、启用日期、账簿册数、账簿编号、账簿页数等内容。填写完毕后，由记账人员在“经管人员”一栏内签名盖章，再交由会计机构负责人（会计主管人员）审核后签名盖章，最后加盖单位公章和法定代表人名章。签名盖章后，对于需要缴纳印花税的账簿，由记账人员在“印花粘贴处”粘贴印花税票，并划线完税。

总账采用的是订本式账簿，一般情况下其起止页数已经印好，否则应当从第一页到最后一页顺序编定页数，不得跳页、缺号，启用时在账户目录中按照会计科目顺序填写科目名称及启用页号；启用活页式明细账应当按账户的顺序编号，并须定期装订成册，装订后再按实际使用的账页顺序编定页码，另加账户目录，记明每个账户的名称和页次。单位在银行开设的账户可能不止一个，比如基本存款户、一般存款户、临时存款户等，为了分别反映各银行账户存款的增减变动情况，银行存款日记账应按单位在银行开立的账户设置，每个银行账户设置一本日记账。

知识窗 7-3

记账人员或会计机构负责人（会计主管人员）调动工作或因故离职时，应办理交接手续，将本人所经管的会计工作全部移交给接替人员。没有办清交接手续的，不得调动或离职。在“账簿启用和经管人员表”交接记录栏内，注明交接日期、接管人员和监交人员姓名，并由交接双方人员签名或盖章。

视野拓展 7-1

会计业务量小的单位，账簿可以不贴口取纸；会计业务量大的单位，账簿上应该贴口取纸（如图 7-1 所示），可以按一级科目或二级明细科目，按账页顺序由前往后，自上而下地粘贴，当合起账簿时，全部口取纸应该贴整齐、均匀，并能够显露出科目名称，不要在账簿上下两侧贴口取纸，而应在右侧粘贴，这样，可保证整齐，存档时可以戳立放置，以便抽取。

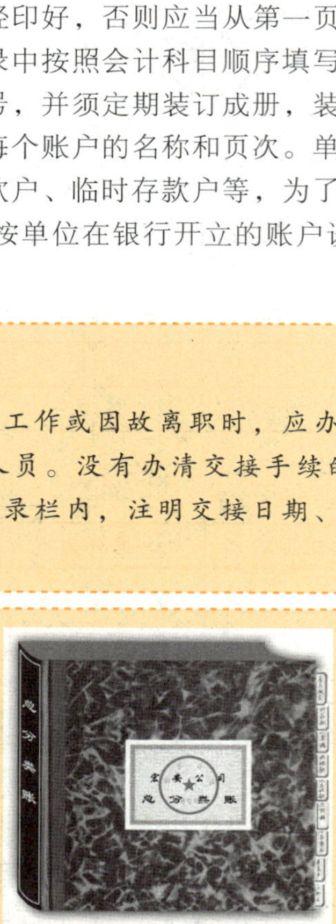

图 7-1 账簿图示

7.2.3　账簿登记规则

为了保证账簿登记工作的正确、规范，登记账簿时应遵循以下规则：

（1）必须根据审核无误的会计凭证登记账簿。

（2）登记内容准确、完整、及时，并避免重记、漏记。登记会计账簿时，应当将会计凭证的日期、凭证种类、编号、业务内容摘要、金额和其他有关资料逐项记入账内，做到数字准确、摘要清楚、登记及时、字迹工整。登记完毕后，记账人员要在记账凭证上签名或者盖章，并在记账凭证的“账页”或“记账符号”等专门栏目内注明所记账簿的页数，或画“√”，表示已经记账。

（3）账簿记录要清晰、整洁、耐久。登记账簿必须使用蓝黑墨水笔或者碳素墨水笔书写，不得使用圆珠笔（银行的复写账簿除外）或铅笔书写。红色墨水笔只能在下列情况使用：❶按照红字冲账的记账凭证，冲销错误记录。❷在不设“借”或“贷”栏的多栏式账页中，登记减少数。❸在三栏式账户的余额栏前，如未印明余额的方向，在余额栏内登记负数余额。❹会计制度中规定用红字登记的其他会计记录，如结账、划线等。

（4）书写要规范。账簿中的文字和数字书写要符合规范，易于辨认。文字和数字紧靠底线，一般占格距的1/2，上方留适当空距，便于更正错账。没有角分的整数，小数点以后的两个“0”不得省略。

（5）登记要连续。各种账簿按页次顺序连续登记，不得跳行、隔页。如果不慎发生跳行、隔页，应在空行、空页处用红色墨水笔划对角线注销，或注明“此行空白”“此页空白”等字样，并由记账人员和会计机构负责人签名或者盖章，以示证明。对订本式账簿，不得任意撕毁账页，对活页式账簿也不得任意抽换账页。

为了保证相关账页之间记录的连续性，在每一账页登记完毕结转下页时，应结出本页发生额合计数及余额，写在本页最后一行和下页第一行有关栏内，并在本页的摘要栏内注明“过次页”字样，在次页的摘要栏内注明“承前页”字样。也可以将本页发生额合计数及余额只写在下页第一行有关栏内，并在摘要栏内注明“承前页”字样。对需要结计本月发生额的账户，结计“过次页”的本页合计数应当为自本月初起至本页末止的发生额合计数；对需要结计本年累计发生额的账户，结计“过次页”的本页合计数应当为自年初起至本页末止的累计数；对既不需要结计本月发生额，也不需要结计本年累计发生额的账户，可以只将每页末的余额结转至次页。

（6）账簿记录要定期结算。凡需要结出余额的账户，应当定期结出余额。结出余额后，应在标明余额方向的“借或贷”栏内写明“借”或“贷”字样。没有余额的账户，应在该栏内写“平”字，并在余额栏内（“元”位上）用“θ”表示。库存现金日记账和银行存款日记账必须逐日结出余额。

（7）账簿记录要定期打印。实行会计信息化的单位，总账和明细账应当定期打印。发生收款和付款业务的，在输入收款凭证和付款凭证的当天必须打印出库存现金日记账和银行存款日记账，并与库存现金核对无误。打印的会计账簿必须连续编号，经审核无误后装订成册，并由记账人员和会计机构负责人或会计主管人员签字或者盖章，以防止账页的散失或被抽换，保证会计资料的真实、完整。

符合《会计档案管理办法》第八条规定的单位，电子会计账簿可仅以电子形式保存，形成电子会计档案。

（8）正确更正错账。账簿记录发生错误时，不得刮擦、挖补、随意涂改或用褪色药水更改字迹，不准重新抄写，应根据错误的具体情况，按规定的方法更正。

任务 7.3　设置与登记日记账

7.3.1　库存现金日记账的格式和登记方法

库存现金日记账是用来逐日逐笔登记库存现金增减变动及结余情况的特种日记账。其外表形式必须采用订本式账簿，账页格式一般采用三栏式。库存现金日记账既可用作明细账，也可用作过账媒介。

三栏式库存现金日记账在同一账页上分设“收入”、“支出”和“结余”三栏。为了清晰地反映现金收入的来源和支出的用途，在账页中还专设“对应科目”栏，登记对应科目名称，其格式见表7-4。

表7-4　库存现金日记账（三栏式）

2024年		凭证		摘　要	对应科目	收入	支出	结余
月	日	字	号					
10	1			期初余额				2 500
	3	付	2	预借差旅费	其他应收款		800	
	3	收	1	收回欠款	应收账款	1 000		
	3	付	3	提取现金	银行存款	1 500		
	3			本日合计		2 500	800	4 200
	31			本日合计		略	略	略
	31			本月发生额及期末余额		略	略	略

库存现金日记账由出纳人员根据审核无误的现金收款凭证、现金付款凭证和部分银行存款付款凭证，逐日逐笔顺序登记。如果采用的是通用记账凭证，则直接根据有关现金收支的记账凭证登记库存现金日记账。

（1）日期栏：登记收、付款凭证或记账凭证的日期，应与库存现金实际收、付日期一致。

（2）凭证栏：登记据以入账的收、付款凭证的种类和编号或记账凭证的编号。在采用专用记账凭证的情况下，收入栏一般根据现金收款凭证登记，支出栏根据现金付款凭证登记。但由于从银行提取现金的业务，只填制银行存款付款凭证，不再填制现金收款凭证，所以，对于从银行提取现金的现金收入数额，应根据银行存款付款凭证登记库存现金日记账的收入栏。

（3）摘要栏：简要说明经济业务的内容。

（4）对应科目栏：如果是现金收入，登记与库存现金相对应的贷方科目名称；如果是现金支出，登记与库存现金相对应的借方科目名称。

（5）收入、支出栏：登记实际收、付的金额。每次收付现金后，随时结出账面余额；或至少在每日终了，分别计算出库存现金收入、支出金额的合计数，进一步计算出本日余额，并将其登记在日记账中，见表7-4。然后，由授权的专人和出纳人员将结出的账面余额与库存现金实有数进行核对，以检查每日现金收付是否有误，如果账实不符应及时查明原因进行处理。

7.3.2　银行存款日记账的格式和登记方法

银行存款日记账是用来逐日逐笔登记银行存款增减变动及结余情况的特种日记账。银行存款日记账应按单位在银行开立的账户设置，每个银行账户设置一本日记账。其外表形式必须采用订本账簿，账页格式也有三栏式和多栏式两种，基本结构与库存现金日记账相同。只是银行存款的收付，都是根据特定的银行结算凭证进行的，为了便于与银行对账，也便于反映银行存款收付所采用的结算方式，在银行存款日记账中增设了“结算凭证——种类、号数”栏。三栏式银行存款日记账的格式见表7-5。

建立银行存款日记账

表7-5　银行存款日记账（三栏式）

2024年		凭证		摘要	结算凭证		对应科目	收入	支出	结余
月	日	字	号		种类	号数				
1	1			上年结余						300 000
	2	付	1	支付保险费	转支	1001	管理费用		48 000	
	2	收	2	销售产品	转支	1004	主营业务收入 应交税费	3 000 390		
	2			本日合计				3 390	48 000	255 390
	31			本日合计				略	略	略
	31			本月发生额及期末余额				略	略	略

银行存款日记账是由出纳人员根据银行存款收款凭证、银行存款付款凭证和部分现金付款凭证（将现金存入银行的银行存款收入数额）或者通用记账凭证直接进行登记的，其方法与库存现金日记账的登记方法基本相同。需要特别说明的是，每日终了，应分别结算出银行存款收入、支出的合计数和本日余额，以便于检查监督银行存款的收支情况，并便于定期与银行对账单核对。

任务7.4　设置与登记分类账

7.4.1　总分类账簿的格式和登记方法

总分类账簿简称总账，是根据总分类科目开设，用来总括记录全部经济业务的簿籍。

它是总分类账户的集合体，要按照总分类科目的编码顺序分设账户。现行制度规定，单位必须设置总分类账簿。

登记总分类账

总分类账簿的外表形式一般应采用订本式账簿，根据前述的订本式账簿的特点，在启用总分类账簿时应根据各科目发生业务的多少适当估计预留页数，保证每一个总账账户可以连续、完整地反映其经济内容。总分类账簿的账页格式一般采用借方、贷方、余额三栏式账页。在格式的具体设计上，根据实际需要，又可分为“设对应科目”的三栏式总账（见表7–6）和“不设对应科目”的三栏式总账（表7–7）两种。“设对应科目”的三栏式总账，在账页格式中加设了“对应科目”栏，可以直接从总分类账户中了解经济业务的来龙去脉。

表7–6　总分类账（设对应科目）

会计科目：　　　　总第　页　分第　页

年		凭证		摘要	对应科目	借方	贷方	借或贷	余额
月	日	字	号						

表7–7　总分类账（不设对应科目）

会计科目：　　　　总第　页　分第　页

年		凭证		摘要	借方	贷方	借或贷	余额
月	日	字	号					

总分类账簿的账页格式也可以采用多栏式，在一张账页上设置多栏，每一栏为一个会计科目，把全部总分类账户集中在一张账页上，单位有多少总分类账户就相应设置多少专栏。在记账时，所有的经济业务，根据记账凭证序时、分类地直接登记入账。这种格式的总分类账兼有序时账和分类账的作用，实际上是序时账与分类账结合的联合账簿，又称为日记总账，适用于经济业务较少的单位。其格式见表7–8。

表7–8　多栏式总分类账（日记总账）

年		凭证		摘要	发生额	科目1		科目2		科目3		科目4		（略）	
月	日	字	号			借	贷	借	贷	借	贷	借	贷	借	贷
×	1			期初余额											
	31			期末余额											

总分类账可以由总账会计根据记账凭证逐笔登记，也可以根据经过汇总的科目汇总表或汇总记账凭证等汇总登记。在不同的账务处理程序下，总分类账的登记依据和方法是不同的。关于这一内容将在项目9详述。

7.4.2　明细分类账簿的格式和登记方法

明细分类账簿简称明细账，是根据总分类科目所属的明细分类科目开设的，用来详细记录某一类经济业务的簿籍。明细分类账对于加强监督财产物资的收发和保管、往来款项的结算、收入的取得以及费用的开支等，都起着重要的作用，是总分类账簿的必要补充。因此，各个单位在设置总分类账的基础上，还应根据会计核算和经营管理的需要设置明细分类账，进行明细分类核算。

明细分类账簿的外表形式一般采用活页式账簿，也有的采用卡片式账簿，如固定资产明细账。明细分类账的账页格式主要有下述三种：

1）三栏式明细分类账

三栏式明细分类账的账页只设有借方、贷方和余额三个金额栏，不设数量栏。这种格式适用于那些只需要进行金额核算而不需要进行数量核算的账户，如“应收账款”“应付账款”等债权债务结算账户的明细分类核算，其格式见表7–9。

表7–9　××明细分类账

会计科目或编号：　　　　　　　　　　　　　　总第　　页

子目、户名或编号：　　　　　　　　　　　　　分第　　页

年		凭证		摘要	借方	贷方	借或贷	余额
月	日	字	号					

2）数量金额式明细分类账

数量金额式明细分类账的账页，在借方（收入栏）、贷方（发出栏）和余额（结存栏）三大栏内，再分设“数量”、“单价”和“金额”三小栏。这种格式适用于既要进行金额核算，又要进行实物数量核算的各种财产物资账户，如“原材料”“库存商品”等账户的明细分类核算，其格式见表7–10。

3）多栏式明细分类账

多栏式明细分类账不是按明细科目分设账页，而是根据经济业务的特点和经营管理的需要，在一张账页的借方、贷方金额栏内，按照某一总账科目所属的各明细科目或明细项目分设若干专栏，以便在同一张账页上集中反映各有关明细科目或明细项目的详细资料。这种格式适用于只进行金额核算，不进行数量核算，而且管理上需要了解其构成内容的成本、费用、收入、利润等账户的明细分类核算。多栏式明细分类账按记录的经济内容不同，又可分为借方多栏、贷方多栏和借贷方均多栏三种格式。

表 7-10　　××明细分类账

类别：　　编号：

品名或规格：　　存放地点：　　总第　页

储备定额：　　最高储备量：　　最低储备量：　　计量单位：　　分第　页

年		凭证		摘要	借方			贷方			余额		
月	日	字	号		数量	单价	金额	数量	单价	金额	数量	单价	金额

借方多栏式明细分类账在账页的借方设若干专栏，贷方设一栏；或者只设借方专栏不设贷方栏，从贷方转出业务，用红字在借方登记，适用于成本、费用类明细账。其格式见表7-11。

表 7-11　　××明细分类账　　总第　页　分第　页

年		凭证		摘要	借方						贷方	余额
月	日	字	号							合计		

贷方多栏式明细分类账在账页的贷方设若干专栏，借方设一栏；或者只设贷方专栏不设借方栏，从借方转出业务，用红字在贷方登记，适用于收入类明细账。其格式见表7-12。

表 7-12　　××明细分类账　　总第　页　分第　页

年		凭证		摘要	借方	贷方						余额
月	日	字	号								合计	

借方贷方多栏式明细分类账在账页的借方、贷方均设若干专栏，适用于“本年利润”“利润分配”等账户的明细核算。其格式见表7-13。

表 7-13　××明细分类账

总第　页
分第　页

年		凭证		摘要	借方				贷方					余额
月	日	字	号					合计					合计	

各种明细分类账，由会计人员根据原始凭证或原始凭证汇总表及记账凭证进行登记。在登记时，既可以根据这些凭证逐日逐笔登记，也可以逐日或定期汇总登记。一般地说，债权债务明细账和财产物资明细账应当每天登记，以便随时与对方单位结算，核对库存余额。

7.4.3　总分类账和明细分类账的平行登记

1）总分类账和明细分类账的关系

总分类账是对核算对象的总括反映，提供的是总括的核算资料；明细分类账是对总分类账核算内容的进一步说明，提供的是详细的核算资料。两者所反映的核算对象相同，核算内容相同，只是核算的繁简程度有所区别，从而两者所提供的资料详细程度不同。所以，总分类账是对明细分类账的综合与概括，明细分类账是对总分类账的具体化。总分类账对其所属的明细分类账起着统驭和控制的作用，被称为统驭账户；而明细分类账则对总分类账起着补充和说明的作用，称为从属账户。可以说，总分类账和明细分类账之间是一种统驭和从属的关系。

素养提升 7-1

2）总分类账和明细分类账的平行登记

在会计核算中，为保持总账与明细账记录的一致，使总分类账与其所属的明细分类账之间能起到统驭与补充的作用，便于进行账户记录的核对和检验登记结果的正确性，保证核算资料的完整、正确，必须采用平行登记的方法，在总分类账及其所属的明细分类账中进行登记。总分类账和明细分类账的平行登记是指经济业务发生后，根据会计凭证一方面要登记有关总分类账，另一方面又要登记该总分类账所属的各有关明细分类账。总分类账和明细分类账的登记依据是会计凭证，既不根据总分类账登记明细分类账，也不根据明细分类账登记总分类账，两者的登记是独立地、互不依赖地进行的。

平行登记的要点如下：

（1）登记的依据相同。登记总分类账与登记其所属的明细分类账所依据的原始凭证是相同的。

（2）登记的会计期间一致。对于每项经济业务，一方面要在有关总分类账中进行总括登记；另一方面要于同一会计期间在有关明细分类账中进行详细登记。这里强调的是同一会计期间，而并非同一时点。因为明细分类账一般根据会计凭证于平时进行登记，而总分类账因账务处理程序不同，可能在平时登记，也可能定期登记，两者登记的时间不一定相同，但登记总分类账和明细分类账必须在同一会计期间内完成。

（3）登记的方向相同。如果在总分类账中登记借方，在所属明细分类账中也应登记借方；如果在总分类账中登记贷方，在所属明细分类账中也应登记贷方。

（4）登记的金额相等。记入总分类账中的金额必须与记入各个有关明细分类账的金额之和相等。

下面以“原材料”账户为例，说明总分类账及其所属明细分类账的平行登记原则。

【例 7-1】某公司 2024 年 10 月 1 日，“原材料”总分类账及其所属明细分类账的期初余额见表 7-14、表 7-15 和表 7-16。

表 7-14 总分类账

会计科目：原材料　　总第　页　分第　页

2024年		凭证		摘要	借方	贷方	借或贷	余额
月	日	字	号					
10	1			期初余额			借	86 000
	8	略	略	购入材料	11 900		借	97 900
	12	略	略	购入材料	9 000		借	106 900
	15	略	略	生产领用		98 000	借	8 900
10	31			本期发生额及余额	20 900	98 000	借	8 900

表 7-15 原材料明细分类账

材料名称：甲材料　　数量单位：千克

2024年		凭证		摘要	借方			贷方			余额		
月	日	字	号		数量	单价	金额	数量	单价	金额	数量	单价	金额
10	1			期初余额							9 000	7	63 000
	8	略	略	购入材料	1 700	7	11 900				10 700	7	74 900
	15	略	略	生产领用				10 000	7	70 000	700	7	4 900
10	31			本期发生额及余额	1 700	7	11 900	10 000	7	70 000	700	7	4 900

表 7-16 原材料明细分类账

材料名称：乙材料　　数量单位：千克

2024年		凭证		摘要	借方			贷方			余额		
月	日	字	号		数量	单价	金额	数量	单价	金额	数量	单价	金额
10	1			期初余额							2 300	10	23 000
	12	略	略	购入材料	900	10	9 000				3 200	10	32 000
	15	略	略	生产领用				2 800	10	28 000	400	10	4 000
10	31			本期发生额及余额	900	10	9 000	2 800	10	28 000	400	10	4 000

10 月份该公司发生下列经济业务：

❶ 8 日，购入甲材料 1 700 千克，单价 7 元，计 11 900 元，增值税税率为 13%，款项用银行存款支付，材料已验收入库。编制会计分录如下：

借：原材料——甲材料　　11 900

　　应交税费——应交增值税（进项税额）　　1 547

　贷：银行存款　　13 447

②12日，购入乙材料900千克，单价10元，计9 000元，增值税税率为13%，款项尚未支付，材料已验收入库。编制会计分录如下：

借：原材料——乙材料 9 000

　　应交税费——应交增值税（进项税额） 1 170

　贷：应付账款 10 170

③15日，生产领用材料98 000元。其中，领用甲材料10 000千克，单价7元，计70 000元；领用乙材料2 800千克，单价10元，计28 000元。编制会计分录如下：

借：生产成本 98 000

　贷：原材料——甲材料 70 000

　　　　　——乙材料 28 000

根据上述资料和会计分录，对“原材料”总分类账户及其所属的明细分类账户进行平行登记，见表7-14、表7-15和表7-16。

平行登记的结果使总分类账户和其所属的明细分类账户之间存在着特定的、必然的数量关系：

①总分类账户期初余额等于所属明细分类账户的期初余额之和。

②总分类账户本期借方发生额等于所属明细分类账户的本期借方发生额之和。

③总分类账户本期贷方发生额等于所属明细分类账户的本期贷方发生额之和。

④总分类账户期末余额等于所属明细分类账户的期末余额之和。

利用上述等量关系，可以采用相互核对的方法来检查账簿的登记是否正确、完整。如果有关数字不等，表明账簿登记有差错，必须查明原因，加以更正。检查时，可以根据某一总分类账户所属明细分类账户的记录分别编制“明细分类账户本期发生额及余额表”，然后与其相应的总分类账户的记录相互核对。

根据前述的“原材料”明细分类账户的记录，编制“原材料明细分类账户本期发生额及余额表”，见表7-17。

表7-17 原材料明细分类账户本期发生额及余额表

2024年10月 单位：元

明细分类账户名称	期初余额		本期发生额		期末余额	
	借方	贷方	借方	贷方	借方	贷方
甲材料	63 000		11 900	70 000	4 900	
乙材料	23 000		9 000	28 000	4 000	
合计	86 000		20 900	98 000	8 900	

将表7-17各栏合计金额，与“原材料”总分类账户的期初余额，本月借、贷方发生额和月末余额核对，结果完全相等，表明这些账户的记录是正确的。

任务7.5 核对账簿

对账是为保证账簿记录的正确性和真实性而对账簿记录进行的核对工作。会计核算要求账簿登记清晰、准确，但在实际工作中，由于一些主客观原因，账目难免会出现差错和与实际不符的情况，因此，需要经常进行对账，保证账证、账账、账实相符，如实反映和监督经济活动情况，为编制会计报表提供真实可靠的数据资料。对账工作一般在月末、季末、年末于结账之前进行。如遇特殊情况，如有关人员办理调动或发生非常事件，应随时进行对账。

7.5.1 账证核对

账证核对是指核对会计账簿记录与原始凭证、记账凭证的时间、凭证字号、内容、金额是否一致，记账方向是否相符。这种核对，一般是在日常编制凭证和记账过程中进行的。期末如果发现账账不符，就应回过头来对账簿记录与会计凭证进行检查核对，以确保账证相符，纠正记账错误。

7.5.2 账账核对

账账核对是将各种账簿之间的有关数字进行核对。单位设置的账簿是一个有机的账簿体系，各种账簿之间存在着相互联系、相互制约、相互依存的关系，这是账账核对的客观依据。

账账核对具体包括：❶总分类账中各账户的借方发生额合计数与贷方发生额合计数、期末的借方余额合计数与贷方余额合计数核对相符。❷总分类账中各账户的本期借、贷方发生额和期末余额与所属各明细分类账户的本期借、贷方发生额合计数和期末余额合计数核对相符。❸总分类账中的库存现金、银行存款账户的本期借、贷方发生额和期末余额，与库存现金日记账和银行存款日记账的本期借、贷方发生额和期末余额核对相符。❹会计部门的各种财产物资明细分类账的收入、发出、结存数应与财产物资保管和使用部门的有关明细分类账的相应数据记录核对相符。

7.5.3 账实核对

账实核对是在账账核对的基础上，将各项财产物资的账面余额与实有数额相核对。这种核对工作又称财产清查。

账实核对主要包括：❶库存现金日记账的账面余额与库存现金实际库存数相核对；❷银行存款日记账的账面余额与开户银行对账单相核对；❸存货、固定资产等财产物资明细分类账的账面结存数与实存数相核对；❹各种债权、债务明细分类账的账面余额与有关债权人、债务人的账面记录相核对。

任务 7.6 更正错账

对于发现的错账，应区分为本期差错和前期差错，以采用不同的错账更正方法。本期差错是指本期发现同一会计年度所发生的会计差错。前期差错是指由于计算错误、应用会计政策错误、疏忽或曲解事实等对以前年度财务报表造成漏报或错报。关于前期差错的更正将在由陈德萍教授主编的《财务会计》（第十一版）中详细讲解，这里仅介绍本期差错的更正方法。本期差错要根据错误的具体情况分别采用划线更正法、红字更正法和补充登记法进行更正。

7.6.1　划线更正法

划线更正法适用于**结账前发现的、记账凭证正确无误，只是**在过账时发生的**文字或数字错误**的更正。更正的方法是：先在错误的文字或数字上划一条单红线，表示注销；然后将正确的文字或数字用蓝字写在划线上端，并由记账人员（更正人员）和会计机构负责人（会计主管人员）在更正处盖章，以明确责任。使用这一方法应该注意的是：第一，文字错误可只划掉错误的文字，**数字错误则需划掉整笔数字，不能只划掉其中一个或几个写错的数字**；第二，**被划掉的文字或数字仍应清晰可辨**，不得涂成模糊一片，不便查考。例如，将4 389.00错记为4 398.00，整个数字4 398.00全部用红线划去，再在红线上面空白处用蓝字写4 389.00，予以更正，不能只划去98改为89。

划线更正法

7.6.2　红字更正法

红字更正法是指用红字冲销原有错误账户或数字，以更正或调整账簿记录的一种方法。红字更正法主要适用于以下两种情况：

（1）**因记账凭证中使用的会计科目发生错误，并已按错误凭证登记入账所造成的错账。**更正的方法是：首先用红字金额填写一张与原错误记账凭证内容一致（账户名称、记账方向和金额均一致）的记账凭证，在"摘要"栏中写明"冲销某月某日第×号凭证错误"，填制日期为错账的更正日期，凭证编号按本日已编凭证顺序编写，并据以用红字金额登记入账，冲销原错误的账簿记录；然后，再用蓝字重新填写一张正确的记账凭证，在"摘要"栏中写明"更正某月某日第×号凭证错误"，并据以用蓝字登记入账，以达到正确记录的目的。

红字更正法

【例7-2】某企业管理部门2024年3月18日领用原材料55 000元，填制的记账凭证及账簿记录见表7-18、表7-19和表7-20。

表7-18

记账凭证

2024年3月18日　　记字第21号

摘要	借方科目			贷方科目			金额									
	总账科目	明细科目	√	总账科目	明细科目	√	千	百	十	万	千	百	十	元	角	分
管理部门领料	制造费用		√	原材料		√				5	5	0	0	0	0	0
合计（人民币大写）伍万伍仟元整									¥	5	5	0	0	0	0	0

会计主管：赵荣　　记账：王斌　　出纳：　　审核：王帅　　制单：王丽

表 7-19　　**总分类账**　　总第　页

会计科目：制造费用　　分第　页

2024年 月	2024年 日	凭证 字	凭证 号	摘要	借方	贷方	借或贷	余额
3	18	记	21	管理部门领料	55 000			

表 7-20　　**总分类账**　　总第　页

会计科目：原材料　　分第　页

2024年 月	2024年 日	凭证 字	凭证 号	摘要	借方	贷方	借或贷	余额
3	18	记	21	管理部门领料		55 000		

该企业于3月25日发现该错误，此时记账凭证编号已至30号。由于本例中的账簿记录错误是记账凭证中的借方科目使用错误造成的，应采用红字更正法进行更正。首先编制一张红字金额的记账凭证，并用红字金额登记有关账户。相关凭证和账簿记录见表7-21、表7-22和表7-23。

表 7-21　　**记账凭证**

2024年 3月 25日　　记字第 31 号

摘要	借方科目 总账科目	借方科目 明细科目	√	贷方科目 总账科目	贷方科目 明细科目	√	千	百	十	万	千	百	十	元	角	分
冲销3月18日记字第21号凭证错误	制造费用		√	原材料		√				5	5	0	0	0	0	0
合计（人民币大写）伍万伍仟元整									¥	5	5	0	0	0	0	0

会计主管：赵荣　　记账：王斌　　出纳：　　审核：王帅　　制单：王丽

注：此凭证上的“金额”和“合计”栏数字是用红字填写的。

表7-22　**总分类账**　总第　页

会计科目：制造费用　分第　页

2024年		凭证		摘要	借方	贷方	借或贷	余额
月	日	字	号					
3	18	记	21	管理部门领料	55 000			
	25	记	31	冲销3月18日记字第21号凭证错误	55 000			

表7-23　**总分类账**　总第　页

会计科目：原材料　分第　页

2024年		凭证		摘要	借方	贷方	借或贷	余额
月	日	字	号					
3	18	记	21	管理部门领料		55 000		
	25	记	31	冲销3月18日记字第21号凭证错误		55 000		

然后，再用蓝字编制一张正确的记账凭证，并用蓝字登记有关账户。相关凭证和账簿记录见表7-24、表7-25和表7-26。

表7-24　**记账凭证**

2024年3月25日　记字第32号

摘要	借方科目			贷方科目			金额									
	总账科目	明细科目	√	总账科目	明细科目	√	千	百	十	万	千	百	十	元	角	分
更正3月18日记字第21号凭证错误	管理费用		√	原材料		√				5	5	0	0	0	0	0
合计（人民币大写）伍万伍仟元整									¥	5	5	0	0	0	0	0

会计主管：赵荣　记账：王斌　出纳：　审核：王帅　制单：王丽

表 7-25

总分类账

会计科目：管理费用　　总第　页　分第　页

2024		凭证		摘要	借方	贷方	借或贷	余额
月	日	字	号					
3	25	记	32	更正3月18日记字第21号凭证错误	55 000			

表 7-26

总分类账

会计科目：原材料　　总第　页　分第　页

2024年		凭证		摘要	借方	贷方	借或贷	余额
月	日	字	号					
3	18	记	21	管理部门领料		55 000		
	25	记	31	冲销3月18日记字第21号凭证错误		55 000		
	25	记	32	更正3月18日记字第21号凭证错误		55 000		

（2）**记账凭证中使用的应借、应贷会计科目正确，只是所记金额大于应记金额，并已登记入账，造成账簿记录金额多记的错账**。更正方法是：填制一张红字金额为正确金额与错误金额的差额的记账凭证（账户及对应关系均与原记账凭证相同），在“摘要”栏中写明“冲销某月某日第×号凭证多记金额”，并据以用红字金额登记有关账户，冲销多记金额，反映出正确金额。

【例 7-3】假设将【例 7-2】中的错误改为“记账凭证金额误填为85 000元，并已登记入账”，其他填制和登记内容均正确。

本例中的账簿记录错误是由于记账凭证中的金额多记而造成的，应采用红字更正法进行更正。编制一张红字金额为30 000元的记账凭证，并据以用红字金额登记有关账簿，将多记的30 000元予以冲减。相关凭证和账簿记录见表7-27、表7-28和表7-29。

表7-27

记账凭证

2024年3月25日　　　　记字第31号

摘要	借方科目			贷方科目			金额									
	总账科目	明细科目	√	总账科目	明细科目	√	千	百	十	万	千	百	十	元	角	分
冲销3月18日记字第21号凭证多记金额	管理费用			原材料						3	0	0	0	0	0	0
合计（人民币大写）叁万元整									¥	3	0	0	0	0	0	0

会计主管：赵荣　　记账：王斌　　出纳：　　审核：王帅　　制单：王丽

注：此凭证上的“金额”和“合计”栏数字是用红字填写的。

表7-28

总分类账

总第　页
分第　页

会计科目：管理费用

2024年		凭证		摘要	借方	贷方	借或贷	余额
月	日	字	号					
3	18	记	21	管理部门领料	85 000			
	25	记	31	冲销3月18日记字第21号凭证多记金额	30 000			

表7-29

总分类账

总第　页
分第　页

会计科目：原材料

2024年		凭证		摘要	借方	贷方	借或贷	余额
月	日	字	号					
3	18	记	21	管理部门领料		85 000		
	25	记	31	冲销3月18日记字第21号凭证多记金额		30 000		

注：表7-28和表7-29中的“30 000”是用红字填写的。

采用红字更正法进行错账更正时应注意，不得以蓝字金额填制与原错误记账凭证记账方向相反的记账凭证去冲销错误记录或冲销原错误金额，因为蓝字记账凭证反方向记载的会计分录反映某些特殊经济业务，而不反映错账更正内容。例如，编制蓝字记账凭证借记“原材料”账户，贷记“生产成本”账户，反映已领用的材料退库。尽管这样的记录也能使记账的结余金额与实际情况相符，但这不能表明更正错误记录的内容，并且这样的记账凭证也无法附上与其内容相吻合的原始凭证。因此，必须采用红字更正法予以更正。

案例窗 7-1

2024 年 10 月 31 日，某企业在对账时发现下列一笔经济业务：

2024 年 10 月 8 日，开出现金支票 970 元，购买办公用品，在进行会计处理时编制的记账凭证见表 7-30。

表 7-30　记账凭证

2024 年 10 月 8 日　　记字第 15 号

摘要	借方科目			贷方科目			金额									
	总账科目	明细科目	√	总账科目	明细科目	√	千	百	十	万	千	百	十	元	角	分
购买办公用品	管理费用	办公费	√	库存现金		√						9	7	0	0	0
合计（人民币大写）玖佰柒拾元整											¥	9	7	0	0	0

会计主管：赵荣　记账：王斌　出纳：元小丽　审核：王帅　制单：王丽

有关账簿记录见表 7-31 和表 7-32。

表 7-31　总分类账

总第　页

会计科目：管理费用　　分第　页

2024 年		凭证		摘要	借方	贷方	借或贷	余额
月	日	字	号					
10	8	记	15	购买办公用品	970			

表7-32

总分类账

总第　页
分第　页

会计科目：库存现金

2024年		凭证		摘要	借方	贷方	借或贷	余额
月	日	字	号					
10	8	记	15	购买办公用品		970		

分析上述处理是否正确，如有错误，确定应采取的更正方法，并进行更正。

案例分析提示：

本业务开出现金支票，应通过“银行存款”账户进行核算，而不是通过“库存现金”账户。该错误属于会计科目使用错误，由于已编制记账凭证并据以登记入账，应采用红字更正法进行更正。

7.6.3　补充登记法

这种方法适用于记账凭证中使用的应借、应贷会计科目正确，只是所记金额小于应记金额，并已登记入账，造成账簿记录金额少记的错账。更正方法是：按少记的金额用蓝字填制一张与原记账凭证账户对应关系相同的记账凭证，在“摘要”栏中写明“补充登记某月某日第×号凭证少记金额”，并据以用蓝字登记有关账户，补记少记金额。

补充登记法

【例7-4】假设将【例7-2】中的错误改为“记账凭证金额误填为35 000元，并已登记入账”，其他填制和登记内容均正确。

本例中的账簿记录错误是由于记账凭证中的金额少记而造成的，应采用补充登记法进行更正。编制一张蓝字金额为20 000元的记账凭证，并据以用蓝字登记有关账簿，将少记的20 000元予以补充登记。相关凭证和账簿记录见表7-33、表7-34和表7-35。

表7-33

记账凭证

2024年3月25日　　记字第31号

摘要	借方科目			贷方科目			金额									
	总账科目	明细科目	√	总账科目	明细科目	√	千	百	十	万	千	百	十	元	角	分
补记3月18日记字第21号凭证少记金额	管理费用		√	原材料		√				2	0	0	0	0	0	0
合计（人民币大写）贰万元整									¥	2	0	0	0	0	0	0

会计主管：赵荣　　记账：王斌　　出纳：　　审核：王帅　　制单：王丽

表 7-34　　**总分类账**　　总第　页

会计科目：管理费用　　分第　页

2024年		凭证		摘要	借方	贷方	借或贷	余额
月	日	字	号					
3	18	记	21	管理部门领料	35 000			
	25	记	31	补记3月18日记字第21号凭证少记金额	20 000			

表 7-35　　**总分类账**　　总第　页

会计科目：原材料　　分第　页

2024年		凭证		摘要	借方	贷方	借或贷	余额
月	日	字	号					
3	18	记	21	管理部门领料		35 000		
	25	记	31	补记3月18日记字第21号凭证少记金额		20 000		

采用红字更正法或补充登记法进行错账更正时，如果账簿记录与记账凭证记录不相符，应首先采用划线更正法等方法更正账簿的记录，使之与原记账凭证记录相符，然后再采用这两种方法进行更正。

任务 7.7　结账

7.7.1　结账的程序

结账

结账是在将本期内所发生的经济业务全部登记入账的基础上，按照规定的方法对该期内账簿记录进行小结，结算出本期发生额合计数和余额，并将期末余额结转下期或者转入下年新账。各单位的经济活动是连续不断进行的，为了总结一定时期的经济活动情况和财务状况，考核经营成果，编制会计报表，各单位必须在会计期末进行结账，但不得为赶制会计报表而提前结账，不得把本期发生的经济业务延至下期登记，更不得先编制会计报表后结账。年度结账日为公历年度每年的12月31日；月度、季度、半年度结账日分别为公历年度每月、每季、每半年的最后一天。

（1）结账前，应检查本期所发生的经济业务是否都已填制记账凭证，并据以记入各种账簿，有无漏记、重记和错误记录，如果存在上述情况，应在结账前及时补记和更正。

（2）应在日常核算的基础上，按照权责发生制的要求及时调整需要在期末调整的账项，编制有关调整账项和有关结转的会计分录，并据以登记入账，确切地反映本期的收入、费用和资产、权益，进而确认和计量报表要素。例如，应由本期负担的固定资产折旧费，应按所计算的折旧费用计入本期产品成本或期间费用；属于本期的应收收益应确认计入本期收入等。

（3）对于各种收入、成本、费用账户的余额应在有关账户之间进行结转。例如，将本期产品的销售成本，由“库存商品”账户结转入“主营业务成本”账户；将本期的各收入与费用账户分别结转入“本年利润”账户等。

7.7.2　结账的方法

采用划线结账法结计账簿记录。按照结账时间不同，可分为月结、季结和年结三种。

（1）月结。月度结账时，应该结出本月借、贷双方的发生额及月末余额，对于有余额的账户应在“摘要”栏内注明“本月发生额及期末余额”，对于没有余额的损益类等账户应在“摘要”栏内注明“本月合计”，同时在该行的上下端各划一条通栏红线，表示本月的账簿记录已经结束。如果本月只有一笔记录，结账时，可只在这笔记录下面划一条通栏红线，不用结记本月发生额，表示本月记录到此为止。本月没有发生额的账户，不必进行月结。需要结计本年累计发生额的收入、费用、成本等账户，每月结账时，应在“本月合计”行下结出自年初起至本月末止的累计数额，登记在月份发生额下面，在“摘要”栏内注明“本年累计”字样，并在下面再划通栏单红线，与下月记录分开。

（2）季结。季度终了，在本季最后一个月的月结（需按月结出本年累计发生额的，应在“本年累计”行）下一行中的“摘要”栏内填写“第×季度合计”字样，在“借方”、“贷方”和“余额”各栏计算出本季发生额和余额，再在季结下面划一道通栏单红线，以便与下季度发生额划分清楚。

（3）年结。年度终了，要在第四季度季结的下一行的“摘要”栏内填写“本年合计”或“结转下年”字样，在“借方”、“贷方”和“余额”各栏，计算出本年发生额及余额，再在年结下面划通栏双红线，以表示本年度经济业务记录的结束。对于月结时需要结计本年累计发生额的某些明细账户，12月末的“本年累计”就是全年累计发生额，在该栏下通栏划双红线即办理了年结。年度终了结账时，有余额的账户，要将其余额结转下年。结转的方法是，在下年新账的第一行的“摘要”栏内填写“上年结转”字样，并在余额栏内填入上年年末结转的余额，余额方向与上年一致。跨年度使用的账簿，如固定资产明细账等，年初不需要进行“上年结转”手续。第二年使用时，直接在上年年结的双线下面记录发生额即可。

现以“库存现金”总账为例加以说明。具体见表7-36。

表 7-36 **总分类账户**

总第 页

会计科目：库存现金 分第 页

2024年		凭证		摘要	对应科目	收入	支出	结余
月	日	字	号					
1	1			上年结转				700
1	31			本月发生额及期末余额		1 300	1 543	457
2	1			期初余额				457
2	28			本月发生额及期末余额		2 100	1 890	667
3	1			期初余额				667
3	31			本月发生额及期末余额		2 960	1 837	1 790
3	31			第一季度合计		6 360	5 270	1 790
12	1			期初余额				900
12	31			本月发生额及期末余额		5 600	1 500	5 000
12	31			第四季度合计		6 900	2 800	5 000
12	31			结转下年		34 500	30 200	5 000

此线为通栏双红线，表示结账。

知识窗 7-4

利用学校实训室或实训基地练习各种账簿的启用、登记和结算，对于活页账簿还要练习装订。通过实际操作体会登记账簿时应该注意的问题及具体规则。

任务 7.8 更换与保管账簿

7.8.1 账簿的更换

账簿的更换是指在会计年度终了时，将上年度的账簿更换为下年度的新账簿。在每一新会计年度开始时，总账、日记账和多数明细账应当更换新账。但有些财产物资明细账和债权债务明细账，由于材料品种、规格和往来单位较多等原因，更换新账的工作量较大，因此，可以跨年度使用，不必每年更换一次。如固定资产明细账、原材料明细账等。各种备查账簿也可以连续使用。

更换账簿时，对于有余额的账户，要将其余额结转下年。结转的方法是，在下年新账的第一行的摘要栏内填写“上年结转”字样，并在余额栏内填入上年末结转的余额，余额方向与上年一致。跨年度使用的账簿，年初不需要进行“上年结转”手续。第二年使用时，直接在上年年结的双线下面记录发生额即可。

7.8.2　账簿的保管

账簿作为重要的历史资料和会计档案，各单位应该按照国家会计制度的规定，妥善保管，以供日后检查、分析和审计。账簿的保管应由专人负责，以明确责任。账簿的日常保管应由各自分管的记账人员专门保管。年终，会计人员应将更换下来的活页账、卡片账装订成册，顺序编号，加具封面封底，登记存档保管。采用计算机进行会计核算的单位，应当保存打印出的纸质会计档案。当年形成的会计档案，在会计年度终了后，可暂由会计机构保管1年，期满之后，应当由会计机构编制移交清册，移交本单位档案机构统一保管。单位会计管理机构临时保管会计档案最长不超过3年，临时保管期间，会计档案的保管应当符合国家档案管理的有关规定，且出纳人员不得兼管会计档案。未设立档案机构的，应当在会计机构内部指定专人保管。

单位应当严格按照相关制度利用会计账簿等会计档案，在进行会计档案查阅、复制、借出时履行登记手续，严禁篡改和损坏。单位保存的会计账簿等会计档案一般不得对外借出，确因工作需要且根据国家有关规定必须借出的，应当严格按照规定办理相关手续。会计档案借用单位应当妥善保管和利用借入的会计档案，确保借入会计档案的安全完整，并在规定时间内归还。

会计账簿应当按照国家统一规定的保管期限保管，不得在保管期限未满时销毁账簿。单位应当定期对已到保管期限的会计账簿等会计档案进行鉴定，并形成会计档案鉴定意见书。

经鉴定可以销毁的会计账簿等会计档案，单位档案管理机构编制会计档案销毁清册，单位负责人、档案管理机构负责人、会计管理机构负责人、档案管理机构经办人、会计管理机构经办人在会计档案销毁清册上签署意见。

项目小结

账簿是由具有一定格式的账页组成，用来连续、分类地记录和反映各项经济业务的簿籍。通过设置和登记账簿，可以了解单位在一定时期的全部经济活动情况，取得经营管理所需要的系统、完整的会计信息。

1.账簿按用途分类，可以分为序时账簿、分类账簿和备查账簿；按外表形式分类，可以分为订本账簿、活页账簿和卡片账簿；按其账页格式分类，可分为两栏式账簿、三栏式账簿、数量金额式账簿和多栏式账簿。

2.各单位必须设置库存现金和银行存款日记账，账页格式一般采用三栏式，以收款凭证和付款凭证或者通用记账凭证为依据，由出纳人员按经济业务发生的先后顺序逐日逐笔登记且须每日结出余额，与库存现金实有数核对并定期与开户银行核对银行存款余额。

3.总分类账簿账页格式一般采用三栏式，由会计人员登记，其登记依据和登记方法取决于单位采用的账务处理程序。明细分类账簿的账页格式，根据反映经济业务的需要，一般有三栏式、数量金额式和多栏式三种，明细分类账可以逐笔逐日登记，也可以定期汇总登记。总分类账与其所属明细分类账应平行登记，以便核对，相互牵制。

4.登记账簿必须遵守一定的记账规则，以保证账簿记录的及时、正确、规范，如发生记账错误应按规定的方法进行更正。错账更正方法有划线更正法、红字更正法、补充登记法三种。

5.为保证账簿记录的正确性和真实性，要定期核对账簿记录，包括账证核对、账账核对和账实核对。

6.期末要总结一定时期的经济活动情况，编制会计报表，必须进行结账。

7.账簿作为重要的历史资料和会计档案，各单位应该按照国家会计制度的规定，妥善保管，不得随意拆装、出借和销毁。

关键概念

账簿　序时账簿　分类账簿　备查账簿　总分类账簿　明细分类账簿　划线更正法　红字更正法　补充登记法　对账　结账

项目 8

财产清查与处理

学习目标

知识目标：掌握财产清查的概念、种类和存货的盘存制度，明确财产清查的准备工作及清查过程中产生的各种原始凭证，了解财产清查的意义和作用。

技能目标：熟悉货币资金、存货、固定资产和往来款项的清查方法以及银行存款余额调节表的编制方法和财产清查结果的账务处理方法。

素养目标：培养按照规范流程进行财产清查的职业习惯；如实反馈财产的清查结果，树立会计工作所需要的“诚实、公正”的职业态度与职业责任；培养廉洁自律、抵制诱惑的意识；培养友善协作的团队合作精神。

【德技兼修】

曾子一日三省，则随事用力

财产清查是利用会计账簿管好企业的资产，通过对比账面记录与实物盘点，识别出财产的盘盈或盘亏，及时调整会计记录，确保账实相符；同时查明是否存在贪污舞弊或做事不认真的情况，既是保证会计信息真实的前提，也是防止贪污腐败的利器。人生如同财产清查，同样需要经常定期进行清查、反省。正如朱熹《朱子语类》第40卷所说：“曾子一日三省，则随事用力。”春秋时期，孔子的学生曾参勤奋好学，深得孔子的喜爱。同学问曾参为什么进步那么快。曾参说：“我每天都要多次问自己：替别人办事是否尽力？与朋友交往有没有不诚实的地方？先生教的知识是否学好？如果发现做得不妥就立即改正。”

我们要向曾子学习，努力践行“吾日三省吾身”，经常审视自我，养成日清日结的好习惯，学会在生活、学习中不断复盘，不断总结，及时发现错误并采取积极正确的态度去面对和纠正；对待事物严谨、认真，实事求是，不被物质利益所诱惑，成为一个对社会有贡献的人。

资料来源　(1) 耿文莉．信息化中账务处理程序的转变 [J]．哈尔滨商业大学学报，2008 (3)．
(2) 刘欣．会计信息化中账务处理程序的转变分析 [J]．商讯，2019 (5)．

任务 8.1　认识财产清查

8.1.1　财产清查的概念

财产清查是指通过对货币资金、实物资产和往来款项的清点或核对，确定实存数，查明账存数与实存数是否相符的一种专门方法。

会计核算的一个最基本的要求就是保证账簿记录正确、真实，进而保证会计信息的真实性和相关性。通过加强对会计凭证的日常审核，定期地核对账簿记录，做到账证相符、账账相符，保证了账簿记录的正确性。但账簿记录正确并不能说明账簿所做的记录是真实可靠的。因为，在实际工作中，由于财产物资自然属性造成的自然损失，收发过程控制不力产生的差错，会计记录和计算的错误，工作人员失职或不法分子贪污盗窃、营私舞弊造成的人为损失等，都可能导致财产物资的账面结存数与实际结存数不一致，产生差异。为了保证账簿记录的真实性，掌握各项财产物资的真实情况，保证财产物资的安全完整，必须对各项财产物资定期或不定期地进行盘点或核对，对实存数与账存数不相符的差异，要及时调整账簿记录，并查明原因和责任，按有关规定作出处理。

启示窗 8-1

建行德州分行平原支行一名年仅23岁的营业室综合柜员，在49天内从容盗用银行资金2 180万元而未被察觉。

如果不是建行德州分行对所辖的平原支行进行突击检查，营业室综合柜员刁娜挪用、盗用银行资金逾2 000万元一案也许根本无人知晓。

涉案人员为年仅23岁的普通临柜人员，她绕开银行内部各监管环节，从容盗取银行资金，前后49天，历经例行检查未被发现。

督导组的调查表明，刁娜作案的手法有二：一为空存现金；二为直接盗取现金。所谓空存现金，即在没有资金进入银行的情况下，通过更改账户信息，虚增存款。由于存单本身是真实的，所以尽管事实上并没有资金入账，但还是可以将虚增的存款提取或者转账出来，成为自己可以支配的资金。相对而言，直接盗取银行现金更为困难。因为，银行每天上下班都要轧账。但由于管理漏洞重重，刁娜却轻易得手。刁娜在作案期间，多次直接拿出现金，或在中午闲暇时直接交给柜台外的男朋友，或下班后自行夹带现金离开，或将现金存入自己人账户。如此这般，盗取现金总计54万元。

案件事发前刁娜躲避了多次内部核查程序，但最终在第50天时露了马脚。

调查结果表明，由于建行德州分行、平原支行和营业室相关管理人员不认真履职甚至严重失职，使得刁娜轻松越过授权、查库、事后监督检查、库存现金限额管理控制和安全管理等“五道关口”和至少12个业务环节的风险控制闸门，从容作案。例如，营业室副主任尹光辉在刁娜作案期间查库6次，但每次都不实际盘查库款，只是登记“现金单证核查登记簿”，结论是“账实相符”。同样是刁娜作案期间的9月12日，德州分行会计业务检查组对平原支行营业室进行检查，刁娜仅以生病为由就逃避了对库存的检查。

对此，国家金融监督管理总局要求，银行应构建“人控”与“机控”双重防线，从制度层面和技术层面加强异常业务预警，强化业务的及时监控，使违法行为无处可藏。

8.1.2　财产清查的意义

（1）通过财产清查，可以查明各项财产物资的实有数量，确定实有数量与账面数量之间的差异，查明原因和责任，以便采取有效措施，消除差异，改进工作，从而保证账实相符，提高会计资料的准确性。

（2）通过财产清查，可以查明各项财产物资的保管情况是否良好，有无因管理不善，造成霉烂、变质、损失浪费，或者被非法挪用、贪污盗窃等情况，以便采取有效措施，改善管理，切实保障各项财产物资的安全完整。

（3）通过财产清查，可以查明各项财产物资的库存和使用情况，合理安排生产经营活动，充分利用各项财产物资，加速资金周转，提高资金使用效率。

8.1.3　财产清查的种类

财产清查的种类有很多，可以按不同的标志进行分类。

1）按清查的范围可分为全面清查和局部清查

（1）全面清查是指对属于本单位的所有财产物资进行的盘点和核对。以产品制造企业为例，全面清查的对象应包括：库存现金、银行存款等各种货币资产；原材料、在产品、产成品、固定资产等各种实物资产；应收账款、应付账款等各种债权债务；委托加工、出租的各种物资等。

全面清查涉及面广、时间长、工作量大。需要进行全面清查的情况主要有：

❶年终决算之前；

❷单位撤销、合并、改变隶属关系之前；

❸中外合资前；

❹公司股份制改制前；

❺开展全面的资产评估、清产核资前；

❻单位主要领导调离工作岗位前等。

（2）局部清查是指根据管理的需要，对单位一部分财产物资进行的盘点和核对。局部清查主要是针对流动性较大和比较贵重的财产物资，其范围小、内容少、涉及的人员也少，但专业性较强。局部清查一般包括下列清查内容：

❶库存现金应每日盘点一次；

❷银行存款每月至少同银行核对一次；

❸债权债务每年至少核对一至两次；

❹各项存货年内应有计划、有重点地抽查，珍贵物品每月清查一次等。

2）按清查的时间可分为定期清查和不定期清查

（1）定期清查是根据计划安排的时间对财产物资进行的清查。一般在年末、半年末、季末或月末结账时进行。定期清查可以是全面清查，也可以是局部清查。但在年末进行的定期清查一般是全面清查。

（2）不定期清查是根据实际情况的需要对财产物资进行的临时性清查。不定期清查一般是局部清查。不定期清查主要是在以下几种情况下进行：

❶更换财产物资和现金经管人员时；

❷财产发生非常灾害或意外损失时；

❸上级主管单位、财政机关、审计机关等对单位进行会计检查时；

❹进行临时性清产核资工作时。

不定期清查也可以是全面清查，如单位主要领导调离工作岗位前。

3）按清查的执行单位可分为内部清查和外部清查

（1）内部清查是由单位自行组织清查工作小组所进行的财产清查。多数的财产清查都属于内部清查。

（2）外部清查是有关部门根据国家的规定或情况的需要所进行的财产清查。如注册会计师对企业财务报表进行审计，审计、司法机关对单位检查、监督所进行的清查工作等。

8.1.4 财产清查的一般程序

财产清查是一项复杂、细致的工作，涉及面广、工作量大。为了能使其顺利进行，必须有组织、有计划、有步骤地做好各项工作，一般应按照如下程序进行：

（1）建立财产清查组织。清查组织应由单位领导和财务会计、业务、仓库等有关部门的人员组成，一般应由管理层研究制订财产清查计划，确定工作进度和方式方法。

（2）组织清查人员学习有关政策规定，掌握有关法律、法规和相关业务知识，以提高财产清查工作的质量。

（3）确定清查对象、范围，明确清查任务。

（4）制订清查方案，具体安排清查内容、时间、步骤、方法，以及必要的清查前准备。会计部门和财产物资管理、使用等部门，在财产清查之前应做好各项业务准备工作。

❶会计部门，在清查之前必须把有关账目登记齐全，结出余额，并且核对清楚，做到账证相符、账账相符，为财产清查提供准确、可靠的账存数。

❷财产物资保管、使用部门，在清查之前必须对所要清查的财产物资进行整理、排列，标注标签（品种、规格、结存数量等），以便盘点核对。

❸财产清查小组组织有关部门准备好各种必要的、符合国家计量标准的度量器具，以减少误差。印制好各种空白的财产清查登记表册，如“盘存单”“账存实存对比表”等。

（5）清查时本着先清查数量、核对有关账簿记录等，后认定质量的原则进行。

（6）填制盘存清单。清查人员要做好盘点记录，填制盘存清单，列明所查财产物资的实存数量和款项及债权债务的实有数额。

（7）根据盘存清单填制实物、往来账项清查结果报告表。

任务 8.2 选择执行财产清查方法

8.2.1 货币资金的清查方法

1）库存现金的清查方法

库存现金的清查方法是实地盘点法，通过对库存现金的实地盘点，确定其实存数，与库存现金日记账的账面余额进行核对，可查明账实是否相符及余缺情况。在项目7已经明确，库存现金每日应由出纳人员和授权的专门人员进行盘点、核对，即日常清查。但只采取这一方法仍然存在漏洞，还应该同其他财产物资一样，进行定期或不定期的专门清查。专门清查时应注意：

❶由专门的清查人员进行清查时，出纳人员必须在场；

❷如发现盘盈、盘亏，必须会同出纳人员当场核实盈亏数额；

❸除查明账实是否相符外，还要查明有无违反库存现金管理制度规定的情况，如有无违反现金管理条例的现金收支，有无以借条、收据等“白条”抵充现金，现金库存是否超过银行核定的限额等情况。

盘点结束后，应根据盘点结果，及时填制“库存现金盘点报告表”（见表8-1）。

此表既是反映库存现金实存数，用以调整账簿记录的重要原始凭证，也是分析账实发生差异原因、明确经济责任的依据。

表8-1　库存现金盘点报告表

单位名称：　　　　年　月　日

币别	实存金额	账存金额	对比结果		备注
			盘盈	盘亏	

盘点人签章：　　　　出纳员签章：

2）银行存款的清查方法

银行存款的清查采用核对账目的方法，即将开户银行定期送来的对账单与本单位的银行存款日记账逐笔进行核对，以查明账实是否相符，一般每月核对一次。银行对账单是开户银行记录各个单位银行存款增减结余情况，并用于同开户单位核对账目的账单。从理论上讲，各单位银行存款日记账与开户银行的对账单应该一致。但在实际工作中，两者往往不一致，造成不一致的原因有两个：一是单位或银行至少有一方存在记账错误；二是存在未达账项。

未达账项是指由于收、付款的结算凭证在传递、接收时间上的不一致而导致的一方已经登记入账，而另一方因尚未接到有关凭证未登记入账的事项。未达账项有以下四种：

❶单位已经收款入账，而银行未做收款入账的事项。

❷单位已经付款入账，而银行未做付款入账的事项。例如，单位开出转账支票支付购货款后已入账，减少了银行存款，而持票人尚未到银行办理转账业务，银行尚未接到支付款项的凭证而未入账。

❸银行已经收款入账，而单位未做收款入账的事项。例如，银行付给单位的存款利息，银行已入账，作为单位存款的增加，但单位因尚未收到“收账通知”而未入账。

❹银行已经付款入账，而单位未做付款入账的事项。例如，银行代单位按期支付的水电费，银行已入账，作为单位存款的减少，但单位因尚未收到“付款通知”而未入账。

上述任何一种未达账项存在，都会使单位银行存款日记账的余额与银行对账单的余额不相符。但未达账项是由于凭证传递时间的不同而引起的，是一种正常现象，并非错账、漏账，所以，要确认单位的银行存款日记账和银行对账单有无错误，应先剔除未达账项的影响。单位可通过编制“银行存款余额调节表”的方法，清除未达账项的影响，进而达到检查双方记账有无差错的目的。

“银行存款余额调节表”是以双方账面余额为基础，各自加上对方已收、本方未收的款项，减去对方已付、本方未付的款项编制而成，其格式见表 8-2。

表 8-2 银行存款余额调节表

单位名称： 年 月 日 单位：元

项目	金额	项目	金额
单位银行存款日记账余额		银行对账单余额	
加：银行已收、单位未收款项 减：银行已付、单位未付款项		加：单位已收、银行未收款项 减：单位已付、银行未付款项	
调节后的存款余额		调节后的存款余额	

【例 8-1】山西安泰食品公司 2024 年 11 月的“银行存款日记账”和开户银行送来的“银行对账单”见表 8-3 和表 8-4，编制 2024 年 11 月的“银行存款余额调节表”。

表 8-3 银行存款日记账

开户行名称：中国工商银行股份有限公司太原迎泽支行 银行账号：0502126529219550431

2024年		凭证号数	摘要	结算凭证		对应科目	收入	支出	结余
月	日			种类	号数				
11	1		期初余额						350 000
	6	略	收到货款	支票	00264	应收账款	50 000		400 000
	12		购买材料	支票	00063	原材料		250 000	150 000
	14		销售产品	支票	00324	主营业务收入	60 000		210 000
	22		提取现金	支票	00061	库存现金		15 000	195 000
	26		销售产品	支票	00493	主营业务收入	50 000		245 000
	29		购买设备	支票	00064	固定资产		132 000	113 000

表 8-4 中国工商银行客户存款对账单

网点号：1265 币种：人民币（本位币） 单位：元 2024 年 页号：1

账号：0502126529219550431 户名：山西安泰食品公司 上页余额：350 000

日期	交易类型	凭证种类	凭证号	对方户名	摘要	借方	贷方	余额	记账信息
11-08	转账	略	00264	略	存入		50 000	400 000	略
11-11	转账		00063		支付	250 000		150 000	
11-16	转账		00324		存入		60 000	210 000	
11-22	现金		00061		支取	15 000		195 000	
11-28	转账		00098		存入		30 000	225 000	
11-30	转账		00100		支付	45 000		180 000	

将“银行存款日记账”和“银行对账单”逐笔核对发现双方有下列未达账项：

❶ 企业已收、银行未收的款项为 50 000 元；

❷ 企业已付、银行未付的款项为 132 000 元；

❸ 银行已收、企业未收的款项为 30 000 元；

❹ 银行已付、企业未付的款项为 45 000 元。

根据以上未达账项编制“银行存款余额调节表”，见表 8-5。

表8-5 银行存款余额调节表

单位名称：山西安泰食品公司 2024年11月30日 单位：元

项目	金额	项目	金额
单位银行存款日记账余额	113 000	银行对账单余额	180 000
加：银行已收、单位未收款项	30 000	加：单位已收、银行未收款项	50 000
减：银行已付、单位未付款项	45 000	减：单位已付、银行未付款项	132 000
调节后的存款余额	98 000	调节后的存款余额	98 000

从编制的“银行存款余额调节表”可以看出，在双方记账都不发生错误的前提下，调节后的存款余额应该相等，该数额就是单位银行存款的实有数额，是单位可以支配的银行存款。如果调节后的存款余额仍不相等，表明双方在记账方面存在错误，应进一步查明错账的原因，并及时进行更正。

值得注意的是，“银行存款余额调节表”只是单位对账的工具，不是原始凭证，因而不能作为调节单位账簿记录的依据，对于“银行已收、单位未收款项”和“银行已付、单位未付款项”，只有在收到有关凭证之后，即未达账项变成已达账项时，才能进行相应的账务处理。

案例窗8-1

刘小燕在某服装公司财务部实习，通过实务操作，她对课堂上学到的专业知识有了更深的体会。公司的开户银行寄来了8月份的银行对账单，刘小燕请求财务部经理将清查银行存款的工作交给她。得到了经理的同意后，刘小燕立即从出纳处拿来银行存款日记账，开始认真地逐笔核对银行存款日记账和银行对账单。

刘小燕看到：当天的银行存款日记账余额是32 000元，而银行对账单则显示公司当天有余额98 000元。通过检查，刘小燕发现以下情况：

（1）8月9日，公司银行存款日记账记录了一笔支付前欠购买布料的货款，金额65 000元，以银行汇票结算，而银行对账单上的数字是56 000元，查阅原始凭证，发现确系56 000元。

（2）8月28日，银行对账单上记录，由银行代公司支付本月电费3 000元，公司尚未收到委托收款结算凭证的付款通知。

（3）8月29日，公司签发转账支票一张，预付布料款，金额为10 000元，但未见银行对账单记录该项业务。

（4）8月29日，银行对账单上有一笔公司委托银行托收的货款50 000元，但公司尚未收到托收承付结算凭证的收款通知。

刘小燕认为，根据清查结果，公司有一笔错账必须先更正，然后再编制银行存款余额调节表调整未达账项。于是，刘小燕进行了以下处理：

（1）更正错账。采用红字更正法，冲销8月9日支付购买布料款多记的9 000元。

借：应付账款 9 000

　贷：银行存款 9 000

因而计算得到公司银行存款日记账余额为41 000元。

（2）编制银行存款余额调节表（见表8-6）。

表8-6 银行存款余额调节表

单位名称：某服装公司　　2024年8月31日　　单位：元

项目	金额	项目	金额
单位银行存款日记账余额	41 000	银行对账单余额	98 000
加：银行已收、单位未收款项 减：银行已付、单位未付款项	50 000 3 000	加：单位已收、银行未收款项 减：单位已付、银行未付款项	 10 000
调节后的存款余额	88 000	调节后的存款余额	88 000

（3）刘小燕当即根据上述未达账项，将银行已入账、企业的银行存款日记账尚未登记的业务，补充编制记账凭证，并记录到银行存款日记账上。

请问：企业编制银行存款余额调节表的目的是什么？刘小燕所做的处理是否完全正确？银行存款余额调节表上调节后的余额有什么含义？

案例分析提示：

企业编制银行存款余额调节表的目的主要是检查账簿记录是否存在错误。刘小燕的处理不完全正确，对于银行已入账、企业的银行存款日记账尚未登记的业务，应在收到有关的结算凭证后，再编制记账凭证，记录到银行存款日记账上。银行存款余额调节表上调节后的余额，表示企业可以实际动用的银行存款数额。

知识窗8-1

通过中华财会网、中华人民共和国财政部等网站了解有关库存现金和银行存款管理制度。在进行货币资金清查时除了查明账实是否相符外，还应关注哪些方面？

8.2.2 实物的清查方法

1）存货的清查方法

（1）存货的盘存制度。

存货的盘存制度是确定存货账面结存数额的制度。存货的盘存制度有两种：实地盘存制和永续盘存制。

❶实地盘存制是指在日常会计核算中，账簿上只登记存货的增加数，不登记减少数，期末通过实地盘点确定其结存数，并据以倒挤出本期减少数的一种方法。

根据期末实际结存数量，采用以下公式倒挤出本期存货减少的数量：

本期存货减少数量=期初存货结存数量+本期存货收入数量−期末存货结存数量

存货成本的计算公式如下：

期末结存存货成本=期末存货盘点数量×单位成本

本期存货发出成本=期初结存存货成本+本期收入存货成本−期末结存存货成本

采用实地盘存制，由于平时不记录存货的已耗或已销数，无须逐日结计结存数，所以核算工作比较简单。其缺点是：手续不严密，不能随时反映存货的收入、发出和结存情况；由于以存计销或以存计耗，倒挤存货的减少数，这样就把存货短缺、毁损、盗窃或浪费等非正常原因造成的损失都隐藏在已耗或已销成本中，不利于加强存货的控制和管理，影响了成本计算的准确性。所以，实地盘存制的适用范围很小，仅适用于一些价值较低、品种复杂、交易频繁的存货和一些损耗大、数量不稳定的鲜活存货。

❷永续盘存制又称账面盘存制，是指在日常会计核算中，账簿上既登记存货的增加数，又登记减少数，并随时在账面上结出其结存数的一种方法。采用这种方法，要按存货的每一品种、规格设置明细账。各种存货明细账，平时要根据会计凭证连续登记收入、发出的数量和金额，以便随时计算列示其账面结存数量与金额。

在永续盘存制下，也要定期或不定期地对存货进行盘点，并将之与账存数进行对比，查明账实是否相符。很显然，其盘点目的和实地盘存制下的是不同的。

采用永续盘存制，有利于加强对存货的管理。通过存货明细账，可以随时了解存货的收入、发出和结存情况，对其进行数量和金额的双重控制；可以通过实地盘点，将存货的账存数与实存数进行对比，查明账实是否相符，如果不符，查明原因，及时纠正。另外，还可以将存货明细账上的结存数与存货的最高和最低库存限额进行比较，查明存货是否积压或不足，以便采取措施，使存货数量合理，有利于加速资金周转。其缺点是：存货的明细分类核算工作量较大。

永续盘存制和实地盘存制相比，在控制和保护存货安全方面有明显的优越性。所以，在实际工作中，企业一般都应采用永续盘存制。

（2）存货的清查方法。

存货的清查，是指对原材料、在产品、产成品等的清查。由于存货的种类繁多、形态各异，而且体积、重量、堆放方式、单位价值也都不一样，所以，不同的存货，其清查方法也不同。存货的清查方法通常有实地盘点法和技术推算法两种。

实地盘点法是对各项实物通过逐一清点，或用计量器具进行实地称量确定其实存数量的方法。这种方法适用范围较广泛，大部分财产物资都采用这种方法进行盘点。

技术推算法是通过量方、计尺等技术方法推算有关财产物资的实有数量。这种方法适用于大量、成堆、难以逐一清点的财产物资的清查，如堆存的煤、沙子、石子等。

存货清查的程序应按下列步骤进行：

❶由清查人员协同存货保管人员在现场对存货采用上述相应的清查方法进行盘点，确定其实有数量，并同时检查其质量情况，有无缺损、霉烂、变质等情况。

❷对盘点的结果要如实地登记在“盘存单”上，并由盘点人员和存货保管人员签章，以明确经济责任。盘存单的一般格式见表8-7。它既是记录实物盘点结果的书面证明，又是反映实物实有数的原始凭证。盘存单通常一式两份，一份由实物保管人留存，一份送交会计部门与账面记录核对。

❸将“盘存单”中所记录的存货实存数额与账面结存数额相对比，发现某些存货账实不符时，编制“账存实存对比表”，确定存货盘盈或盘亏的数额。“账存实存对比表”是一个重要的原始凭证，是调整账簿记录的原始依据，也是分析账存数和实存数发生差异的原因、确定经济责任的原始证明材料，其一般格式见表8-8。

表 8-7

盘存单

单位名称：

财产类别：　　　　　　　　　　　　　　　　　编　　号：

盘点时间：　　　　　　　　　　　　　　　　　存放地点：

编号	名称	规格及型号	计量单位	数量	单价	金额	备注

盘点人签章：　　　　　　　　实物保管人签章：

表 8-8

账存实存对比表

单位名称：　　　　　　　　年　月　日　　　　　　　　金额单位：元

编号	类别及名称	规格及型号	计量单位	单价	账存		实存		对比结果				备注
									盘盈		盘亏		
					数量	金额	数量	金额	数量	金额	数量	金额	

视野拓展 8-1

存货的仓储管理包括验收、储存、发货等环节。保证物资的品质完好与安全完整，是仓储部门的责任。依据仓储管理的特点，仓储管理可以实行仓库保管员专人负责制。

（1）采购的物资到达公司之后，仓储部门要及时进行验收工作。仓储部门要严格按订购单上要求的名称、规格、数量、质量、到货时间等进行验收。

（2）物资验收入库后，仓储部门应填制验收单。

（3）物资验收入库时，仓库保管员必须依据其物理特点进行适当的分类管理。

（4）仓储部门必须严格进行出库管理。仓库保管员只有在收到经批准的发货单，并将发货单与客户的提货单核对无误后，才能进行发货。

（5）对于销售退回的物资，仓储部门应该依据有效的批准文件，及时办理退货入库手续。

（6）仓库保管员应该对其所保管的物资经常进行安全检查、定期盘点（至少每季一次），并主动与财务部进行核对，防止物资霉烂变质、毁损丢失。

（7）财务部门应该不定期对仓库保管的物资进行抽查，发现账实不符，应交有关部门查明原因，及时处理。

（8）下列情况造成的物资损失，由仓储部门及仓库保管员负责赔偿：①未按规定程序分类保管物资而使物资霉烂变质的或降低品质的；②未按规定程序保管物资而使物资毁损丢失的；③未按规定程序进行发货造成公司损失的；④其他不能说明原因的物资损失。

2）固定资产的清查方法

素养提升 8-1

固定资产是企业开展经营活动的物质基础，价值较高，在企业的资产总额中占有很大的比重，使用期限较长，应定期或者至少于每年年末对其进行清查。

对固定资产进行清查，首先应查明固定资产的实物是否与账面记录相符，严防出现固定资产丢失的情况；其次要查明固定资产在保管、维护保养及核算上存在的问题，保证企业固定资产核算的正确性；最后还要清查固定资产的使用情况，如发现固定资产长期闲置、封存或使用率不高、结构不合理、生产能力不均衡等情况，应及时反映给有关方面，由其作出处理，保证企业固定资产合理、有效地使用。

固定资产的清查通常也采用实地盘点的方法，其清查步骤与方法同存货的清查。如清查中发现固定资产盘亏或毁损，要查明该项固定资产的原值、已提折旧额等；如发现固定资产盘盈，要对其估价，确定盘盈固定资产的价值。根据盘盈、盘亏情况编制“固定资产盘盈、盘亏报告单”，见表8-9。

表8-9　固定资产盘盈、盘亏报告单

部门：　　　　　　　　　　　　年　月　日

编号	名称	规格及型号	盘盈			盘亏			毁损			备注
			数量	价值	累计折旧	数量	原价	已提折旧	数量	原价	已提折旧	
处理意见	审批部门					清查小组				使用保管部门		

盘点人签章：　　　　　　　　实物保管人签章：

8.2.3　往来款项的清查方法

往来款项的清查是指对应收账款、其他应收款、应付账款和其他应付款等的清查。其清查一般是采用同对方单位核对账目的方法进行，具体可用信函、电函等方式。

清查前，应将往来款项账目逐项进行核对，保证各项应收、应付等往来款项正确、完整地登记入账。然后，按往来单位分别编制一式两联的“往来款项对账单”（见表8-10），送交对方单位进行核对。如对方单位核对相符，应在回单上注明“核对无误”字样并盖章后退回发出单位；如发现数额不符，应在回单上注明不符情况后退回发出单位，或者另抄对账单退回，作为进一步核对的依据。发出单位收到对方的回单后，对错误的账目应及时查明原因，并按规定的手续和方法加以更正；若发现未达账项，双方都应采用调节账面余额的方法，核对调节后的余额是否相符。清查结束后，根据清查结果编制“往来款项清查报告单”，见表8-11。

表 8-10

往来款项对账单

××公司：

根据我单位账簿记录，贵公司与我单位的往来款项如下：

结账日期	欠贵公司	贵公司欠
年　月　日止		
年　月　日止		
年　月　日止		

请贵公司核对无误后签章证明，将此信寄回，如有不符，请将情况（包括：时间、内容、金额、不符原因）告知。

单位（签章）
年　月　日

（注：本函仅是对账，如结账日期后已付清，仍请函复）

（回函）

××单位：

来函收悉，在来信所述的结账日期，本公司与贵单位的往来账目，经核对

相符
不相符(附清单)

单位（签章）
年　月　日

表 8-11

往来款项清查报告单

单位名称：　　　　年　月　日

总分类账户		明细分类账户		清查结果		核对不符原因			近日到期的票据	
名称	金额	名称	金额	核对相符金额	核对不符金额	未达账项金额	争执款项金额	无法收回	应收票据	应付票据

视野拓展 8-2

2008 年 5 月 22 日，财政部、证监会、审计署、银监会、保监会联合发布了《企业内部控制基本规范》，这是中国会计审计领域的一项重大改革举措。该基本规范已于 2009 年 7 月 1 日首先在上市公司范围内施行，并鼓励非上市的其他大中型企业执行。2010 年我国又制定了《企业内部控制应用指引第 1 号——组织架构》等 18 项应用指引、《企业内部控制评价指引》和《企业内部控制审计指引》，自 2011 年 1 月 1 日起在境内外同时上市的公司施行，自 2012 年 1 月 1 日起在上海证券交易所、深圳证券交易所主板上市公司施行；在此基础上，择机在中小板和创业板的上市公司施行；同时，鼓励非上市大中型企业施行。

财政部于 2012 年制定了《行政事业单位内部控制规范（试行）》，自 2014 年 1 月 1 日起施行；2017 年制定了《小企业内部控制规范（试行）》，自 2018 年 1 月 1 日起施行。自此，我国内部控制规范体系全面建立。

知识窗8-2

通过中华人民共和国财政部网站了解《企业内部控制基本规范》的内容和《企业内部控制应用指引第8号——资产管理》中各项资产内部控制的具体方法，思考企业贯彻执行内部控制对加强财产物资管理的意义。

任务8.3 处理财产清查结果

8.3.1 财产清查结果的处理要求

财产清查结果不外乎两种情况：一种是账实相符；另一种是账实不符，即发生盘盈、盘亏、毁损等情况。当实存数大于账存数时，称为盘盈；当实存数小于账存数时，称为盘亏；实存数虽与账存数一致，但实存的财产物资有质量问题，不能按正常的财产物资使用的，称为毁损。不论是盘盈、盘亏还是毁损，都是财产清查处理的内容，必须以国家有关的政策、法令和制度为依据，严肃认真地做好清查结果的处理工作。

1）分析账实不符的原因和性质，提出处理建议

客观地分析账实不符的原因，明确经济责任，并按规定程序如实将盘盈、盘亏情况及处理意见，报请企业的股东大会、董事会、经理（厂长）会议等类似机构审批处理。

2）积极处理多余积压财产，清理往来款项

积极处理积压闲置物资，提高财产物资的使用效率；对长期不清的债权债务及发生争执的往来款项，应指定专人负责查明原因，限期清理。

3）总结经验教训，建立健全各项管理制度

针对财产清查中发现的问题，总结经验教训，提出改进措施，建立健全财产物资的管理制度，加强财产物资管理的岗位责任制，保护财产安全完整。

4）及时调整账簿记录，保证账实相符

对财产清查中查明的盘盈、盘亏及毁损的情况，及时进行账务处理，以保证账实相符。

8.3.2 财产清查结果的处理步骤和方法

1）审批之前的处理

清查结束，在审批之前，根据已编制的“库存现金盘点报告表”“账存实存对比表”等原始凭证及时编制记账凭证，据以调整账簿记录，使各项财产物资的实存数和账存数一致。

为了核算和监督在财产清查中发现的财产物资盘盈、盘亏、毁损及其处理情况，应设置“待处理财产损溢”账户。该账户属双重性质的账户，借方登记各项财产物资发生的盘亏和毁损数以及经批准后转销的盘盈数；贷方登记除固定资产之外的其他财产物资发生的盘盈数及经批准后转销的盘亏、毁损数；期末结转后该账户应无余额。为了便于对固定资产和流动资产损溢的处理，该账户设置“待处理固定资产损溢”“待处理流动资产损溢”两个明细账户。

（1）库存现金清查结果的处理。

对于清查中发现的现金短缺，应及时根据“库存现金盘点报告表”进行账务处理，借

记“待处理财产损溢——待处理流动资产损溢”账户，贷记“库存现金”账户。对于清查中发现的现金盈余，根据“库存现金盘点报告表”，借记“库存现金”账户，贷记“待处理财产损溢——待处理流动资产损溢”账户。

【例 8-2】某企业在财产清查中发现，现金长款 300 元。

审批前，根据“库存现金盘点报告表”，编制会计分录如下：

借：库存现金　　300

　贷：待处理财产损溢——待处理流动资产损溢　　300

【例 8-3】某企业在财产清查中发现，现金短缺 280 元。

审批前，根据“库存现金盘点报告表”，编制会计分录如下：

借：待处理财产损溢——待处理流动资产损溢　　280

　贷：库存现金　　280

（2）存货清查结果的处理。

对于盘盈的存货，应及时根据“账存实存对比表”进行账务处理，按照其重置成本，借记“原材料”“库存商品”等账户，贷记“待处理财产损溢——待处理流动资产损溢”账户。对于盘亏和毁损的存货，及时根据“账存实存对比表”借记“待处理财产损溢——待处理流动资产损溢”账户，贷记“原材料”“库存商品”等账户。

【例 8-4】某企业在财产清查中发现，甲材料盘盈 2 000 千克，每千克市场价 35 元，共计 70 000 元。

审批前，根据“账存实存对比表”，编制会计分录如下：

借：原材料——甲材料　　70 000

　贷：待处理财产损溢——待处理流动资产损溢　　70 000

【例 8-5】某企业在财产清查中发现，乙材料盘亏 400 千克，单价 20 元，共计 8 000 元。

审批前，根据“账存实存对比表”，编制会计分录如下：

借：待处理财产损溢——待处理流动资产损溢　　8 000

　贷：原材料——乙材料　　8 000

（3）固定资产处理。

对于盘亏的固定资产，根据“固定资产盘盈、盘亏报告单”，按盘亏固定资产的净值，借记“待处理财产损溢——待处理固定资产损溢”账户，按已提折旧，借记“累计折旧”账户，按固定资产的原价，贷记“固定资产”账户。

对于盘盈的固定资产，作为前期差错处理，通过“以前年度损益调整”账户核算，不通过“待处理财产损溢”账户进行核算，这部分内容将在由陈德萍教授主编的《财务会计》（第十一版）中详细讲解。

【例 8-6】某企业在财产清查中发现，盘亏机器设备一台，其账面原价 56 000 元，已提折旧 34 000 元。

审批前，根据“固定资产盘盈、盘亏报告单”，编制会计分录如下：

借：待处理财产损溢——待处理固定资产损溢　　22 000

　　累计折旧　　34 000

　贷：固定资产　　56 000

案例窗 8-2

某企业副经理张国明，将企业正在使用的一台设备借给其朋友使用，未办理任何手续。清查人员在年底盘点时发现盘亏了一台设备，原值为30万元，已提折旧13万元。经查，属张副经理所为。于是，派人向借方追索，但借方声称该设备已被人偷走，当问及张副经理对此设备的处理意见时，张副经理建议按正常报废处理。

（1）盘亏的设备按正常报废处理是否符合会计制度要求？

（2）企业应怎样正确处理盘亏的固定资产？

案例分析提示：

本企业对盘亏固定资产的处理是不合适的。清查人员应向当事人索赔；如果当事人不能按期偿还，张副经理应承担赔偿责任。

（4）应收、应付款项的处理。

对于在财产清查中查明确实无法收回的应收账款和无法支付的应付账款，在批准前不做账务处理，不通过“待处理财产损溢”账户进行核算。

2）审批之后的处理

盘盈、盘亏和毁损的财产物资经股东会、董事会、经理（厂长）会议等类似机构审批后，编制记账凭证并登记有关账簿，在期末前将财产清查的结果处理完毕。

（1）库存现金的处理。

对于清查中发现的现金盈余，按照规定程序批准转销时，应根据不同情况分别进行处理：

❶属于应支付给有关单位或个人的现金，借记“待处理财产损溢——待处理流动资产损溢”账户，贷记“其他应付款——××单位或××个人”账户；

❷属于无法查明原因的现金盈余，借记“待处理财产损溢——待处理流动资产损溢”账户，贷记“营业外收入——现金溢余”账户。

【例 8-7】承【例 8-2】，经查明，溢余现金300元属于应支付给A单位的现金，报经批准后，编制会计分录如下：

借：待处理财产损溢——待处理流动资产损溢　　300

　　贷：其他应付款——A单位　　300

对于清查中发现的现金短缺，按照规定程序批准转销时，也应根据不同情况分别进行处理：

❶属于由责任人或保险公司赔偿的部分，借记“其他应收款——××保险公司或××责任人”账户，贷记“待处理财产损溢——待处理流动资产损溢”账户；

❷属于无法查明原因的现金短缺，借记“管理费用”账户，贷记“待处理财产损溢——待处理流动资产损溢”账户。

【例 8-8】承【例 8-3】，经查明，短缺现金280元属于出纳员张某工作失职造成的，由其负责赔偿。报经批准后，编制会计分录如下：

借：其他应收款——张某　　280

　　贷：待处理财产损溢——待处理流动资产损溢　　280

（2）存货的处理。

对于盘盈的存货，按照规定程序批准转销时，一般是借记“待处理财产损溢——待处理流动资产损溢”账户，贷记“管理费用”账户。

【例 8-9】承【例 8-4】，经查明，甲材料盘盈是由于计量不准确造成的，经批准冲减本月的管理费用，编制会计分录如下：

借：待处理财产损溢——待处理流动资产损溢　　70 000

　贷：管理费用　　70 000

对于盘亏和毁损的存货，报经批准后，根据不同的情况进行相应的处理，一般的处理办法是：

❶属于自然损耗产生的定额内合理损耗，记入“管理费用”账户；

❷属于超定额的短缺以及毁损造成的损失，能确定过失人的应由过失人赔偿，属于保险公司赔偿的，应向保险公司索赔，记入“其他应收款——××保险公司或××责任人”账户，扣除过失人和保险公司赔偿及残料价值后的余额，记入“管理费用”账户；

❸属于非常损失造成的存货毁损，扣除保险公司赔偿和残料价值后，记入“营业外支出”账户。

【例 8-10】承【例 8-5】，经查明，盘亏的400千克乙材料中，40千克属于自然损耗，360千克属于非常损失造成的，经批准后，编制会计分录如下：

借：管理费用　　800

　　营业外支出　　7 200

　贷：待处理财产损溢——待处理流动资产损溢　　8 000

（3）固定资产的处理。

对于盘亏的固定资产，按照规定程序批准转销时，借记“营业外支出”账户，贷记“待处理财产损溢——待处理固定资产损溢”账户。

【例 8-11】承【例 8-6】，盘亏的机器设备查明原因并报经批准后，转作营业外支出，编制会计分录如下：

借：营业外支出　　22 000

　贷：待处理财产损溢——待处理固定资产损溢　　22 000

（4）应收、应付款项的处理。

对于无法收回的应收账款和无法支付的应付账款，按规定程序报经批准后，在原来账面记录的基础上，直接转账冲销；对无法收回的应收账款，即坏账损失，冲减坏账准备；对无法支付的应付账款转作营业外收入。

【例 8-12】某企业在财产清查中发现，一笔6 500元的应付账款，因债权单位撤销而无法支付，经批准转入营业外收入。

借：应付账款　　6 500

　贷：营业外收入　　6 500

知识窗 8-3

帮助一些小商店、小企业进行存货的盘点，尝试制订盘点计划，设计所需的原始凭证，针对不同的存货，利用所学的盘点方法确定各项存货的实存数，对盘盈盘亏的结果进行账务处理，并针对盘点中发现的问题提出进一步解决办法，比如超储积压、库存短缺、保管不善导致的毁损、存货收发手续不严密等。结合实践过程和体会写一份实践报告。

项目小结

财产清查，既是一种专门的会计核算方法，又是一项行之有效的会计监督活动。这种方法的实际应用对于保证会计核算资料真实可靠，保护财产物资的安全、完整，挖掘财产物资潜力等方面都具有重要意义。

1.财产清查按照不同的分类标准可分为全面清查和局部清查、定期清查和不定期清查、内部清查和外部清查。

2.财产清查需专门成立清查小组，清查前要做好各项组织准备和业务准备工作，根据清查对象的特点，采用相应的方法。

3.存货的盘存制度有永续盘存制和实地盘存制两种。永续盘存制在控制和保护存货安全方面有明显的优越性，所以在实际工作中，企业一般采用永续盘存制。在这两种制度下都需要进行财产清查，但清查目的不同，对清查结果的处理方法也不同。

4.库存现金、存货、固定资产一般采用实地盘点法清查；银行存款、各种往来款项通过与银行、往来单位核对账目的方法进行清查。

5.财产清查结束，应填制“盘存单”“账存实存对比表”等原始凭证。对发生的盘盈、盘亏，会计上应设置“待处理财产损溢”账户，分两步处理：首先，根据相应的原始凭证，调整账簿记录，做到账实相符；然后，查明原因，经审批后，再进行转销处理。

关键概念

财产清查　全面清查　局部清查　定期清查　不定期清查　永续盘存制　实地盘存制　未达账项

项目9

账务处理程序优化

学习目标

知识目标：掌握账务处理程序的概念、种类、特点，明确在各种账务处理程序下总账的登记依据和方法，了解各种账务处理程序的优缺点和适用范围及单位选择账务处理程序的基本要求。

技能目标：熟练掌握记账凭证账务处理的程序。

素养目标：培养按照规范流程进行账务处理的职业习惯；构建因果关系的哲学思维；培养开拓创新精神，与时俱进，积极运用先进的技术和前沿的会计理论指导实践。

【德技兼修】

把握规律　与时俱进

“大数据”时代的来临，使会计工作发生了巨大的转变。其中，首当其冲的是实现账务处理程序的信息化。高效、精确、电子化、自动化的处理技术，使得以纸张为主的传统会计工作受到了很大冲击，会计工作中的账务处理模式发生了转变，衍生了新型的信息化账务处理程序。新型账务处理程序具有数据取得途径多元化、数据存储体系虚拟化、数据处理一体化、账务处理程序内部控制自动化、账务处理系统机构调整多样化的特点。与此相适应，会计工作的内容与形式会发生转变、企业岗位和管理制度也会转变。

但是，万变不离其宗，会计信息化下与手工操作下的账务处理程序原理相通，两者的数据处理步骤相似，填制会计凭证、登记账簿、编制会计报告，具有明确的接续性，不能打破；会计信息相同且最终目标一致；遵守的会计法规和会计准则相同；基本功能一致等。

所以，信息化时代账务处理程序的转变，一方面体现了与时俱进的先进思想，另一方面，反映出透过现象看本质，准确把握事物规律的重要性。立足流程思维能力，树立程序即秩序的思想，树立不以规矩不成方圆的价值观。

任务9.1　认识账务处理程序

9.1.1　账务处理程序的概念

通过前面的学习已经明确，单位发生的经济业务，必须通过设置账户、复式记账、填制和审核会计凭证、登记账簿等一系列会计核算的专门方法归类、加工和综合，最后以账簿提供的资料为依据，编制出财务报告，全面、集中反映单位经济活动情况和向信息使用者提供有用的会计信息。这些会计核算方法并非孤立存在的，而是一个相互联系的方法体系。为了使单位的会计核算工作有条不紊地进行，保证会计信息的质量和会计工作的效率，就必须将这些会计核算方法有机地结合起来，形成科学的账务处理程序。

账务处理程序是会计凭证、账簿组织、记账程序和记账方法相互结合的方式。会计凭证和账簿组织是指会计核算所应用的会计凭证和账簿的种类、格式，以及各种会计凭证之间、会计凭证与账簿之间、各种账簿之间的相互关系。记账程序和记账方法是指从会计凭证的填制、审核和传递到账簿的登记，再到编制会计报表的步骤和方法。不同的会计凭证、账簿组织、记账程序和记账方法相互结合在一起，就构成了不同的账务处理程序。

9.1.2　账务处理程序的基本要求

在手工记账的情况下，由于各单位的规模大小不同，业务性质各异，管理要求也各不相同，它们需要设置的会计凭证、账簿的格式和种类，需要编制的会计报表及采用的记账程序和记账方法也不尽相同。任何单位都应根据国家统一会计制度的要求，结合本单位的实际情况和具体条件，设计适应本单位特点的账务处理程序。具体来讲，选择科学、合理的账务处理程序，应遵循下列有关要求：

（1）要与本单位经济业务的性质、规模大小及经济业务繁简程度相适应。

（2）要尽可能根据信息使用者的要求选用凭证、账簿、报表及记账程序，保证正确、全面、及时地提供会计信息使用者所需要的各种会计信息。

（3）要将内部控制制度融于其中，体现内部控制的要求。

（4）要保证账务处理的各个环节紧密衔接，手续简便，有利于节约记账时间，提高会计工作效率。

目前，我国各单位采用的账务处理程序主要有**记账凭证账务处理程序、科目汇总表账务处理程序、汇总记账凭证账务处理程序**。在会计信息化环境下，单位采用的账务处理程序就是记账凭证账务处理程序。

任务9.2　运用记账凭证账务处理程序

9.2.1　记账凭证账务处理程序的特点

记账凭证账务处理程序是指对发生的经济业务，都要以原始凭证或原始凭证汇总表编制记账凭证，然后根据记账凭证逐笔登记总分类账的一种账务处理程序。**其主要特点是直接根据记账凭证逐笔登记总分类账。**记账凭证账务处理程序是会计核算中最基本的一种账务处理程序，其他各种账务处理程序都是在此基础上发展、演变而成的。

9.2.2　记账凭证账务处理程序下记账凭证和账簿的设置

在手工记账情况下，采用记账凭证账务处理程序时，记账凭证可采用通用格式，也可采用包括收款凭证、付款凭证和转账凭证的专用格式；在会计信息化环境下，则采用通用记账凭证。设置的账簿有：库存现金日记账、银行存款日记账、总分类账和明细分类账。库存现金日记账、银行存款日记账和总分类账一般采用三栏式；明细分类账可根据管理需要，按不同的经济内容采用三栏式、数量金额式或多栏式。

9.2.3　记账凭证账务处理程序的一般步骤

记账凭证账务处理程序具体包括以下环节：

（1）根据原始凭证编制汇总原始凭证。

（2）根据原始凭证或汇总原始凭证编制通用记账凭证，或者编制收款凭证、付款凭证和转账凭证。

（3）根据收款凭证、付款凭证或通用记账凭证逐笔登记库存现金日记账和银行存款日记账。

（4）根据原始凭证、汇总原始凭证和记账凭证登记各种明细账。

（5）根据记账凭证逐笔登记各总分类账。

（6）期末，按照对账的要求，将总分类账与日记账、明细账相核对。

（7）期末，根据总分类账、明细账的记录和其他有关资料编制会计报表。

记账凭证账务处理程序的一般步骤如图9-1所示。

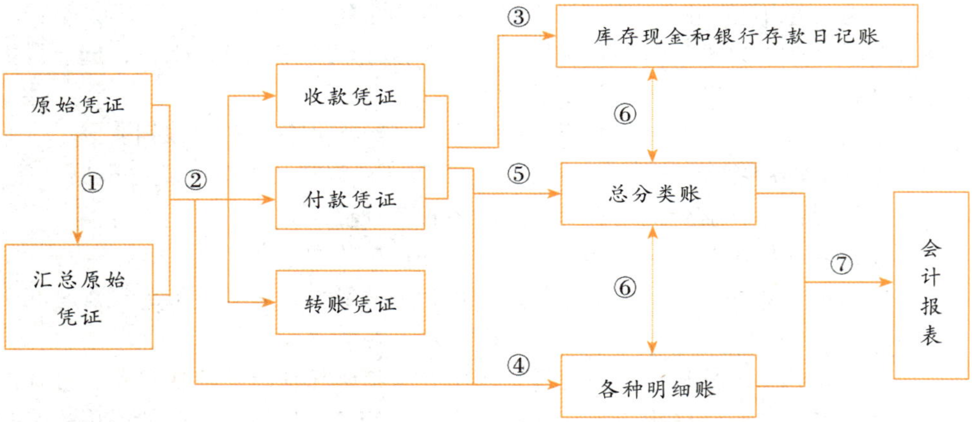

图9-1　记账凭证账务处理程序示意图

注：——>表示填制、登记、编制；<······>表示核对。

9.2.4　记账凭证账务处理程序的优缺点及适用范围

记账凭证账务处理程序简单明了、操作简便、易于理解；总分类账直接根据记账凭证登记，能详细反映经济业务的发生情况；账户的对应关系清晰，便于了解经济业务的动态和账目核对。其不足之处在于，在手工记账情况下，如果单位的规模大、经济业务较多、记账凭证数量多，登记总分类账的工作量较大，因此，这种账务处理程序一般适用于规模较小且经济业务较少的单位；而在会计信息化环境下则适用于所有单位。

9.2.5　记账凭证账务处理程序应用举例

下面以项目5所列的宏安公司2024年12月份经济业务为例，说明记账凭证账务处理的程序。

（1）宏安公司2024年12月1日各有关总分类账账户及部分明细账账户期初余额见表9-1和表9-2。

表9-1　总分类账户余额表

2024年12月1日　单位：元

账户名称	期初余额	
	借方	贷方
库存现金	2 500	
银行存款	615 000	
应收账款	5 000	
原材料	327 210	
库存商品	210 000	
其他应收款	440	
固定资产	4 100 000	
累计折旧		500 000
短期借款		174 876
应付账款		26 000
应付职工薪酬		21 000
应付利息		4 000
长期借款		250 000
实收资本		3 320 000
盈余公积		101 898.55
本年利润		778 512.68
利润分配		86 132.77
生产成本	2 270	
合　计	5 262 420	5 262 420

表9-2　原材料明细分类账户余额表

2024年12月1日　金额单位：元

名称	数量(千克)	单位成本	金额
甲材料	15 000	12.16	182 460
乙材料	14 211	10.19	144 750

（2）根据宏安公司12月份发生的经济业务编制记账凭证，见表9-3。

表 9-3

记账凭证（简化格式）

2024年		凭证号数	摘　要	账户名称		借方金额	贷方金额
月	日			总账账户	明细账户		
12	2	记1	接受投资	银行存款		310 000	
				实收资本	银海公司		310 000
12	3	记2	购买材料并付款	原材料	甲材料	15 300	
				应交税费	应交增值税	1 977	
				银行存款			17 277
12	6	记3	收到罚款	库存现金		800	
				营业外收入			800
12	7	记4	销售A产品	银行存款		339 000	
				主营业务收入	A产品		300 000
				应交税费	应交增值税		39 000
12	8	记5	购料款未付	原材料	甲材料	24 240	
					乙材料	27 360	
				应交税费	应交增值税	6 674	
				应付账款	星海公司		58 274
12	10	记6	预付购料款	预付账款	华丰公司	98 000	
				银行存款			98 000
12	11	记7	购买办公用品	制造费用	办公费	930	
				库存现金			930
12	13	记8	职工借款	其他应收款	周皓	3 500	
				银行存款			3 500
12	13	记9	接受投资	固定资产	房屋建筑物	560 000	
				实收资本	国家资本		560 000
12	14	记10	取得借款	银行存款		50 000	
				短期借款			50 000
12	15	记11	发放工资	应付职工薪酬	工资	130 000	
				银行存款			130 000
12	15	记12	赊销材料	应收账款	奔腾公司	6 102	
				其他业务收入	甲材料		5 400
				应交税费	应交增值税		702
12	18	记13	收到海蓝公司投资	银行存款		400 000	
				实收资本	海蓝公司		350 000
				资本公积	资本溢价		50 000
12	20	记14	销售B产品	应收账款	腾迅公司	124 300	
				主营业务收入	B产品		110 000
				应交税费	应交增值税		14 300

续表

2024年		凭证号数	摘要	账户名称		借方金额	贷方金额
月	日			总账账户	明细账户		
12	21	记15	报销差旅费	管理费用	差旅费	1 980	
				银行存款			1 980
12	21	记16	收到前欠货款	银行存款		5 000	
				应收账款			5 000
12	22	记17	支付广告费	销售费用	广告费	2 350	
				应交税费	应交增值税	141	
				银行存款			2 491
12	22	记18	购买材料	原材料	甲材料	78 900	
				应交税费	应交增值税	10 251	
				预付账款	华丰公司		89 151
12	23	记19	取得借款	银行存款		400 000	
				长期借款			400 000
12	24	记20	收回多付预付账款	银行存款		8 849	
				预付账款	华丰公司		8 849
12	25	记21	偿还前欠货款	应付账款	星海公司	50 000	
				银行存款			50 000
12	27	记22	公益捐赠	营业外支出		20 000	
				银行存款			20 000
12	28	记23	购入机器设备	固定资产		138 800	
				应交税费	应交增值税	18 012	
				银行存款			156 812
12	30	记24	支付水电费	制造费用	水电费	7 500	
				管理费用	水电费	4 000	
				应交税费	应交增值税	1 265	
				银行存款			12 765
12	30	记25	退还投资者投资	实收资本		100 000	
				银行存款			100 000
12	30	记26	偿还借款	短期借款		40 000	
				长期借款		150 000	
				银行存款			190 000
12	30	记27	领用材料	生产成本	A产品	114 000	
					B产品	75 600	
				制造费用	材料费	33 700	
				管理费用	材料费	12 800	
				原材料	甲材料		219 600
					乙材料		16 500

续表

2024年		凭证号数	摘要	账户名称		借方金额	贷方金额
月	日			总账账户	明细账户		
12	30	记28	分配工资费用	生产成本	A产品	62 400	
					B产品	41 600	
				制造费用		18 200	
				管理费用		7 800	
				应付职工薪酬	工资		130 000
12	31	记29	计提折旧	制造费用	折旧费	30 000	
				管理费用	折旧费	11 000	
				累计折旧			41 000
12	31	记30	结转制造费用	生产成本	A产品	54 198	
					B产品	36 132	
				制造费用			90 330
12	31	记31	结转完工产品成本	库存商品	A产品	232 600	
					B产品	153 600	
				生产成本	A产品		232 600
					B产品		153 600
12	31	记32	计算城建税及教育费附加	税金及附加		1 498	
				应交税费	应交城市维护建设税		1 048.60
					应交教育费附加		449.40
12	31	记33	结转销售商品成本	主营业务成本	A产品	174 450	
					B产品	76 800	
				库存商品	A产品		174 450
					B产品		76 800
12	31	记34	结转销售材料成本	其他业务成本		3 000	
				原材料	甲材料		3 000
12	31	记35	预提短期借款利息	财务费用	利息费	3 500	
				应付利息			3 500
12	31	记36	计提长期借款利息	财务费用	利息费	7 583	
				长期借款			7 583
12	31	记37	报废一台机器设备	固定资产清理		2 600	
				累计折旧		76 400	
				固定资产			79 000
12	31	记38	收到固定资产清理收入	库存现金		1 530	
				固定资产清理			1 530

续表

2024年		凭证号数	摘要	账户名称		借方金额	贷方金额
月	日			总账账户	明细账户		
12	31	记39	支付固定资产清理费用	固定资产清理		950	
				库存现金			950
12	31	记40	结转固定资产清理损失	营业外支出		2 020	
				固定资产清理			2 020
12	31	记41	结转损益	主营业务收入		410 000	
				营业外收入		800	
				其他业务收入		5 400	
				本年利润			416 200
12	31	记42	结转损益	本年利润		328 781	
				主营业务成本			251 250
				其他业务成本			3 000
				税金及附加			1 498
				销售费用			2 350
				管理费用			37 580
				财务费用			11 083
				营业外支出			22 020
12	31	记43	计算所得税	所得税费用		21 854.75	
				应交税费	应交所得税		21 854.75
12	31	记44	结转所得税费用	本年利润		21 854.75	
				所得税费用			21 854.75
12	31	记45	结转本年净利润	本年利润		844 076.93	
				利润分配	未分配利润		844 076.93
12	31	记46	提取盈余公积	利润分配	提取盈余公积	211 018.69	
				盈余公积	法定盈余公积		84 407.69
					任意盈余公积		126 611
12	31	记47	向投资人分配利润	利润分配	应付现金股利或利润	365 600	
				应付股利			365 600
12	31	记48	利润分配明细账的结转	利润分配	未分配利润	576 618.69	
				利润分配	提取盈余公积		211 018.69
					应付现金股利或利润		365 600

（3）根据收款凭证和付款凭证登记库存现金日记账和银行存款日记账，见表9-4和表9-5。

表9-4　库存现金日记账　第　页

2024年		凭证		摘要	对应科目	收入	支出	结余
月	日	字	号					
12	1			期初余额				2 500
	6	记	3	收到罚款	营业外收入	800		
	6			本日合计		800		3 300
	11	记	7	购买办公用品	制造费用		930	
	11			本日合计			930	2 370
	31	记	38	收到固定资产清理收入	固定资产清理	1 530		
	31	记	39	支付固定资产清理费用	固定资产清理		950	
	31			本日合计		1 530	950	2 950
12	31			本月发生额及余额		2 330	1 880	2 950

表9-5　银行存款日记账　第　页

2024年		凭证		摘要	结算凭证		对应科目	收入	支出	结余
月	日	字	号		种类	号数				
12	1			期初余额						615 000
	2	记	1	接受投资	略	略	实收资本	310 000		
	2			本日合计				310 000		925 000
	3	记	2	购料并付款			原材料		15 300	
							应交税费		1 977	
	3			本日合计					17 277	907 723
	7	记	4	销售A产品			主营业务收入	300 000		
							应交税费	39 000		
	7			本日合计				339 000		1 246 723
	10	记	6	预付购料款			预付账款		98 000	
	10			本日合计					98 000	1 148 723
	13	记	8	职工借款			其他应收款		3 500	
	13			本日合计					3 500	1 145 223
	14	记	10	取得借款			短期借款	50 000		
	14			本日合计				50 000		1 195 223
	15	记	11	发放工资			应付职工薪酬		130 000	

续表

2024年		凭证		摘　要	结算凭证		对应科目	收入	支出	结余
月	日	字	号		种类	号数				
	15			本日合计					130 000	1 065 223
	18	记	13	接受投资			实收资本	350 000		
							资本公积	50 000		
	18			本日合计				400 000		1 465 223
	21	记	15	报销差旅费			管理费用		1 980	
	21	记	16	收回前欠货款			应收账款	5 000		
	21			本日合计				5 000	1 980	1 468 243
	22	记	17	支付广告费			销售费用		2 350	
							应交税费		141	
	22			本日合计					2 491	1 465 752
	23	记	19	取得借款			长期借款	400 000		
	23			本日合计				400 000		1 865 752
	24	记	20	收回多付预付账款			预付账款	8 849		
	24			本日合计				8 849		1 874 601
	25	记	21	偿还前欠货款			应付账款		50 000	
	25			本日合计					50 000	1 824 601
	27	记	22	公益捐赠			营业外支出		20 000	
	27			本日合计					20 000	1 804 601
	28	记	23	购入机器设备			固定资产		138 800	
							应交税费		18 012	
	28			本日合计					156 812	1 647 789
	30	记	24	支付水电费			制造费用		7 500	
							管理费用		4 000	
							应交税费		1 265	
	30	记	25	退还投资			实收资本		100 000	
	30	记	26	偿还借款			短期借款		40 000	
							长期借款		150 000	
	30			本日合计					302 765	1 345 024
12	31			本月发生额及余额				1 512 849	782 825	1 345 024

（4）根据记账凭证和原始凭证登记有关明细分类账。以“原材料”明细账为例，说明记账凭证账务处理程序下明细账的登记方法，见表9-6、表9-7，其他明细账从略。

表9-6 原材料明细分类账

类别：原料及主要材料　　编号：
品名或规格：甲材料　　存放地点：　　总第　页
储备定额：　　最高储备量：　　最低储备量：　　计量单位：千克　　分第　页

2024年		凭证		摘要	借方			贷方			余额		
月	日	字	号		数量	单价	金额	数量	单价	金额	数量	单价	金额
12	1			期初结存							15 000	12.16	182 460
	3	记	2	购买材料	1 500	10.2	15 300				16 500		197 760
	8	记	5	购买材料	2 000	12.12	24 240				18 500		222 000
	22	记	18	购买材料	7 500	10.52	78 900				26 000		300 900
	30	记	27	领用材料				18 980	11.57	219 600	7 020	11.57	81 300
	31	记	34	结转销售材料成本				259	11.57	3 000	6 761	11.57	78 300
12	31			本月发生额及余额	11 000		118 440	19 239	11.57	222 600	6 761	11.57	78 300

表9-7 原材料明细分类账

类别：原料及主要材料　　编号：
品名或规格：乙材料　　存放地点：　　总第　页
储备定额：　　最高储备量：　　最低储备量：　　计量单位：千克　　分第　页

2024年		凭证		摘要	借方			贷方			余额		
月	日	字	号		数量	单价	金额	数量	单价	金额	数量	单价	金额
12	1			期初结存							14 211	10.19	144 750
	8	记	5	购买材料	3 000	9.12	27 360				17 211		172 110
	30	记	27	领用材料				1 650	10	16 500	15 561	10	155 610
12	31			本月发生额及余额	3 000	9.12	27 360	1 650	10	16 500	15 561	10	155 610

（5）根据记账凭证逐笔登记各总分类账，见表9-8至表9-42。

表 9-8 总分类账

总第 页

分第 页

会计科目：库存现金

2024年		凭证		摘要	对应科目	借方	贷方	借或贷	余额
月	日	字	号						
12	1			期初余额				借	2 500
	6	记	3	收到罚款	营业外收入	800			
	11	记	7	购买办公用品	制造费用		930		
	31	记	38	收到固定资产清理收入	固定资产清理	1 530			
	31	记	39	支付固定资产清理费	固定资产清理		950		
12	31			本月发生额及余额		2 330	1 880	借	2 950

表 9-9 总分类账

总第 页

分第 页

会计科目：银行存款

2024年		凭证		摘要	对应科目	借方	贷方	借或贷	余额
月	日	字	号						
12	1			期初余额				借	615 000
	2	记	1	接受投资	实收资本	310 000			
	3	记	2	购料并付款	原材料		15 300		
					应交税费		1 977		
	7	记	4	销售A产品	主营业务收入	300 000			
					应交税费	39 000			
	10	记	6	预付购料款	预付账款		98 000		
	13	记	8	职工借款	其他应收款		3 500		
	14	记	10	取得借款	短期借款	50 000			
	15	记	11	发放工资	应付职工薪酬		130 000		
	18	记	13	接受投资	实收资本	350 000			
					资本公积	50 000			
	21	记	15	报销差旅费	管理费用		1 980		
	21	记	16	收回前欠货款	应收账款	5 000			
	22	记	17	支付广告费	销售费用		2 350		
					应交税费		141		
	23	记	19	取得借款	长期借款	400 000			
	24	记	20	收回多付预付账款	预付账款	8 849			
	25	记	21	偿还前欠货款	应付账款		50 000		
	27	记	22	公益捐赠	营业外支出		20 000		
	28	记	23	购入机器设备	固定资产		138 800		
					应交税费		18 012		
	30	记	24	支付水电费	制造费用		7 500		
					管理费用		4 000		
					应交税费		1 265		
	30	记	25	退还投资	实收资本		100 000		
	30	记	26	偿还借款	短期借款		40 000		
					长期借款		150 000		
12	31			本月发生额及余额		1 512 849	782 825		1 345 024

表 9-10　**总分类账**　总第　页

会计科目：应收账款　分第　页

2024年		凭证		摘　要	对应科目	借方	贷方	借或贷	余额
月	日	字	号						
12	1			期初余额				借	5 000
	15	记	12	销售材料	其他业务收入	5 400			
					应交税费	702			
	20	记	14	销售B产品	主营业务收入	110 000			
					应交税费	14 300			
	21	记	16	收回前欠货款	银行存款		5 000		
12	31			本月发生额及余额		130 402	5 000	借	130 402

表 9-11　**总分类账**　总第　页

会计科目：预付账款　分第　页

2024年		凭证		摘　要	对应科目	借方	贷方	借或贷	余额
月	日	字	号						
12	10	记	6	预付购料款	银行存款	98 000			
	22	记	18	购买材料	原材料		78 900		
					应交税费		10 251		
	24	记	20	收回多付预付账款	银行存款		8 849		
12	31			本月发生额及余额		98 000	98 000	平	0

表 9-12　**总分类账**　总第　页

会计科目：原材料　分第　页

2024年		凭证		摘　要	对应科目	借方	贷方	借或贷	余额
月	日	字	号						
12	1			期初余额				借	327 210
	3	记	2	购买材料	银行存款	15 300			
	8	记	5	购买材料	应付账款	51 600			
	22	记	18	购买材料	预付账款	78 900			
	30	记	27	领用材料	生产成本		189 600		
					制造费用		33 700		
					管理费用		12 800		
	31	记	34	结转销售材料成本	其他业务成本		3 000		
12	31			本月发生额及余额		145 800	239 100	借	233 910

表9-13　总分类账

总第　页
分第　页

会计科目：库存商品

2024年		凭证		摘要	对应科目	借方	贷方	借或贷	余额
月	日	字	号						
12	1			期初余额				借	210 000
	31	记	31	结转完工产品成本	生产成本	386 200			
	31	记	33	结转已销产品成本	主营业务成本		251 250		
12	31			本月发生额及余额		386 200	251 250	借	344 950

表9-14　总分类账

总第　页
分第　页

会计科目：其他应收款

2024年		凭证		摘要	对应科目	借方	贷方	借或贷	余额
月	日	字	号						
12	1			期初余额				借	440
	13	记	8	职工借款	银行存款	3 500			
12	31			本月发生额及余额		3 500		借	3 940

表9-15　总分类账

总第　页
分第　页

会计科目：固定资产

2024年		凭证		摘要	对应科目	借方	贷方	借或贷	余额
月	日	字	号						
12	1			期初余额				借	4 100 000
	13	记	9	接受投资	实收资本	560 000			
	28	记	23	购入机器设备	银行存款	138 800			
	31	记	37	报废机器设备	固定资产清理		2 600		
					累计折旧		76 400		
12	31			本月发生额及余额		698 800	79 000	借	4 719 800

表 9-16

总分类账

总第　页
分第　页

会计科目：累计折旧

2024年		凭证		摘要	对应科目	借方	贷方	借或贷	余额
月	日	字	号						
12	1			期初余额				贷	500 000
	31	记	29	计提折旧	制造费用		30 000		
					管理费用		11 000		
	31	记	37	报废机器设备	固定资产	76 400			
12	31			本月发生额及余额		76 400	41 000	贷	464 600

表 9-17

总分类账

总第　页
分第　页

会计科目：固定资产清理

2024年		凭证		摘要	对应科目	借方	贷方	借或贷	余额
月	日	字	号						
12	31	记	37	报废机器设备	固定资产	2 600			
	31	记	38	收回清理残料收入	库存现金		1 530		
	31	记	39	支付清理费用	库存现金	950			
	31	记	40	结转清理净损失	营业外支出		2 020		
12	31			本月发生额及余额		3 550	3 550	平	0

表 9-18

总分类账

总第　页
分第　页

会计科目：短期借款

2024年		凭证		摘要	对应科目	借方	贷方	借或贷	余额
月	日	字	号						
12	1			期初余额				贷	174 876
	14	记	10	取得借款	银行存款		50 000		
	30	记	26	偿还借款	银行存款	40 000			
12	31			本月发生额及余额		40 000	50 000	贷	184 876

表9-19

总分类账

总第 页

会计科目：应付账款

分第 页

2024年		凭证		摘要	对应科目	借方	贷方	借或贷	余额
月	日	字	号						
12	1			期初余额				贷	26 000
	8	记	5	购料款未付	原材料		51 600		
					应交税费		6 674		
	25	记	21	偿还前欠货款	银行存款	50 000			
12	31			本月发生额及余额		50 000	58 274	贷	34 274

表9-20

总分类账

总第 页

会计科目：应付职工薪酬

分第 页

2024年		凭证		摘要	对应科目	借方	贷方	借或贷	余额
月	日	字	号						
12	1			期初余额				贷	21 000
	15	记	11	发放工资	银行存款	130 000			
	30	记	28	分配工资费用	生产成本		104 000		
					制造费用		18 200		
					管理费用		7 800		
12	31			本月发生额及余额		130 000	130 000	贷	21 000

表9-21

总分类账

总第 页

会计科目：应交税费

分第 页

2024年		凭证		摘要	对应科目	借方	贷方	借或贷	余额
月	日	字	号						
12	3	记	2	购买材料	银行存款	1 977			
	7	记	4	销售A产品	银行存款		39 000		
	8	记	5	购买材料	应付账款	6 674			
	15	记	12	销售材料	应收账款		702		
	20	记	14	销售B产品	应收账款		14 300		
	22	记	17	支付广告费	银行存款	141			
	22	记	18	购买材料	预付账款	10 251			
	28	记	23	购入机器设备	银行存款	18 012			
	30	记	24	支付水电费	银行存款	1 265			
	31	记	32	计算城建税及教育费附加	税金及附加		1 498		
	31	记	43	计算所得税	所得税费用		21 854.75		
12	31			本月发生额及余额		38 320	77 354.75	贷	39 034.75

表 9-22

总分类账

总第　页

会计科目：应付利息

分第　页

2024年		凭证		摘要	对应科目	借方	贷方	借或贷	余额
月	日	字	号						
12	1			期初余额				贷	4 000
	31	记	35	预提利息费用	财务费用		3 500		
12	31			本月发生额及余额			3 500	贷	7 500

表 9-23

总分类账

总第　页

会计科目：应付股利

分第　页

2024年		凭证		摘要	对应科目	借方	贷方	借或贷	余额
月	日	字	号						
12	31	记	47	向投资人分配利润	利润分配		365 600		
12	31			本月发生额及余额			365 600	贷	365 600

表 9-24

总分类账

总第　页

会计科目：长期借款

分第　页

2024年		凭证		摘要	对应科目	借方	贷方	借或贷	余额
月	日	字	号						
12	1			期初余额				贷	250 000
12	23	记	19	取得借款	银行存款		400 000		
	30	记	26	偿还借款	银行存款	150 000			
	31	记	36	计提长期借款利息	财务费用		7 583		
12	31			本月发生额及余额		150 000	407 583	贷	507 583

表 9-25

总分类账

总第　页

会计科目：实收资本

分第　页

2024年		凭证		摘要	对应科目	借方	贷方	借或贷	余额
月	日	字	号						
12	1			期初余额				贷	3 320 000
	2	记	1	接受投资	银行存款		310 000		
	13	记	9	接受投资	固定资产		560 000		
	18	记	13	接受投资	银行存款		350 000		
	30	记	25	退还投资	银行存款	100 000			
12	31			本月发生额及余额		100 000	1 220 000	贷	4 440 000

表 9-26

总分类账

总第 页

会计科目：资本公积

分第 页

2024年		凭证		摘要	对应科目	借方	贷方	借或贷	余额
月	日	字	号						
12	18	记	13	接受投资	银行存款		50 000		
12	31			本月发生额及余额			50 000	贷	50 000

表 9-27

总分类账

总第 页

会计科目：盈余公积

分第 页

2024年		凭证		摘要	对应科目	借方	贷方	借或贷	余额
月	日	字	号						
12	1			期初余额				贷	101 898.55
	31	记	46	提取盈余公积	利润分配		211 018.69		
12	31			本月发生额及余额			211 018.69	贷	312 917.24

表 9-28

总分类账

总第 页

会计科目：本年利润

分第 页

2024年		凭证		摘要	对应科目	借方	贷方	借或贷	余额
月	日	字	号						
12	1			期初余额				贷	778 512.68
	31	记	41	结转损益	主营业务收入		410 000		
					其他业务收入		5 400		
					营业外收入		800		
	31	记	42	结转损益	主营业务成本	251 250			
					其他业务成本	3 000			
					税金及附加	1 498			
					销售费用	2 350			
					管理费用	37 580			
					财务费用	11 085			
					营业外支出	22 020			
	31	记	44	结转所得税	所得税费用	21 854.75			
	31	记	45	结转净利润	利润分配	844 076.93			
12	31			本月发生额及余额		1 194 712.68	416 200	平	0

表 9-29　总分类账　总第　页

会计科目：利润分配　分第　页

2024年		凭证		摘要	对应科目	借方	贷方	借或贷	余额
月	日	字	号						
12	1			期初余额				贷	86 132.77
	31	记	45	结转净利润	本年利润		844 076.93		
	31	记	46	提取盈余公积	盈余公积	211 018.69			
	31	记	47	向投资人分配利润	应付股利	365 600			
	31	记	48	利润分配明细账的结转	利润分配	576 618.69	576 618.69		
12	31			本月发生额及余额		1 153 237.38	1 420 695.62	贷	353 591.01

表 9-30　总分类账　总第　页

会计科目：生产成本　分第　页

2024年		凭证		摘要	对应科目	借方	贷方	借或贷	余额
月	日	字	号						
12	1			期初余额				借	2 270
	30	记	27	生产产品领料	原材料	189 600			
	30	记	28	分配工资费用	应付职工薪酬	104 000			
	31	记	30	结转制造费用	制造费用	90 330			
	31	记	31	结转产成品成本	库存商品		386 200		
12	31			本月发生额及余额		383 930	386 200	平	0

表 9-31　总分类账　总第　页

会计科目：制造费用　分第　页

2024年		凭证		摘要	对应科目	借方	贷方	借或贷	余额
月	日	字	号						
12	11	记	7	购买办公用品	库存现金	930			
	30	记	24	支付水电费	银行存款	7 500			
	30	记	27	领用材料	原材料	33 700			
	30	记	28	分配工资费用	应付职工薪酬	18 200			
	31	记	29	计提折旧	累计折旧	30 000			
	31	记	30	结转制造费用	生产成本		90 330		
12	31			本月合计		90 330	90 330	平	0

表 9-32

总分类账

总第 页
分第 页

会计科目：主营业务收入

2024年		凭证		摘要	对应科目	借方	贷方	借或贷	余额
月	日	字	号						
12	7	记	4	销售A产品	银行存款		300 000		
	20	记	14	销售B产品	应收账款		110 000		
	31	记	41	结转损益	本年利润	410 000			
12	31			本月合计		410 000	410 000	平	0

表 9-33

总分类账

总第 页
分第 页

会计科目：其他业务收入

2024年		凭证		摘要	对应科目	借方	贷方	借或贷	余额
月	日	字	号						
12	15	记	12	销售材料	应收账款		5 400		
	31	记	41	结转损益	本年利润	5 400			
12	31			本月合计		5 400	5 400	平	0

表 9-34

总分类账

总第 页
分第 页

会计科目：营业外收入

2024年		凭证		摘要	对应科目	借方	贷方	借或贷	余额
月	日	字	号						
12	6	记	3	收到罚款	库存现金		800		
	31	记	41	结转损益	本年利润	800			
12	31			本月合计		800	800	平	0

表 9-35

总分类账

总第 页
分第 页

会计科目：主营业务成本

2024年		凭证		摘要	对应科目	借方	贷方	借或贷	余额
月	日	字	号						
12	31	记	33	结转已销产品成本	库存商品	251 250			
	31	记	42	结转损益	本年利润		251 250		
12	31			本月合计		251 250	251 250	平	0

表 9-36

总分类账

总第　页
分第　页

会计科目：其他业务成本

2024年 月	日	凭证 字	号	摘要	对应科目	借方	贷方	借或贷	余额
12	31	记	34	结转已销材料成本	原材料	3 000			
	31	记	42	结转损益	本年利润		3 000		
12	31			本月合计		3 000	3 000	平	0

表 9-37

总分类账

总第　页
分第　页

会计科目：税金及附加

2024年 月	日	凭证 字	号	摘要	对应科目	借方	贷方	借或贷	余额
12	31	记	32	计算城建税及教育费附加	应交税费	1 498			
	31	记	42	结转损益	本年利润		1 498		
12	31			本月合计		1 498	1 498	平	0

表 9-38

总分类账

总第　页
分第　页

会计科目：销售费用

2024年 月	日	凭证 字	号	摘要	对应科目	借方	贷方	借或贷	余额
12	22	记	17	支付广告费	银行存款	2 350			
	31	记	42	结转损益	本年利润		2 350		
12	31			本月合计		2 350	2 350	平	0

表 9-39

总分类账

总第　页
分第　页

会计科目：管理费用

2024年 月	日	凭证 字	号	摘要	对应科目	借方	贷方	借或贷	余额
12	21	记	15	报销差旅费	银行存款	1 980			
	30	记	24	支付水电费	银行存款	4 000			
	30	记	27	领用材料	原材料	12 800			
	30	记	28	分配工资费用	应付职工薪酬	7 800			
	31	记	29	计提折旧	累计折旧	11 000			
	31	记	42	结转损益	本年利润		37 580		
12	31			本月合计		37 580	37 580	平	0

表9-40　**总分类账**　总第　页

会计科目：财务费用　分第　页

2024年		凭证		摘要	对应科目	借方	贷方	借或贷	余额
月	日	字	号						
12	31	记	35	预提利息费用	应付利息	3 500			
		记	36	计提长期借款利息	长期借款	7 583			
	31	记	42	结转损益			11 083		
12	31			本月合计		11 083	11 083	平	0

表9-41　**总分类账**　总第　页

会计科目：营业外支出　分第　页

2024年		凭证		摘要	对应科目	借方	贷方	借或贷	余额
月	日	字	号						
12	27	记	22	公益捐赠	银行存款	20 000			
	31	记	40	结转固定资产清理损失	固定资产清理	2 020			
	31	记	42	结转损益	本年利润		22 020		
12	31			本月合计		22 020	22 020	平	0

表9-42　**总分类账**　总第　页

会计科目：所得税费用　分第　页

2024年		凭证		摘要	对应科目	借方	贷方	借或贷	余额
月	日	字	号						
12	31	记	43	计算所得税	应交税费	21 854.75			
	31	记	44	结转所得税	本年利润		21 854.75		
12	31			本月合计		21 854.75	21 854.75	平	0

（6）将总分类账与日记账核对、总分类账与所属明细账核对（略）。

（7）根据总分类账的记录，编制试算平衡表，见表9-43。

表 9-43　总分类账户本期发生额及余额试算平衡表

编制单位：宏安公司　　2024年12月31日　　单位：元

账户名称	期初余额		本期发生额		期末余额	
	借方	贷方	借方	贷方	借方	贷方
库存现金	2 500		2 330	1 880	2 950	
银行存款	615 000		1 512 849	782 825	1 345 024	
应收账款	5 000		130 402	5 000	130 402	
预付账款	0		98 000	98 000	0	
原材料	327 210		145 800	239 100	233 910	
库存商品	210 000		386 200	251 250	344 950	
其他应收款	440		3 500	0	3 940	
固定资产	4 100 000		698 800	79 000	4 719 800	
累计折旧		500 000	76 400	41 000		464 600
固定资产清理	0		3 550	3 550	0	
短期借款		174 876	40 000	50 000		184 876
应付账款		26 000	50 000	58 274		34 274
应付职工薪酬		21 000	130 000	130 000		21 000
应交税费		0	38 320	77 354.75		39 034.75
应付利息		4 000	0	3 500		7 500
应付股利		0	0	365 600		365 600
长期借款		250 000	150 000	407 583		507 583
实收资本		3 320 000	100 000	1 220 000		4 440 000
资本公积		0	0	50 000		50 000
盈余公积		101 898.50	0	211 018.69		312 917.24
本年利润		778 512.68	1 194 712.68	41 620		0
利润分配		86 132.77	1 153 237.38	1 420 695.62		353 591.01
生产成本	2 270		383 930	386 200	0	
制造费用	0		90 330	90 330	0	
主营业务收入		0	410 000	410 000		0
其他业务收入		0	5 400	5 400		0
营业外收入		0	800	800		0
主营业务成本	0		251 250	251 250	0	
其他业务成本	0		3 000	3 000	0	
税金及附加	0		1 498	1 498	0	
销售费用	0		2 350	2 350	0	
管理费用	0		37 580	37 580	0	
财务费用	0		11 083	11 083	0	
营业外支出	0		22 020	22 020	0	
所得税费用	0		21 854.75	21 854.75	0	
合计	5 262 420	5 262 420	7 155 196.81	7 155 196.81	6 780 976	6 780 976

（8）编制资产负债表和利润表，见项目10表10-3和表10-4。

案例窗9-1

常小波于2024年1月1日用银行存款550 000元投资创办了天天公司，主要经营各种家具的批发与零售。1月1日，常小波以每月2 200元的租金租用了一个店面作为经营场地。1月份发生的经济业务如下：

（1）以银行存款550 000元投资创办公司。

（2）内部装修及必要的设施花费22 000元，均已用支票支付。

（3）购入家具两批，每批价值38 720元，其中，第一批为现金购入；第二批购入，赊欠价款的30%，其余用支票支付。

（4）本月零售家具收入共42 680元，全部收到并存入银行。

（5）本月批发家具收入共28 457元，其中赊销14 630元，其余均存入银行。

（6）用支票支付当月的租金2 200元。

（7）本月从银行存款账户提取现金共11 000元，其中6 400元支付店员的工资，其余备日常零星开支。

（8）本月水电费597.30元，已用支票支付。

（9）本月电话费242元，已用现金支付。

（10）其他各种杂费150.70元，已用现金支付。

（11）结转已售库存商品成本49 060元。

（12）结转本月主营业务收入71 137元。

（13）将有关费用项目转入“本年利润”账户。

请根据天天公司的具体经济业务，替常小波设计一套适合的账务处理程序，并帮助常小波记账（编制会计分录即可），向常小波报告公司的财务状况，评述其经营业绩。

案例分析提示：

一个单位选择什么样的账务处理程序，首先应考虑本单位规模的大小、业务繁简的需要。由于天天公司的初始投资额仅有550 000元，规模并不大，而且其经营的业务主要是家具的批发与零售，在开业初期，其业务量也不是太大，这一点从其开业一个月发生的业务中就可以看出。教材所介绍的账务处理程序中，记账凭证账务处理程序适用于规模小、业务量少的单位。就目前天天公司的状况而言，最适合选择的就是记账凭证账务处理程序。而且记账凭证账务处理程序比较简单，常小波很容易通过总账的详细记录了解公司发生的每一笔经济业务，进而观察其资金运动的来龙去脉，把握公司的经营状况。

任务9.3　运用科目汇总表账务处理程序

9.3.1　科目汇总表账务处理程序的特点

科目汇总表账务处理程序是指对发生的经济业务，首先根据原始凭证或原始凭证汇总表编制记账凭证，然后根据记账凭证定期编制科目汇总表，并据以登记总分类账的一种账务处理程序。它的主要特点是，定期将所有记账凭证编制成科目汇总表，以科目汇总表为依据登记总分类账。在手工记账情况下，采用科目汇总表账务处理程序，可以大大减少登记总账的工作量，所以，长期以来被广泛采用；而在会计信息化环境下则没必要采用该种账务处理程序。

9.3.2 科目汇总表账务处理程序下记账凭证和账簿的设置

采用科目汇总表账务处理程序时，记账凭证可以采用单式记账凭证，也可以采用复式记账凭证。如果选择复式记账凭证，可以是包括收款凭证、付款凭证和转账凭证的专用格式，也可以是通用格式。为了定期将全部记账凭证进行汇总，应另设科目汇总表。设置的库存现金、银行存款日记账和明细分类账同“记账凭证账务处理程序”，总分类账采用不设“对应科目”栏的三栏式。

9.3.3 科目汇总表的编制

科目汇总表也称记账凭证汇总表，是根据一定时期内全部记账凭证，按会计科目进行归类编制的。具体编制方法是：汇总一定时期每一个总分类账科目的借方发生额和贷方发生额，并将发生额填入科目汇总表的相应栏目内。对于库存现金和银行存款科目的借、贷方发生额，也可以根据库存现金日记账和银行存款日记账的收支数填列，而不再根据收、付款凭证归类汇总填列。在分别汇总了各科目的借、贷方发生额之后，应计算所有科目的借方发生额合计、贷方发生额合计，进行试算平衡。如果借、贷方发生额合计数相等，说明记账凭证和科目汇总表编制基本正确，可以根据科目汇总表登记总分类账。

科目汇总表的编制时间，应根据各单位业务量大小而定。可以每月汇总一次，月末编制一张科目汇总表（见表9-44），也可以半个月、10天、5天或更短的时间汇总一次，每汇总一次就编制一张科目汇总表（见表9-45），根据每一张科目汇总表登记总账，或者一个月汇总若干次，但每月只编制一张科目汇总表（见表9-46），总分类账每月只登记一次。无论如何汇总，每次汇总都应注明汇总记账凭证的起讫字号，以便检查。单位如果选择采用复式记账凭证，为了便于汇总，要求编制一借一贷的会计分录，如果发生一借多贷或一贷多借的业务，最好分开编写。对于转账凭证，最好一式两份，一份按借方汇总，另一份按贷方汇总。

表9-44 科目汇总表（一）

年　月　　　　编号：

会计科目	总账页数	本期发生额		记账凭证起止号数
		借方	贷方	
合　计				

表9-45　**科目汇总表（二）**

年　月　日至　日　　　　编号：

会计科目	总账页数	本期发生额		记账凭证起止号数
		借方	贷方	
合　计				

表9-46　**科目汇总表（三）**

年　月　　　　编号：

会计科目	1—10日发生额		11—20日发生额		21—31日发生额		合计		总账页数
	借方	贷方	借方	贷方	借方	贷方	借方	贷方	
合计									
记账凭证起止号数									

9.3.4　科目汇总表账务处理程序的一般步骤

（1）根据原始凭证编制汇总原始凭证；

（2）根据原始凭证或汇总原始凭证编制记账凭证；

（3）根据单式凭证或收款凭证、付款凭证或通用的记账凭证逐笔登记库存现金日记账和银行存款日记账；

（4）根据原始凭证、汇总原始凭证和记账凭证登记各种明细账；

（5）根据记账凭证定期编制科目汇总表；

（6）根据科目汇总表登记总分类账；

（7）期末，按照对账的要求，将总分类账与日记账、明细账相核对；

（8）月末，根据总分类账、明细账的记录和其他有关资料编制会计报表。

科目汇总表账务处理程序的一般步骤如图9-2所示。

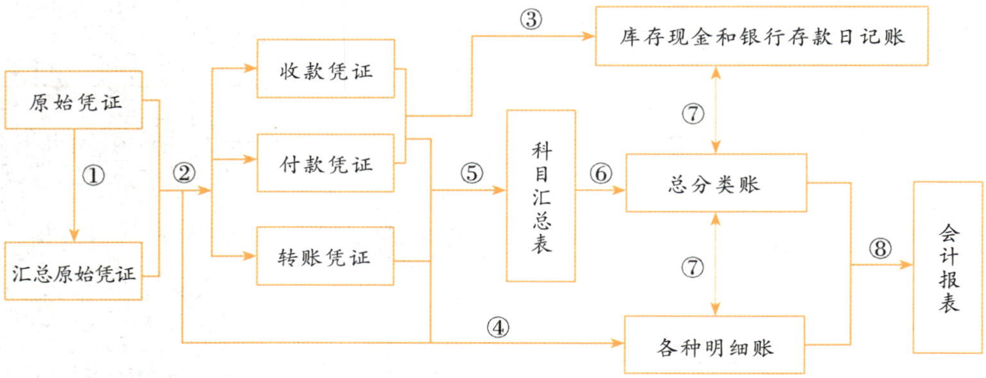

图 9-2　科目汇总表账务处理程序示意图

注：——→表示填制、登记、编制；←→表示核对

9.3.5　科目汇总表账务处理程序的优缺点及适用范围

在科目汇总表账务处理程序下，总分类账是根据科目汇总表定期登记的，大大减少了登记总分类账的工作量，而且，科目汇总表本身兼有试算平衡的作用，可以及时发现填制凭证和汇总过程中的错误，从而确保记账工作的质量。但是，由于科目汇总表在汇总每个科目的发生额时不考虑对应科目，所以，在科目汇总表和总分类账中都无法反映科目间的对应关系，无法反映经济业务的来龙去脉，不便于对经济业务进行分析和检查。在手工记账的情况下，这种账务处理程序应用范围比较广，规模较大、经济业务较多的单位都可以采用。而在会计信息化的环境下，则不必采用这种方法。

视野拓展 9-1

汇总记账凭证账务处理程序

在手工记账情况下，为了简化登记总账的工作量并且在总账中能够清晰反映经济业务的来龙去脉，对于规模大、经济业务较多的单位可使用汇总记账凭证账务处理程序。汇总记账凭证账务处理程序是指对发生的经济业务，首先根据原始凭证或原始凭证汇总表编制记账凭证，然后根据记账凭证定期编制汇总记账凭证，并据以登记总分类账的一种账务处理程序。它的主要特点是，定期将所有记账凭证汇总编制成汇总记账凭证，以汇总记账凭证为依据登记总分类账。

采用汇总记账凭证账务处理程序时，记账凭证应采用包括收款凭证、付款凭证和转账凭证的专用格式。为了定期将全部记账凭证进行汇总，还应设置汇总收款凭证、汇总付款凭证和汇总转账凭证，在各种汇总记账凭证中都要求反映账户的对应关系。与此相适应，总分类账采用设“对应科目”栏的三栏式账页，设置的库存现金日记账、银行存款日记账和明细分类账同“记账凭证账务处理程序”。

汇总收款凭证的格式见表 9-47（假设上述宏安公司经济业务采用收款凭证、付款凭证和转账凭证的专用记账凭证记账，下同）。

汇总付款凭证的格式见表 9-48。

汇总转账凭证按照每一贷方科目分别设置，并根据转账凭证相对应的借方科目归类汇总，其格式见表 9-49。

总分类账的登记（以“应付账款”为例）见表 9-50。

表 9-47

汇总收款凭证

借方科目：银行存款　　2024年12月　　汇收第1号

贷方科目	金额				总账页数	
	1日至10日 收款凭证第1号 至第3号2张	11日至20日 收款凭证第4号 至第5号2张	21日至31日 收款凭证第6号 至第8号3张	合计	借方	贷方
实收资本	310 000	350 000		660 000		
主营业务收入	300 000			300 000		
应交税费	39 000			39 000		
资本公积		50 000		50 000		
短期借款		50 000		50 000		
应收账款			5 000	5 000		
长期借款			400 000	400 000		
预付账款			8 849	8 849		
合　计	649 000	450 000	413 849	1 512 849		

表 9-48

汇总付款凭证

贷方科目：银行存款　　2024年12月　　汇付第1号

借方科目	金额				总账页数	
	1日至10日 付款凭证第1号 至第2号2张	11日至20日 付款凭证第4号 至第5号2张	21日至31日 付款凭证第6号 至第13号8张	合计	借方	贷方
原材料	15 300			15 300		
应交税费	1 977		19 418	21 395		
预付账款	98 000			98 000		
其他应收款		3 500		3 500		
应付职工薪酬		130 000		130 000		
销售费用			2 350	2 350		
应付账款			50 000	50 000		
营业外支出			20 000	20 000		
固定资产			138 800	138 800		
制造费用			7 500	7 500		
管理费用			5 980	5 980		
实收资本			100 000	100 000		
短期借款			40 000	40 000		
长期借款			150 000	150 000		
合　计	115 277	133 500	534 048	782 825		

表 9-49 汇总转账凭证

贷方科目：应付账款 2024年12月 汇转第1号

借方科目	金额				总账页数	
	1日至10日 转账凭证第1号至第1号1张	11日至20日 转账凭证第　号至第　号　张	21日至31日 转账凭证第　号至第　号　张	合计	借方	贷方
原材料	51 600			51 600		
应交税费	6 674			6 674		
合　计	58 274			58 274		

表 9-50 总分类账

第　页

会计科目：应付账款 分第　页

2024年		凭证		摘　要	对应科目	借方	贷方	借或贷	余额
月	日	字	号						
12	1			期初余额				贷	26 000
	31	汇付	1	本月发生额	银行存款	50 000			
	31	汇转	1	本月发生额	原材料		51 600		
					应交税费		6 674		
12	31			本月发生额及余额		50 000	58 274	贷	34 274

项目小结

账务处理程序是会计凭证、账簿组织、记账程序和记账方法相互结合的方式。账务处理程序多种多样，在手工记账情况下，各单位应根据国家统一会计制度的要求，结合本单位的实际情况，设计合适的账务处理程序。

1.记账凭证账务处理程序是最基本的一种，它的特点是根据记账凭证逐笔登记总分类账，在总分类账中能够清晰反映每笔经济业务发生的情况，但登账工作量过大。

2.科目汇总表账务处理程序的特点是根据记账凭证定期编制科目汇总表，再据以登记总分类账，大大简化了登记总分类账的工作量，而且，科目汇总表本身兼有试算平衡的作用，可以及时发现填制凭证和汇总过程中的错误，从而确保记账工作的质量，但是总分类账记录无法反映本期发生额是由哪些经济业务引起的，给查账带来诸多不便。

关键概念

账务处理程序　记账凭证账务处理程序　科目汇总表

项目 10

财务会计报告编制

学习目标

知识目标：了解财务会计报告的内容，理解资产负债表、利润表、现金流量表和所有者权益变动表的编制意义，熟悉资产负债表、利润表、现金流量表和所有者权益变动表的基本结构，掌握资产负债表、利润表、现金流量表和所有者权益变动表的编制原理。

技能目标：掌握资产负债表、利润表、现金流量表和所有者权益变动表的基本编制方法。

素养目标：树立求真务实、坚持准则、提高技能的意识，培养道德良好、知识立体、勇于创新的素养。

【德技兼修】

与“神话”较量的人

刘姝威，被称为与“神话”较量的人，只因为她坚持会计准则，客观公正地反映会计事实。

2001年12月，刘姝威因一篇刊登在《金融内参》上的600字短文使自己卷入了一场始料不及的风波。文章以《应立即停止对蓝田股份发放贷款》为标题，根据对蓝田股份（现已退市）公布的财务报告的分析，认为该上市公司已经失去创造现金流量的能力，成为一个空壳，其自身的资金流量已经不能满足企业的运转，只能依靠银行巨额贷款。刘姝威将这一情况真实地反映在文章中，即使面对蓝田股份（现已退市）高层的斥责，面对邮箱里一封封毛骨悚然的恐吓信……她也丝毫没有畏惧。

刘姝威说：“我只是用国际通用的会计核算方法就分析出了该企业的财务漏洞，短期偿债能力弱，至少有1.27亿元的短期负债无法偿还，那么所有的银行也都会得出这个结论。”“不要少年老成，要敢于提出自己的论点，只要你能自圆其说，只要你认为自己是很严谨地推论出来的，你就可以说。”财务出现如此大的纰漏，只有刘姝威自己敢于提出异议。她相信自己的观点，并且马上付诸行动。在这种特殊的情况下，她没有想自己只是个学者、自己的分析是否过于学术，也没有想会给企业造成什么后果，更没有考虑自己的生命安危。刘姝威坚持了一个会计人员最基本的道德规范。

在日常工作中，常常由于各种利益的交织，引起会计人员道德上的冲突。会计人员如果为了一己私利，放弃原则，做“老好人”，就会使会计工作严重偏离准则，会计信息的真实性、完整性就无法保证。

任务 10.1　认识财务会计报告

10.1.1　财务会计报告的概念、意义及内容

1）财务会计报告的概念

财务会计报告是指企业对外提供的反映企业某一特定日期的财务状况和某一会计期间的经营成果、现金流量等会计信息的文件。财务会计报告是会计主体会计核算工作的结果，是提供会计信息的一种重要手段。

2）财务会计报告的意义

在日常会计核算中，对账簿记录的会计信息通过财务会计报告加以分类调整、汇总、概括，可以为有关方面提供所需的会计信息。编制财务会计报告的意义主要有：

（1）为企业投资者和债权人进行决策提供有用信息。

在市场经济环境下，在企业的外部形成了由投资者、债权人组成的与企业有着经济利益关系的集团，投资者和债权人一般不直接参与企业的生产经营活动，不能直接从中获得其所需要的信息，需要通过对财务会计报告的分析，全面、综合了解企业的经济运营状况，以作为投资等决策的重要依据。

（2）为企业管理者改善经营管理提供重要信息。

企业管理者为了考核和分析财务计划的完成情况，总结经济工作中的成绩和存在的问题，评价经济效益，需要借助财务会计报告进行分析，并采取相应措施提高经营管理水平，保证企业经营目标的实现。

（3）为国家经济管理部门进行宏观管理提供微观信息。

国家宏观经济管理部门可以通过对企业财务会计报告提供的会计信息的汇总分析，为制定和修改宏观政策提供科学依据。财政、税务、市场监督管理等国家经济管理部门利用企业财务会计报告提供的会计信息，对企业实施管理，并对企业上缴税费和其他财政收入及对国家财经法纪的遵守等情况进行监督。

3）财务会计报告的内容

财务会计报告包括财务报表和其他应当在财务会计报告中披露的相关信息和资料。财务报表包括会计报表和会计报表附注。企业对外报送的会计报表至少应当包括资产负债表、利润表、现金流量表和所有者权益（或股东权益，下同）变动表。

会计报表是总括反映企业经济活动的书面文件，是财务会计报告的主要内容，由主表和附表两部分组成。主表包括资产负债表、利润表、现金流量表、所有者权益变动表。附表根据各行业的特点编制，如资产负债表的附表有资产减值明细表、应交增值税明细表等。

会计报表附注是为便于理解会计报表内容而做的解释，以提高会计报表有关信息的易懂性，增强会计报表内有关内容的可比性。会计报表附注主要包括：所采用的主要会计政策和会计估计，非经常性项目的说明，会计报表中主要项目的明细资料等。

其他应当在财务会计报告中披露的相关信息和资料是对会计报表进行分析、评价，对单位未来作出的估计和判断的书面文件，主要说明企业的基本生产经营情况、利润实现和利润分配情况以及对企业的生产经营有重大影响的其他事项等。

视野拓展10-1

2000年6月21日，中华人民共和国国务院令第287号公布《企业财务会计报告条例》，自2001年1月1日起施行。2006年2月15日，财政部财会〔2006〕3号印发《企业会计准则第30号——财务报表列报》，2014年1月26日，财政部财会〔2014〕7号印发修订的《企业会计准则第30号——财务报表列报》。这几个文件均针对企业财务会计报告作出了规范。

知识窗10-1

企业年度会计报表附注一般按照下列顺序至少应披露：

1.企业的基本情况。

2.财务报表的编制基础。

3.遵循企业会计准则的声明。

4.重要的会计政策和会计估计。

5.会计政策和会计估计变更以及差错更正的说明。

6.报表重要项目的说明。

7.或有和承诺事项、资产负债表日后非调整事项、关联方关系及其交易等需要说明的事项。

8.有助于财务报表使用者评价企业管理资本的目标、政策及程序的信息。

10.1.2 会计报表的种类

为进一步了解会计报表，可根据需要按照不同的标准对其进行分类。

1）按经济内容分类

（1）反映财务状况的报表，即反映会计主体在一定日期的财务状况和一定期间财务状况变动情况的会计报表，如资产负债表。

（2）反映经营成果的报表，即反映会计主体在一定时期内的收入、成本费用和利润形成等情况的报表，如利润表。

（3）反映现金流量的报表，即反映会计主体在一定时期内现金和现金等价物流入和流出的动态的报表，如现金流量表。

2）按编报主体分类

（1）个别报表，即由企业在自身会计核算的基础上对账簿进行记录加工而编制的财务报表，其会计主体为该企业本身。

（2）合并报表，即以母公司和子公司组成的企业集团为会计主体，以母公司和子公司单独编制的个别会计报表为基础，由母公司编制的综合反映企业集团财务状况、经营成果及现金流量的会计报表。

3）按服务对象分类

（1）对外会计报表，即按照国家统一会计制度的规定编制的，一般具有统一格式的会计报表。目前我国会计实务中的对外会计报表包括资产负债表、利润表、现金流量表、所有者权益变动表。

（2）内部会计报表，即根据会计主体自身需要，由单位的财会部门设置和制定，由单位内部责任部门填报，只用来满足本单位经济核算和内部管理需要的会计报表，如成本报表、销售明细表等。

4）按编报期间分类

（1）中期会计报表，即以短于一个完整会计年度的报告期间为基础编制的会计报表，包括月报、季报和半年报等。

（2）年度会计报表，即企业于会计年度末编制的会计报表，又称"决算报表"。年度会计报表的报送种类与提供的会计信息较中期会计报表更完整和齐全。

5）按反映的资金运动方式分类

（1）静态报表，即反映会计主体某一时点上财务状况的报表，一般根据账户余额填报，如资产负债表。

（2）动态报表，即反映会计主体某一期间经营情况的报表，一般根据账户发生额填报，如利润表。

知识窗 10-2

财务会计报告的使用者是谁？他们分别期望从财务会计报告中获取哪些会计信息？

政府职能部门：统计、监管、税收；上级公司：计划、预算、决策；本企业：总结、检讨、调整；金融机构：评估、信贷；股东：财务状况、经营业绩、投资回报；公众（证券市场的潜在投资者）：分析、预测、投资；保险公司：承保、理赔。

企业不必为不同的使用者单独编制不同的会计报表，而是根据国家统一的会计准则和会计制度，为不同的使用者提供同一套会计报表。

10.1.3　财务会计报告的编制要求

为了充分发挥会计报表的作用，向报表使用者提供有用的信息，根据企业会计准则和《企业财务会计报告条例》的规定，企业应当按期结账、核实财产，并通过编制试算平衡表，以登记完整、核对无误的账簿记录和其他有关资料为依据，编制会计报表，做到数字真实、计算准确、内容完整、说明清楚。财务会计报告的编制要求具体如下：

1）便于理解

便于理解，即可理解性，是指财务会计报告应清晰明了、通俗易懂，提供使用者可以理解与掌握的信息。

2）真实可靠

会计是一个信息系统，如实反映企业的经营活动和财务状况是对信息的基本要求。因此，财务会计报告所提供的信息必须真实可靠，便于使用者根据所提供的财务信息作出决策。

3）相关可比

相关可比是指财务会计报告提供的信息必须与使用者的决策需要相关联并且同一企业不同时期的信息以及不同企业同一时期的信息之间要具有可比性。

4）全面完整

财务会计报告应当全面反映企业的财务状况和经营成果，反映企业经营活动的全貌。只有全面反映企业的财务情况，提供完整的会计信息资料，才能满足各方面对财务信息的需要。

5）编报及时

信息的特征是具有时效性。财务会计报告只有及时编制和报送，才能有利于信息需求者使用。

启示窗10-1

诚信为本，铸就企业财务信誉

——某制造业企业财务团队坚守诚信编制财务会计报告

案例背景

某制造业企业，作为国内知名的机械设备生产商，一直秉持着诚信经营的原则。近年来，随着企业规模的扩大和市场环境的变化，企业财务报告的准确性和透明度成为了市场关注的焦点。为此，该企业财务团队在编制财务会计报告时，始终坚持诚信为本，确保每一笔数据的真实性和准确性。

案例详情

在编制2024年度财务会计报告的过程中，该企业财务团队遇到了一个棘手的问题。由于市场环境的变化，企业部分产品的销售价格出现了波动，导致销售收入的计算变得复杂。为了确保报告数据的准确性，财务团队没有选择简单的估算方法，而是深入市场调研，与销售团队紧密合作，对每一笔销售订单进行了详细的核查和确认。

同时，在编制报告的过程中，该企业财务团队还发现企业财务风险识别不足，对市场变化、政策调整等外部因素缺乏敏感性，未能及时评估其对企业财务状况的影响，未能准确识别和评估企业的信用风险、流动性风险等财务风险，导致风险应对能力较弱。为提高财务风险识别能力，该企业财务团队加强了对市场变化、政策调整等外部因素的关注和分析，及时评估其对企业财务状况的影响；同时建立完善的财务风险评估体系，准确识别和评估企业的信用风险、流动性风险等财务风险，制定有效的风险应对措施。

通过实施以上应对措施和改进建议，该企业不仅成功编制了一份真实、准确的财务会计报告，还进一步完善了内部管理制度，降低了财务风险，提高了企业的运营效率和市场竞争力。

案例成果

该企业的财务会计报告在发布后，得到了市场的高度认可和赞誉。投资者和消费者纷纷表示，企业的诚信经营和透明度让他们更加信任企业的财务状况和发展前景。同时，由于企业在编制报告过程中发现了管理漏洞并进行了及时改进，企业的运营效率也得到了显著提升。

案例启示

1. 诚信为本：在编制财务会计报告时，企业应始终坚持诚信为本的原则，确保数据的真实性和准确性。只有诚信经营，才能赢得市场的信任和尊重。

2. 团队合作：财务团队应与其他部门紧密合作，共同确保报告数据的准确性和完整性。通过团队合作，可以及时发现和纠正问题，提高报告的质量和可信度。

3. 持续改进：在编制报告的过程中，企业应不断发现和改进内部管理漏洞和财务风险。通过持续改进，可以提高企业的运营效率和市场竞争力。

此案例充分展示了诚信经营在编制财务会计报告中的重要性。只有坚守诚信原则，企业才能赢得市场的信任和尊重，实现可持续发展。

任务 10.2 编制资产负债表

10.2.1 资产负债表的概念及意义

1）资产负债表的概念

资产负债表是指反映企业在某一特定日期（月末、季末、半年末、年末）的财务状况的会计报表。该表包括资产、负债和所有者权益三个静态会计要素，故称为静态报表。该报表根据“资产=负债+所有者权益”会计恒等式编制。

2）资产负债表的意义

资产负债表作为主要会计报表之一，它能够提供企业在某一特定日期资产、负债和所有者权益的全貌，所列示的相关内容有助于分析、评价并预测企业的资本结构及偿债能力。此外，通过对资产负债表和利润表有关项目的结合分析，有助于评价、预测企业的获利能力和发展前景。具体可体现出下列意义：

（1）反映企业资产的构成情况及其状况，分析企业在某一特定日期所拥有的经济资源及其分布情况；

（2）反映企业在某一特定日期的负债额及其结构，分析企业目前与未来需要支付的债务金额；

（3）反映企业所有者权益的情况，了解企业现有的投资者在企业资产总额中所占的份额。

10.2.2 资产负债表的结构

资产负债表的结构，是指资产负债表的组成内容及各项目在表内的排列顺序。资产负债表通常包括表头和表身两部分。

1）表头

资产负债表的表头部分提供了报表的名称、编报企业的名称、报表所反映的日期、金额单位及币种、报表编号等内容。

2）表身

资产负债表的表身部分包括资产、负债和所有者权益，其中，资产根据流动性大小或按照资产变现能力强弱分为两类，并分别列示；负债根据求偿权先后顺序排列；所有者权益按来源分别列示。我国资产负债表称为比较资产负债表，表中各项目不仅列示期末余额，还列示年初余额（上年年末余额）。

（1）账户式资产负债表。账户式资产负债表是将资产类项目排列在此表的左方，负债类和所有者权益类项目排列在此表的右方。其简化格式见表10-1。

表10-1 资产负债表（账户式） 会企01表

编制单位： 年 月 日 单位：元

资产	期末余额	上年年末余额	负债及所有者权益	期末余额	上年年末余额
流动资产：			流动负债：		
货币资金			短期借款		
⋮			⋮		
非流动资产：			非流动负债：		
固定资产			长期借款		
⋮			⋮		
			所有者权益：		
			实收资本		
			⋮		
资产总计			负债及所有者权益总计		

账户式资产负债表的设计符合记账习惯，结构关系与会计等式相符，提供的会计信息比较直观、清晰，所以被我国会计实务界广泛应用。

（2）报告式资产负债表。报告式资产负债表是将资产、负债、所有者权益各项目采用上、下排列方式设置。其简化格式见表10-2。

表10-2 资产负债表（报告式） 会企01表

编制单位： 年 月 日 单位：元

项目	期末余额	上年年末余额
流动资产：		
货币资金		
⋮		
非流动资产：		
固定资产		
⋮		
资产总计		
流动负债：		
短期借款		
⋮		
非流动负债：		
长期借款		
⋮		
负债合计		
所有者权益：		
实收资本		
⋮		
所有者权益合计		
负债及所有者权益总计		

报告式资产负债表采用垂直设计，便于计算机打印，所以采用电算化核算的单位应用较多。

10.2.3 资产负债表的编制方法

资产负债表属于静态报表，是以“资产=负债+所有者权益”这一会计恒等式为基本原理，根据有关账户的年初、期末余额填列的。其具体格式见表10-3。

表 10-3

资产负债表（简）

会企 01 表

编制单位：宏安公司　　2024 年 12 月 31 日　　单位：元

资产	期末余额	上年年末余额	负债和所有者权益（或股东权益）	期末余额	上年年末余额
流动资产:		（略）	流动负债:		（略）
货币资金	1 347 974		短期借款	184 876	
交易性金融资产	0		交易性金融负债	0	
衍生金融资产	0		衍生金融负债	0	
应收票据	0		应付票据	0	
应收账款	130 402		应付账款	34 274	
预付款项	0		预收款项	0	
其他应收款	3 940		合同负债	0	
存货	578 860		应付职工薪酬	21 000	
合同资产	0		应交税费	39 034.75	
持有待售资产	0		其他应付款	373 100	
一年内到期的非流动资产	0		持有待售负债	0	
其他流动资产	0		一年内到期的非流动负债	0	
流动资产合计	2 061 176		其他流动负债	0	
非流动资产:			流动负债合计	652 284.75	
债权投资	0		非流动负债:		
其他债权投资	0		长期借款	507 583	
长期应收款	0		应付债券	0	
长期股权投资	0		其中：优先股	0	
其他权益工具投资	0		永续债	0	
其他非流动金融资产			长期应付款	0	
投资性房地产	0		预计负债	0	
固定资产	4 255 200		递延收益	0	
在建工程	0		递延所得税负债	0	
生产性生物资产	0		其他非流动负债	0	
油气资产	0		非流动负债合计	507 583	
无形资产	0		负债合计	1 159 867.75	
开发支出	0		所有者权益（或股东权益）:		
商誉	0		实收资本（或股本）	4 440 000	
长期待摊费用	0		其他权益工具	0	
递延所得税资产	0		其中：优先股	0	
其他非流动资产	0		永续债	0	
非流动资产合计	4 255 200		资本公积	50 000	
			减：库存股	0	
			其他综合收益	0	
			盈余公积	312 917.24	
			未分配利润	353 591.01	
			所有者权益（或股东权益）合计	5 156 508.25	
资产总计	6 316 376		负债和所有者权益（或股东权益）总计	6 316 376	

注：货币资金=2 950+1 345 024=1 347 974（元）

应收账款=130 402 元

存货=233 910+344 950=578 860（元）

固定资产=4 719 800−464 600=4 255 200（元）

资产负债表的“上年年末余额”栏内各项数字，根据上年年末资产负债表“期末余额”栏内所列数字填写。如果本年度有新增资产负债表项目，则本年不填“上年年末余额”。如果本年度资产负债表的项目和内容有所改变，应对上年年末资产负债表原项目的名称和金额按照本年度执行的规定进行调整后，填入资产负债表“上年年末余额”栏内。

资产负债表“期末余额”栏内各项金额的填列方法可归纳为以下五种：

（1）根据总账账户的余额直接填列，如短期借款、应付职工薪酬、实收资本等。

（2）根据若干个总账账户的余额合计数填列，如货币资金、存货、未分配利润等。

（3）根据若干个明细账户的余额分析填列，如预收款项、预付款项等。

（4）根据总账账户和明细账户余额分析计算填列，如长期应收款、长期借款等。

（5）根据有关资产类账户与备抵账户相减后的净额填列，如固定资产、无形资产、长期股权投资等。

下面以项目9宏安公司2024年12月各有关总分类账户及有关明细账户的资料（表9-4至表9-31及表9-43）具体编制宏安公司2024年12月31日的资产负债表（上年年末余额略），见表10-3。

案例窗10-1

东晋服务社于2024年1月1日开办，到年末，其账簿记录如下（计量单位为人民币元）：

库存现金	861
银行存款	12 000
交易性金融资产——政府债券	27 000
应收账款	4 300
固定资产——房屋	150 000
累计折旧——房屋	10 000
固定资产——设备	18 000
累计折旧——设备	1 800
应付账款	361
短期借款	100 000
股本	100 000

试编制东晋服务社2024年12月31日的资产负债表。

案例分析提示：

东晋服务社2024年12月31日资产总额为200 361元。

任务10.3　编制利润表

10.3.1　利润表的概念及作用

1）利润表的概念

利润表是指反映企业在一定会计期间（一般指一个会计月度、季度、半年度或一个会计年度）的经营成果的会计报表。

2）利润表的作用

通过利润表反映的收入、成本与费用，能够反映企业经营的业绩和管理者的经营能力；通过利润表与资产负债表的综合分析，可以评价企业的获利能力，预测企业的经营前途及利润增减趋势。这些都为报表的使用者在评估投资价值、考核管理工作、掌握信用价值等经济决策中提供了重要的财务信息。

10.3.2　利润表的结构与内容

1）表头

利润表的表头主要包括报表的名称、编制单位、编制时间、计量单位及报表编号等内容。编制时间必须写明某一期间，如“某年某月份”或“某年度”。

2）表身

利润表的表身是利润表的主体部分，其项目内容主要包括营业收入、营业利润、利润总额、净利润、其他综合收益的税后净额、综合收益总额及每股收益。

利润表的格式主要有单步式利润表和多步式利润表两种。单步式利润表是将当期各项收入汇总，然后将各项费用汇总，一次扣减计算出当期损益。多步式利润表是从营业收入开始，依次分步计算出营业利润、利润总额及净利润。多步式利润表所反映的各项内容重点突出、层次清楚，便于报表使用者理解和使用。在我国，企业利润表采用的基本上是多步式格式。其格式见表10-4。

10.3.3　利润表的编制方法

利润表属于动态报表，是以“收入-费用=利润”这一会计恒等式为基本原理，根据损益类账户发生额合计数直接填列的。

利润表中“本期金额”栏内各项数字一般应根据损益类账户的发生额分析填列，“上期金额”栏内各项数字，应根据上年该期利润表“本期金额”栏内所列数字填列。如果上年该期利润表规定的各个项目的名称和内容同本期不一致，应对上年该期利润表各个项目的名称和数字按本期的规定进行调整，填入利润表“上期金额”栏内。

下面以项目9宏安公司2024年12月份各有关总分类账户及有关明细账户的资料（表9-32至表9-42）具体编制宏安公司2024年12月份的利润表（上期金额略），见表10-4。

表10-4　利润表　会企02表

编制单位：宏安公司　2024年12月份　单位：元

项目	本期金额	上期金额
一、营业收入	415 400	（略）
减：营业成本	254 250	
税金及附加	1 498	
销售费用	2 350	
管理费用	37 580	
研发费用	0	
财务费用	11 083	
其中：利息费用	11 083	
利息收入	0	
加：其他收益	0	

续表

项目	本期金额	上期金额
投资收益（损失以“-”号填列）	0	
其中：对联营企业和合营企业的投资收益	0	
以摊余成本计量的金融资产终止确认收益（损失以“-”号填列）		
净敞口套期收益（损失以“-”号填列）	0	
公允价值变动收益（损失以“-”号填列）	0	
信用减值损失（损失以“-”号填列）	0	
资产减值损失（损失以“-”号填列）	0	
资产处置收益（损失以“-”号填列）	0	
二、营业利润（亏损以“-”号填列）	108 639	
加：营业外收入	800	
减：营业外支出	22 020	
三、利润总额（亏损总额以“-”号填列）	87 419	
减：所得税费用	21 854.75	
四、净利润（净亏损以“-”号填列）	65 564.25	
五、其他综合收益的税后净额	（以下略）	
（一）不能重分类进损益的其他综合收益		
1.重新计量设定受益计划变动额		
2.权益法下不能转损益的其他综合收益		
3.其他权益工具投资公允价值变动		
4.企业自身信用风险公允价值变动		
⋮		
（二）将重分类进损益的其他综合收益		
1.权益法下可转损益的其他综合收益		
2.其他债权投资公允价值变动		
3.金融资产重分类计入其他综合收益的金额		
4.其他债权投资信用减值准备		
5.现金流量套期储备		
6.外币财务报表折算差额		
⋮		
六、综合收益总额		
七、每股收益		
（一）基本每股收益		
（二）稀释每股收益		

注：营业收入=410 000+5 400=415 400（元）

营业成本=251 250+3 000=254 250（元）

知识窗10-3

资产负债表和利润表是两张作用不同的会计报表，了解一下两张报表有何联系。

案例窗 10-2

2月初的某一天，凯达公司的总经理想要了解本公司上年度经营成果的总括情况，财务科刚参加工作不久的小张立刻高兴地将上年12月31日的资产负债表呈送给总经理，请其过目。没想到，总经理一看报表的名称，摇了摇头。小张仔细一瞧，糟糕！拿错了！于是，很快就拿来了另一张表。这次，总经理笑着点头了。为什么送资产负债表是错的？后来送去的应当是哪张会计报表？

案例分析提示：

小张拿的资产负债表是反映企业某一时日财务状况的报表，而利润表才是反映企业某期经营成果的会计报表。

会计是一项专业性、规范性、操作性极强的工作，小张应在会计工作中加强会计专业知识的学习，培养认真严谨的工作作风，不断提升自己的会计职业素养。

任务 10.4 了解现金流量表

10.4.1 现金流量表的概念及作用

1）现金流量表的概念

现金流量表是指反映企业在一定会计期间的现金和现金等价物流入和流出的会计报表。其中，现金流量是指企业的现金和现金等价物的流入和流出，包括某一期间内企业现金流入的数量和流出的数量两方面。现金是指企业的库存现金以及可以随时用于支付的存款，包括库存现金、银行存款和其他货币资金等。现金等价物是指企业持有期限短、价值变动风险小、流动性强、易于转换为已知金额现金的投资，所以视同现金。

2）现金流量表的作用

通过现金流量表提供的信息，报表使用者可以了解和评价企业获得现金和现金等价物的能力，并据以预测企业未来现金流量，从而评价企业支付利润和偿还债务的能力，同时可以弥补权责发生制的不足，增强会计信息的真实性。

10.4.2 现金流量表的结构

现金流量表包括正表和补充资料两大部分。

1）正表

正表的内容由六项内容组成，其中前三项为主要内容，每项都分为现金流入和现金流出两类，并以小计加总，现金流入小计减现金流出小计为产生的现金流量净额。

第一项，经营活动产生的现金流量，反映企业投资活动和筹资活动以外的所有交易和事项产生的现金流入和现金流出。

第二项，投资活动产生的现金流量，反映企业长期资产的购建和不包括在现金等价物内的投资及其处置活动所产生的现金流入和现金流出。

第三项，筹资活动产生的现金流量，反映导致企业资本及债务规模和构成发生变化的活动所产生的现金流入和现金流出。

2）补充资料

现金流量表中的补充资料由三部分组成：第一部分为由净利润调整所得的经营活动现金流量，与正表的第一项形成对应关系；第二部分反映不涉及现金收支的重大投资和筹资活动；第三部分通过现金及现金等价物的期末与期初差额反映现金及现金等价物的净增加额，与正表的第五项相对应。现金流量表的一般格式及补充资料见表10–5、表10–6。

表10–5　现金流量表　会企03表

编制单位：　____年度　单位：元

项目	本期金额	上期金额
一、经营活动产生的现金流量		
销售商品、提供劳务收到的现金		
收到的税费返还		
收到其他与经营活动有关的现金		
经营活动现金流入小计		
购买商品、接受劳务支付的现金		
支付给职工以及为职工支付的现金		
支付的各项税费		
支付其他与经营活动有关的现金		
经营活动现金流出小计		
经营活动产生的现金流量净额		
二、投资活动产生的现金流量		
收回投资收到的现金		
取得投资收益收到的现金		
处置固定资产、无形资产和其他长期资产收回的现金净额		
处置子公司及其他营业单位收到的现金净额		
收到其他与投资活动有关的现金		
投资活动现金流入小计		
购建固定资产、无形资产和其他长期资产支付的现金		
投资支付的现金		
取得子公司及其他营业单位支付的现金净额		
支付其他与投资活动有关的现金		
投资活动现金流出小计		
投资活动产生的现金流量净额		
三、筹资活动产生的现金流量		
吸收投资收到的现金		
取得借款收到的现金		
收到其他与筹资活动有关的现金		
筹资活动现金流入小计		
偿还债务支付的现金		
分配股利、利润或偿付利息支付的现金		
支付其他与筹资活动有关的现金		
筹资活动现金流出小计		
筹资活动产生的现金流量净额		
四、汇率变动对现金及现金等价物的影响		
五、现金及现金等价物净增加额		
加：期初现金及现金等价物余额		
六、期末现金及现金等价物余额		

表 10-6　　**现金流量表补充资料**　　单位：元

补充资料	本期金额	上期金额
1.将净利润调节为经营活动现金流量：		
净利润		
加：资产减值准备		
固定资产折旧、油气资产折耗、生产性生物资产折旧		
无形资产摊销		
长期待摊费用摊销		
处置固定资产、无形资产和其他长期资产的损失（收益以“-”号填列）		
固定资产报废损失（收益以“-”号填列）		
公允价值变动损失（收益以“-”号填列）		
财务费用（收益以“-”号填列）		
投资损失（收益以“-”号填列）		
递延所得税资产减少（增加以“-”号填列）		
递延所得税负债增加（减少以“-”号填列）		
存货的减少（增加以“-”号填列）		
经营性应收项目的减少（增加以“-”号填列）		
经营性应付项目的增加（减少以“-”号填列）		
其他		
经营活动产生的现金流量净额		
2.不涉及现金收支的重大投资和筹资活动：		
债务转为资本		
一年内到期的可转换公司债券		
融资租入固定资产		
3.现金及现金等价物净变动情况：		
现金的期末余额		
减：现金的期初余额		
加：现金等价物的期末余额		
减：现金等价物的期初余额		
现金及现金等价物净增加额		

任务 10.5　了解所有者权益变动表

10.5.1　所有者权益变动表的概念及作用

所有者权益变动表，或称股东权益变动表，是指反映构成所有者权益各组成部分当期增减变动情况的报表。

所有者权益变动表全面反映了企业的所有者权益在年度内的变化情况，便于会计信息使用者深入分析企业所有者权益的增减变化情况，进而对企业的资本保值增值情况作出正确判断，从而提供对决策有用的信息。

10.5.2　所有者权益变动表的结构

在所有者权益变动表中，企业至少应当单独列示反映所有者权益相关信息的下列项目：上年年末余额；本年年初余额；本年增减变动金额；本年年末余额。

所有者权益变动表的格式见表 10-7。

表10-7

所有者权益变动表

会企04表

编制单位：　　　　　＿＿＿＿年度　　　　　单位：元

项目	本年金额												上年金额											
	实收资本（或股本）	其他权益工具			资本公积	减：库存股	其他综合收益	专项储备	盈余公积	未分配利润	所有者权益合计		实收资本（或股本）	其他权益工具			资本公积	减：库存股	其他综合收益	专项储备	盈余公积	未分配利润	所有者权益合计	
		优先股	永续债	其他										优先股	永续债	其他								
一、上年年末余额																								
加：会计政策变更																								
前期差错更正																								
其他																								
二、本年年初余额																								
三、本年增减变动金额（减少以“-”号填列）																								
（一）综合收益总额																								
（二）所有者投入和减少资本																								
1.所有者投入的普通股																								
2.其他权益工具持有者投入资本																								
3.股份支付计入所有者权益的金额																								
4.其他																								
（三）利润分配																								
1.提取盈余公积																								
2.对所有者（或股东）的分配																								
3.其他																								
（四）所有者权益内部结转																								
1.资本公积转增资本（或股本）																								
2.盈余公积转增资本（或股本）																								
3.盈余公积弥补亏损																								
4.设定受益计划变动额结转留存收益																								
5.其他综合收益结转留存收益																								
6.其他																								
四、本年年末余额																								

学习感悟

会计最基本、最关键的工作：依据原始凭证按会计科目编制记账凭证，运用的方法是复式记账法。常见的是复式记账法中的借贷记账法，即以“借”和“贷”为记账符号的复式记账法。

之后，依据编制好的记账凭证，把数据登记到相关会计科目名下的账簿中去。期末，整理汇总账簿，再编制会计报表。

项目小结

1.财务会计报告是指企业对外提供的反映企业某一特定日期的财务状况和某一会计期间的经营成果、现金流量等会计信息的文件。

2.财务会计报告包括会计报表及其附注和其他应当在财务会计报告中披露的相关信息和资料。

3.资产负债表是指反映企业在某一特定日期（月末、季末、半年末、年末）的财务状况的会计报表。

4.利润表是指反映企业在一定会计期间（一般指一个会计月度、季度、半年度或一个会计年度）的经营成果的会计报表。

5.现金流量表是指反映企业在一定会计期间的现金和现金等价物流入和流出的会计报表。

6.所有者权益变动表是指反映构成所有者权益各组成部分当期增减变动情况的报表。

关键概念

财务会计报告　资产负债表　利润表　现金流量表　所有者权益变动表

项目11

会计工作组织与管理

学习目标

知识目标：了解会计工作组织形式，熟悉会计机构的设置、会计人员专业技术资格的内容和会计从业人员的职责与权限，掌握会计职业道德和继续教育的内容、会计法规的基本内容、会计工作交接的一般程序、会计档案管理内容和会计信息化的类型。

技能目标：掌握会计工作的一般交接和会计档案的保管方法。

素养目标：树立高度的事业心和责任感，严格要求自己自立、自强、自警、自重，胜任会计岗位，做好会计工作。

【德技兼修】

诚实守信的老王

老王是一家小公司的会计，虽然公司规模不大，但会计工作却十分繁琐。老王在这个岗位上，始终坚守职业道德，成为遵守会计职业道德的典范。

有一次，公司老板为了能在银行顺利贷款，希望老王在财务报表上作一些调整，让利润数字看起来更可观。面对这样的要求，老王没有犹豫，直接跟老板说："老板啊，这账可不能这么做。我要是在这报表上瞎改数字，那就跟在马路上把红灯当成绿灯走一样，迟早得出大事故。咱这会计工作就讲究个实事求是，每一笔账都得对得上、说得清。我要是按您说的做了，那不仅是对银行不负责，也是对咱公司的未来不负责啊。"老板听了虽然有点不高兴，但也知道老王是个坚持原则的人，最终没有强求。

老王平时对工作也是一丝不苟，每一笔账目都仔仔细细地核对，哪怕是一分钱的出入，他都会查个明白。他常说："这会计的工作就像搭积木，每一块都得严丝合缝，要是有一块歪了，那整个大楼都得塌。"在税务申报时，老王从来都是如实申报，从不偷税漏税。他认为，依法纳税是天经地义的事，不能因为眼前的小利就坏了规矩。

老王在会计岗位上，始终坚守职业道德，就像一座灯塔，不仅赢得了公司上下的尊重和信任，也给周围的人都树立了一个好榜样。他的故事告诉我们，会计职业道德是会计工作中不可或缺的一部分，只有坚守职业道德，才能在职业生涯中走得更远。

任务11.1　认识会计工作组织

11.1.1　会计工作组织的概念

企事业单位为使会计工作正常、高效运行，必须科学地组织会计工作。会计工作组织是根据单位自身特点，按照会计工作的要求，进行会计机构的设置、会计人员的配备、会计法规的制定与执行和会计档案的保管，以及系统内部部门和人员之间的分工与协调的组织工作。

会计是经济管理的重要组成部分，因此，一个单位建立会计系统就成为必需。这个系统的组成不仅要有会计机构、会计人员，而且还应有它的政策和制度，只有这样，系统才能有效和规范地运行；一个系统仅此不够，还必须考虑有关部门之间、有关人员之间的分工与协调，只有在分工恰当、明确与协调的情况下，系统才能积极活跃起来，从而才能保证会计任务的圆满完成。

11.1.2　会计工作组织的意义

会计工作是一项复杂、细致而又十分科学严密的综合性经济管理活动。科学、合理地组织和管理会计工作，对于充分发挥会计作用、保证完成会计任务，具有十分重要的意义。

（1）为会计工作的开展与有效进行提供前提条件。

会计工作的开展必须有会计机构和人员，即使不具备设置会计机构条件的单位，也必须配备专职的会计人员，以保证对单位财务进行反映与监督，对单位开展的经济活动进行资金支持。

（2）为会计工作提供基本依据与规范。

会计组织工作的内容有会计政策和制度的设计。政策与制度的基本内容是会计的原则、程序和方法，这也是会计工作对问题的处理的基本依据和规范。

（3）有利于国家方针政策和财经纪律的贯彻，加强经济责任和员工的核算意识，强化经济核算。

会计系统的建立，根据单位规模和管理要求，一直可分层延伸到班、组和个人，因此会计系统对国家方针政策和财经纪律、会计核算思想、会计管理要求都可有效贯彻，强化经济核算和经济责任。

（4）有利于核算质量和效率的提高，保证会计信息的真实可靠、内容完整。

会计政策和制度的设计有一条牵制原则——一笔经济业务的处理必须由两位以上的人员来完成，加之部门间、人员间的合理分工与协调，以保证向会计信息需求者提供有用、可靠和内容完整的会计信息。

11.1.3　会计工作组织的内容

会计工作组织是一项系统工程，它主要包括以下方面的内容：

（1）设置符合本单位实际的会计机构；

（2）配备一定数量、具有专业素质的会计人员；

（3）明确各岗位会计人员的职责权限；

（4）依据国家的会计法规制定本单位的会计制度，确定适合本单位的账务处理程序，并监督其执行；

（5）管理本单位的会计信息化工作；

（6）切实保管好会计档案。

11.1.4　会计工作组织的原则

为了顺利地开展会计工作，确保会计信息质量，必须按照下列原则科学地组织会计工作：

1）必须按照国家对会计工作的统一要求来组织会计工作

只有按照国家对会计工作的统一要求来组织会计工作，才能使会计提供的信息，既满足国家宏观管理的需要，也满足企业内部管理者、债权人、投资者及其他有关方面的需要。

2）根据各企业生产经营管理特点来组织和要求会计工作

各企业应根据自身的特点，确定本企业的会计制度，对会计机构的设置和会计人员的配备作出切合实际的安排。

3）在保证会计工作质量的前提下，讲求工作效率，节约工作时间和费用

在组织会计工作时，必须以保证工作质量为前提，提供的会计信息必须正确、完整、及时；实行会计监督，必须做到有效、合理、合法，同时，在组织会计工作时也要以成本效益为原则，讲求工作效率。

任务11.2　设置会计机构与配备会计人员

会计机构和会计人员是会计工作的重要承担者，在加强会计基础工作中起关键作用，同时，对会计机构和会计人员的管理也是会计基础工作的一项重要内容。

11.2.1　会计机构的设置

会计机构是各单位内部组织领导和直接从事会计工作的职能部门。建立和健全会计机构是保证会计工作顺利进行的重要条件。

1）设置会计机构应以会计业务需要为基本前提

一般而言，一个单位是否单独设置会计机构，往往取决于下列各因素：

（1）单位规模的大小。

一个单位的规模，往往决定了这个单位内部职能部门的设置，也决定了会计机构的设置与否。一般来说，大中型企业和具有一定规模的行政事业单位，以及财务收支数额较大、会计业务较多的社会团体和其他经济组织，都应单独设置会计机构，如会计（或财务）处、部、科、股、组等，以便及时组织本单位各项经济活动和财务收支的核算，实行有效的会计监督。

（2）经济业务和财务收支的繁简。

经济业务多、财务收支量大的单位，有必要单独设置会计机构，以保证会计工作的效率和会计信息的质量。

（3）经营管理的要求。

有效的经营管理是以信息的及时准确和全面系统为前提的。一个单位在经营管理上的要求越高，对会计信息的需求也相应增加，对会计信息系统的要求也越高，从而决定了该

单位设置会计机构的必要性。

2）不设置会计机构的单位应当配备会计人员

对于不具备单独设置会计机构条件的单位，如财务收支数额不大、会计业务比较简单的企业、机关、团体、事业单位和个体工商户等，为了适合这些单位的内部客观需要和组织结构特点，允许其在有关机构中配备专职会计人员，这类机构一般应是单位内部与财务会计工作接近的机构，如计划、统计或经营管理部门，或者是有利于发挥会计职能作用的内部综合部门，如办公室等。只配备专职会计人员的单位也必须具有健全的财务会计制度和严格的财务手续，其专职会计人员的专业职能不能被其他职能所替代。

对于既没有设置会计机构也没有设置会计岗位并指定会计主管人员的单位，可以委托经批准设立从事会计代理记账业务的中介机构代理记账或按国务院财政部门规定的其他方式记账。

11.2.2 会计人员

为认真贯彻落实国务院推进“放管服”改革工作部署，进一步转变职能、转变观念，提高认识，加大职业资格许可和认定事项清理力度，不断降低人才负担和制度成本，根据国务院常务会议精神和《国务院关于取消一批职业资格许可和认定事项的决定》（国发〔2016〕68号），会计从业资格被列为建议取消的职业资格事项。取消前获得的职业资格证书今后还可以继续发挥能力水平证明的作用，不再作为从事会计工作必需的准入证明。

1）会计人员的专业技术职务

会计人员的专业技术资格分为初级、中级和高级三个层次，其中，初级会计专业技术资格和中级会计专业技术资格实行全国统一考试，高级会计专业技术资格采用考、评结合的办法。会计专业技术资格实行全国统一组织、统一考试时间、统一考试大纲、统一考试命题、统一合格标准的考试制度。

目前，会计专业中级资格考试科目为中级会计实务、财务管理、经济法三科，参加考试的人员必须在连续的两个考试年度内通过全部科目的考试，部分科目考试合格后，由当地考试管理机构核发成绩通知单。会计专业初级资格考试科目为初级会计实务和经济法基础两科，参加初级资格考试的人员，必须在一个考试年度内通过以上两个科目的考试。

2）会计机构负责人的任职资格

会计机构负责人（会计主管），是在一个单位内具体负责会计工作的中层领导人员。在单位负责人的领导下，会计机构负责人负有组织、管理本单位所有会计工作的责任。会计机构负责人应具备较高的政治素质和高尚的职业道德，熟悉国家财经法律、法规和规章制度，掌握财务会计理论及本行业业务的管理知识，具备一定的领导才能和组织能力，除此之外，还应具备相应的专业技术资格和一定的工作经历。《会计法》规定，担任会计机构负责人（会计主管人员）的，应当具备会计师以上专业技术资格或者从事会计工作三年以上经历。

3）会计人员的培训与教育

根据《会计法》《会计专业技术人员继续教育规定》的要求，单位具有会计专业技术资格的人员，或不具有会计专业技术资格但从事会计工作的人员（会计专业技术人员）应进行继续教育，继续教育内容包括公需科目和专业科目，会计专业技术人员可以自愿选择参加相关机构部门组织的继续教育培训，折合学分，并实行登记管理。

11.2.3　会计工作岗位

会计工作岗位可以一人一岗、一人多岗或者一岗多人，但应当符合内部牵制制度的要求，出纳人员不得兼管稽核、会计档案保管和收入、费用、债权债务账目的登记工作。会计人员的工作岗位应当有计划地进行轮换，以促进会计人员全面熟悉业务，不断提高业务素质。会计工作岗位的设置由各单位根据会计业务需要确定。开展会计信息化和管理会计的单位，可以根据需要设置相应工作岗位，也可以与其他工作岗位相结合。

11.2.4　总会计师的设置

1）总会计师的任职条件

《会计法》明确规定："国有的和国有资本占控股地位或者主导地位的大、中型企业必须设置总会计师。"总会计师是单位的领导成员，协助单位负责人工作，直接对单位负责人负责。总会计师是单位财务会计工作的主要负责人，全面负责本单位的财务会计管理和经济核算，参与本单位的重大经营决策活动，是单位负责人的参谋和助手。凡设置总会计师的单位不能再设置与总会计师职责重叠的副职。

2）总会计师的职责权限

（1）总会计师应具备的条件。根据《中华人民共和国总会计师条例》（简称《总会计师条例》）的规定，担任总会计师的人员应具备以下条件：一是坚持社会主义方向，积极为社会主义市场经济建设和改革开放服务；二是坚持原则、廉洁奉公；三是取得会计师专业技术资格后，主管一个单位或者单位内一个重要方面的财务会计工作时间不少于3年；四是有较高的理论政策水平，熟悉国家财经纪律、法规、方针、政策和制度，掌握现代化管理的有关知识；五是具备本行业的基本业务知识，熟悉行业情况，有较强的组织领导能力；六是身体健康，能胜任本职工作。

（2）总会计师的职责。根据《总会计师条例》的规定，总会计师的职责主要包括两个方面：一是由总会计师负责组织的工作，包括组织编制和执行预算、财务收支计划、信贷计划，拟订资金筹措和使用方案，开辟财源，有效地使用资金；建立、健全经济核算制度，强化成本管理进行经济活动分析，精打细算，提高经济效益；承办单位主要行政领导人交办的其他工作；负责对本单位财会机构的设置和会计人员的配备、会计专业职务的设置和聘任提出方案，组织会计人员的业务培训和考核；支持会计人员依法行使职权等。二是由总会计师协助、参与的工作，主要有：协助单位主要行政领导人对企业的生产经营、行政事业单位的业务发展以及基本建设投资等问题作出决策；参与新产品开发、技术改造、科技研究、商品（劳务）价格和工资奖金等方案的制定；参与重大经济合同和经济协议的研究、审查。

（3）总会计师的权限。根据《总会计师条例》的规定，总会计师有以下权限：一是对违法违纪问题的制止和纠正权，即对违反国家财经纪律、法规、方针、政策、制度和有可能在经济上造成损失、浪费的行为，有权制止或者纠正，制止或者纠正无效时，提请单位负责人处理。二是建立健全单位经济核算的组织指挥权。三是对单位财务收支具有审批签署权。四是对本单位会计人员的管理权，包括本单位会计机构设置、会计人员配备、继续教育、考核、奖惩等。

任务11.3　遵守会计法规

会计法规是我国经济法规制度的一个重要组成部分，它是国家和地方立法机关以及中央、地方各级政府和行政部门制定颁布的有关会计方面的法律、法规、准则和制度的总称。会计法规按照调整会计法律关系所涉及的规范要求、标准、内容的不同，统一整体分类，构成了一个有机联系的会计法规体系。我国会计法规体系包括三个层次和内容，即会计法律、会计行政法规和会计规章。

11.3.1 会计法律

会计法律，即《会计法》，是指全国人民代表大会及其常务委员会经过一定立法程序制定的有关会计工作的法律。它是调整我国经济生活中会计关系的法律规范。《会计法》是会计法律制度中层次最高的法律规范，是制定其他会计法规的依据，也是指导会计工作的最高准则。

《会计法》于1985年1月21日第六届全国人民代表大会常务委员会第九次会议通过；根据1993年12月29日第八届全国人民代表大会常务委员会第五次会议《关于修改〈中华人民共和国会计法〉的决定》第一次修正；1999年10月31日第九届全国人民代表大会常务委员会第十二次会议修订；根据2017年11月4日第十二届全国人民代表大会常务委员会第三十次会议《关于修改〈中华人民共和国会计法〉等十一部法律的决定》第二次修正；根据2024年6月28日第十四届全国人民代表大会常务委员会第十次会议《关于修改〈中华人民共和国会计法〉的决定》第三次修正。现行的《会计法》分为6章51条，主要针对会计核算、会计监督、会计机构和会计人员、法律责任等作出详细的规定。

11.3.2 会计行政法规

会计行政法规是指国务院制定并发布，或者国务院有关部门拟定并经国务院批准发布，调整经济生活中某些方面会计关系的法律规范。会计行政法规制定的依据是《会计法》，其效力仅次于会计基本法，如1990年12月31日国务院发布的《总会计师条例》（2011年1月8日修订）、2000年6月21日国务院发布的《企业财务会计报告条例》等。会计行政法规通常以条例、办法、规定等具体名称出现。

11.3.3 会计规章

会计规章，是指由主管全国会计工作的行政部门（财政部）就会计工作中某些方面内容所制定的规范性文件。国务院有关部门根据其职责制定的会计方面的规范性文件，如实施国家统一的会计制度的具体办法等，也属于会计规章，但必须报财政部审核批准。会计规章依据会计法律和会计行政法规制定，如财政部发布的《企业会计准则——基本准则》及42个具体会计准则、《政府会计准则——基本准则》及具体准则、《会计人员管理办法》、《会计基础工作规范》，财政部与国家档案局联合发布的《会计档案管理办法》等。

各省、自治区、直辖市人民代表大会及其常委会在同宪法和会计法律、行政法规不相抵触的前提下制定发布的会计规范性文件，也是我国会计法律制度的重要组成部分。

任务11.4 培养会计职业道德

会计职业道德是会计人员在进行会计活动、处理会计关系时所形成的职业规律、职业观念和职业原则等的总和。它既是会计行业对本行业在职业活动中行为的要求，又是会计行业对社会所应负的道德责任与义务。它不仅要约束和调整会计人员的职业行为，更为重要的是约束和调整会计人员的行为动机和内心世界。动机是行为的先导，有什么样的动机就有什么样的行为。会计行为是由内心信念来支配的，信念的善与恶，将导致行为的是与非。对有情绪、有欲望的会计人员，通过职业道德的引导、激励、规劝、约束等方式，使会计人员树立正确的职业观念，达到自律。2023年1月12日，我国财政部印发了《会计人员职业道德规范》，主要包括以下方面：

素养提升 11-1

11.4.1　坚持诚信，守法奉公

牢固树立诚信理念，以诚立身、以信立业，严于律己、心存敬畏。学法知法守法，公私分明、克己奉公，树立良好职业形象，维护会计行业声誉。

11.4.2　坚持准则，守责敬业

严格执行准则制度，保证会计信息真实完整。勤勉尽责、爱岗敬业，忠于职守、敢于斗争，自觉抵制会计造假行为，维护国家财经纪律和经济秩序。

11.4.3　坚持学习，守正创新

始终秉持专业精神，勤于学习、锐意进取，持续提升会计专业能力。不断适应新形势新要求，与时俱进、开拓创新，努力推动会计事业高质量发展

党的二十大报告提出“实施科教兴国战略，强化现代化建设人才支撑”。作为会计人应牢记职业操守，坚持精诚协作，弘扬诚信文化。会计人的初心和使命是会计之魂，这是会计行业开拓创新、会计人不断前进的根本动力，身为会计人，当有坚如磐石的意志，当有诚实守信的准则，当有勤奋好学的态度，当有开拓创新的担当。

案例窗 11-1

张彬和林立在同一个单位分别担任会计和出纳，多年来同处一科室，在工作上互相配合，关系很好。林立的丈夫自己开办了一个经销电脑配件的公司，根据对电脑市场信息分析和调查，对一种计算机软件的销售前景看好，但个人账面资金不足，无法进货。于是林立的丈夫让林立想办法借些款项。林立想到了单位账户的存款，于是自己填了票面金额为24 000元的现金支票一张，在张彬下班离开办公室后，私自将张彬保管的印鉴加盖在现金支票上，从银行提取了现金。1个月后，林立又填制现金缴款单将24 000元现金存入单位银行账户。不久，张彬在月末对账时，发现了此事。试从会计职业道德的角度分析，林立的所为属于何种行为？如果你是张彬，发现了此事应该如何处理？

案例分析提示：

林立的行为属于挪用公款、公私不分，违背了会计人员职业道德规范中对于守法奉公的要求。

张彬发现了此事，应向单位会计部门负责人（会计主管人员）报告该行为，由会计部门负责人（会计主管人员）对林立违背会计人员职业道德规范的行为进行处理。

任务 11.5　规范会计工作交接

11.5.1　会计工作交接概述

会计工作交接制度，是会计工作的一项重要制度，也是会计基础工作的重要内容。办理好会计工作交接，有利于保持会计工作的连续性，有利于明确责任。

会计人员工作调动或者因故离职必须将本人所经管的会计工作全部移交给接替人员，没有办清交接手续不得调动或者离职。在实际工作中，有些应当办理移交手续的会计人员借故不办理移交手续，或者迟迟不移交所经管的会计工作，使正常的会计工作受到影响，这是制度上所不允许的，单位领导人应当督促经办人员及时办理移交手续。

11.5.2　会计工作交接的程序

1）办理移交前的准备工作

会计人员在办理移交手续前必须及时办理完毕未了的会计事项，包括：对已经受理的经济业务尚未填制会计凭证的，应当填制完毕；尚未登记的账目，应当登记完毕，并在最后一笔余额后加盖经办人员印章；整理应该移交的各项资料，对未了事项写出书面证明等。同时，编制移交清册，列明应当移交的会计凭证、会计账簿、会计报表、现金、有价证券、印章以及其他会计用品等。会计机构负责人、会计主管人员移交时，还应将全部财务会计工作、重大财务收支问题和会计人员的情况等，向接替人员介绍清楚；需要移交的遗留问题，应当写出书面材料。

2）按照移交清册逐项交接

交接双方要按照移交清册列明的内容，进行逐项交接。其中，现金要根据会计账簿记录余额进行点交，不得短缺；有价证券的数量要与会计账簿记录一致，由于一些有价证券如债券、国库券等面额与发行价格可能会不一致，因此，在对这些有价证券的实际发行价格、利（股）息等按照会计账簿余额进行交接的同时，应当对上述有价证券的数量（如张数等）也按照有关会计账簿记录点交清楚；所有会计资料必须完整无缺，如有短缺，必须查明原因，并在移交清册中注明，由移交人负责；银行存款账户余额要与银行对账单核对，各种财产物资和债权债务的明细账户余额要与总账有关账户余额核对，核对清楚后，才能交接；移交人员经管的票据、印章及其他会计用品等，也必须交接清楚，特别是实行会计信息化的单位，对有关电子数据应当在电子计算机上进行实际操作，以检查电子数据的运行和有关数字的情况。交接工作结束后，交接双方和监交人要在移交清册上签名或者盖章，以明确责任；同时，移交清册由交接双方以及单位各执一份，以供备查。

3）专人负责监交

在办理会计工作交接手续时，要有专人负责监交，以保证交接工作的顺利进行。一般会计人员办理交接手续，由单位的会计机构负责人、会计主管人员负责监交；会计机构负责人、会计主管人员办理交接手续，由单位领导人负责监交，必要时可由上级主管部门派人会同监交。所谓必要时由上级主管部门派人会同监交，是指交接双方需要上级主管单位监交或者上级主管单位认为需要参与监交。其通常有三种情况：一是所属单位领导人不能监交，需要由上级主管单位派人代表主管单位监交的，如因单位撤并而办理交接手续等；

二是所属单位领导人不能尽快监交，需要由上级主管单位派人督促监交的，如上级主管单位责成所属单位撤换不合格的会计机构负责人、会计主管人员，所属单位领导人以种种借口拖延不办理交接手续时，上级主管单位就应派人督促会同监交等；三是不宜由所属单位领导人单独监交，而需要上级主管单位会同监交的，如所属单位领导人与办理交接手续的会计机构负责人、会计主管人员有矛盾，交接时需要上级主管单位派人会同监交，以防可能发生单位领导人借机刁难等情况。此外，上级主管单位认为交接中存在某种问题需要派人监交的，也可以派人会同监交。

4）临时工作交接

对于会计人员临时离职或者因病暂时不能工作，需要有人接替或者代理工作的，也应当按照相关会计规范的规定办理交接手续，同样，临时离职或者因病暂时离岗的会计人员恢复工作的，也要与临时接替或者代理人员办理交接手续，目的是保持会计工作的连续性和分清责任。对于移交人员因病或者其他特殊原因不能亲自办理移交的，相关会计规范规定，在这种情况下，经单位领导人批准，可以由移交人员委托他人代办移交手续，但委托人应当对所移交的会计工作和相关资料承担责任，不得借口委托他人代办交接而推脱责任。

移交人对自己经办且已经移交的会计资料的合法性、真实性，要承担法律责任，不能因为会计资料已经移交而推脱责任。

任务11.6 管理会计档案

11.6.1 会计档案概述

1）会计档案的概念

会计档案是指单位在进行会计核算等过程中接收或形成的，记录和反映单位经济业务事项的，具有保存价值的文字、图表等各种形式的会计资料，包括通过计算机等电子设备形成、传输和存储的电子会计档案。预算、计划、制度等文件材料，属于文书，不属于会计档案。

会计档案是国家档案的重要组成部分，也是各单位的重要档案之一。各单位应当加强会计档案管理工作，建立和完善会计档案的收集、整理、保管、利用和鉴定销毁等管理制度，采取可靠的安全防护技术和措施，保证会计档案的真实、完整、可用、安全。单位的档案机构或者档案工作人员所属机构（以下统称单位档案管理机构）负责管理本单位的会计档案。单位也可以委托具备档案管理条件的机构代为管理会计档案。单位委托中介机构代理记账的，应当在签订的书面委托合同中，明确会计档案的管理要求及相应责任。不具备设立档案机构或配备档案工作人员条件的单位和依法建账的个体工商户，其会计档案的收集、整理、保管、利用和鉴定销毁等参照《会计档案管理办法》执行。

为了加强会计档案管理，财政部和国家档案局主管全国会计档案工作，共同制定全国统一的会计档案工作制度，对全国会计档案工作实行监督和指导。县级以上地方人民政府财政部门和档案行政管理部门管理本行政区域内的会计档案工作，并对本行政区域内会计档案工作实行监督和指导。

2）会计档案的内容

下列会计资料应当进行归档：

（1）会计凭证，包括原始凭证、记账凭证。

（2）会计账簿，包括总账、明细账、日记账、固定资产卡片、其他辅助性账簿。

（3）财务会计报告，包括月度、季度、半年度、年度财务会计报告。

（4）其他会计资料，包括银行存款余额调节表、银行对账单、纳税申报表、会计档案移交清册、会计档案保管清册、会计档案销毁清册、会计档案鉴定意见书及其他具有保存价值的会计资料。

11.6.2　会计档案保管

1）会计档案的归档

各单位每年形成的会计档案，应当由会计机构按照归档要求，负责整理立卷、装订成册，编制会计档案保管清册。当年形成的会计档案，在会计年度终了后，可暂由会计机构保管1年；期满之后，应当由会计机构编制移交清册，移交本单位档案机构统一保管；未设立档案机构的，应当在会计机构内部指定专人保管。因工作需要确需推迟移交的，应当经单位档案管理机构同意。单位会计管理机构临时保管会计档案最长不超过3年。临时保管期间，会计档案的保管应当符合国家档案管理的有关规定，且出纳人员不得兼管会计档案。单位可以利用计算机、网络通信等信息技术手段管理会计档案。

2）电子会计档案

单位应当按照国家有关电子会计档案管理的规定，建立和完善电子会计资料的形成、收集、整理、归档和电子会计档案保管、统计、利用、鉴定、处置等管理制度，采取可靠的安全防护技术和措施，保证电子会计档案在传递及存储过程中的真实性、完整性、可用性和安全性，加强电子会计资料归档和电子会计档案管理。

来源可靠、程序规范、要素合规的电子会计凭证、电子会计账簿、电子财务会计报告和其他电子会计资料与纸质会计资料具有同等法律效力，可仅以电子形式接收、处理、生成和归档保存。

同时满足下列条件的，单位内部形成的属于归档范围的电子会计资料可仅以电子形式保存，形成电子会计档案：

（1）形成的电子会计资料来源真实有效，由计算机等电子设备形成和传输；

（2）使用的会计核算系统能够准确、完整、有效接收和读取电子会计资料，能够输出符合国家标准归档格式的会计凭证、会计账簿、财务会计报表等会计资料，设定了经办、审核、审批等必要的审签程序；

（3）使用的电子档案管理系统能够有效接收、管理、利用电子会计档案，符合电子档案的长期保管要求，并建立了电子会计档案与相关联的其他纸质会计档案的检索关系；

（4）采取有效措施，防止电子会计档案被篡改；

（5）建立电子会计档案备份制度，能够有效防范自然灾害、意外事故和人为破坏的影响；

（6）形成的电子会计资料不属于具有永久保存价值或者其他重要保存价值的会计档案。

满足以上规定条件，单位从外部接收的电子会计资料附有符合《中华人民共和国电子签名法》规定的电子签名的，可仅以电子形式归档保存，形成电子会计档案。

3）电子会计凭证报销入账归档

电子会计凭证，是指单位从外部接收的电子形式的各类会计凭证，包括电子发票、财政电子票据、电子客票、电子行程单、电子海关专用缴款书、银行电子回单等电子会计凭证。来源合法、真实的电子会计凭证与纸质会计凭证具有同等法律效力。

除法律和行政法规另有规定外，同时满足下列条件的，单位可以仅使用电子会计凭证进行报销入账归档：

（1）接收的电子会计凭证经查验合法、真实；

（2）电子会计凭证的传输、存储安全、可靠，对电子会计凭证的任何篡改能够及时被发现；

（3）使用的会计核算系统能够准确、完整、有效接收和读取电子会计凭证及其元数据，能够按照国家统一的会计制度完成会计核算业务，能够按照国家档案行政管理部门规定格式输出电子会计凭证及其元数据，设定了经办、审核、审批等必要的审签程序，且能有效防止电子会计凭证重复入账；

（4）电子会计凭证的归档及管理符合《会计档案管理办法》（财政部　国家档案局令第79号）等要求。

单位以电子会计凭证的纸质打印件作为报销入账归档依据的，必须同时保存打印该纸质件的电子会计凭证。

符合档案管理要求的电子会计档案与纸质档案具有同等法律效力。除法律、行政法规另有规定外，电子会计档案可不再另以纸质形式保存。

符合电子凭证会计数据标准的入账信息结构化数据文件应当与电子会计凭证同步归档。

4）会计档案的移交

单位会计管理机构在办理会计档案移交时，应当编制会计档案移交清册，列明应当移交的会计档案名称、卷号、册数、起止年度、档案编号、应保管期限和已保管期限等内容。交接会计档案时，交接双方应当按照会计档案移交清册所列内容逐项交接，并由交接双方的单位有关负责人负责监督。交接完毕后，交接双方经办人和监督人应当在会计档案移交清册上签名或盖章。

纸质会计档案移交时应当保持原卷的封装。电子会计档案移交时应当将电子会计档案及其元数据一并移交，且文件格式应当符合国家档案管理的有关规定。特殊格式的电子会计档案应当与其读取平台一并移交。单位档案管理机构接收电子会计档案时，应当对电子会计档案的准确性、完整性、可用性、安全性进行检测，符合要求的才能接收。

建设单位在项目建设期间形成的会计档案，需要移交给建设项目接受单位的，应当在办理竣工财务决算后及时移交，并按照规定办理会计档案交接手续。

5）会计档案的查阅和复制

单位应当严格按照相关制度利用会计档案，在进行会计档案查阅、复制、借出时履行登记手续，严禁篡改和损坏。单位保存的会计档案一般不得对外借出。确因工作需要且根据国家有关规定必须借出的，应当严格按照规定办理相关手续。应设置“会计档案调阅登记簿”，详细登记调阅日期、调阅人、调阅理由、归还日期等。本单位人员调阅会计档案，须经会计主管人员同意。外单位人员调阅或复制会计档案，要有正式单位介绍信，经本单位负责人批准，并在“会计档案调阅登记簿”上详细记录会计档案的调阅或复制情况。查阅或者复制会计档案的人员，严禁在会计档案上涂画、拆封和抽换。会计档案借用单位应当妥善保管和利用借入的会计档案，确保借入会计档案的安全完整，并在规定时间内归还。

单位的会计档案及其复制件需要携带、寄运或者传输至境外的，应当按照国家的有关规定执行。

6）会计档案的保管期限

各种会计档案的保管期限，从会计年度终了后的第一天算起。根据其特点，分为永久和定期两类。定期保管期限一般分为10年和30年。会计档案最低保存期限和销毁办法，由财政部和国家档案局制定。目前规定的企业会计档案保管期限见表11-1。单位会计档案的具体名称如有同《会计档案管理办法》附表所列档案名称不相符的，应当比照类似档案的保管期限办理。

表11-1　企业和其他组织会计档案保管期限表

序号	档案名称	保管期限	备注
一	**会计凭证**		
1	原始凭证	30年	
2	记账凭证	30年	
二	**会计账簿**		
3	总账	30年	
4	明细账	30年	
5	日记账	30年	
6	固定资产卡片	5年	固定资产报废清理后保管5年
7	其他辅助性账簿	30年	
三	**财务会计报告**		
8	月度、季度、半年度财务会计报告	10年	
9	年度财务会计报告	永久	
四	**其他会计资料**		
10	银行存款余额调节表	10年	
11	银行对账单	10年	
12	纳税申报表	10年	
13	会计档案移交清册	30年	
14	会计档案保管清册	永久	
15	会计档案销毁清册	永久	
16	会计档案鉴定意见书	永久	

7）会计档案的销毁

单位应当定期对已到保管期限的会计档案进行鉴定，鉴定工作应当由单位档案管理机构牵头，组织单位会计、审计、纪检监察等机构或人员共同进行，并形成会计档案鉴定意见书。经鉴定，仍需继续保存的会计档案，应当重新划定保管期限；对保管期满，确无保存价值的会计档案，可以销毁。

经鉴定可以销毁的会计档案，应当按照以下程序销毁：

（1）单位档案管理机构编制会计档案销毁清册，列明拟销毁会计档案的名称、卷号、册数、起止年度、档案编号、应保管期限、已保管期限和销毁时间等内容。

（2）单位负责人、档案管理机构负责人、会计管理机构负责人、档案管理机构经办人、会计管理机构经办人在会计档案销毁清册上签署意见。

（3）单位档案管理机构负责组织会计档案销毁工作，并与会计管理机构共同派员监销。监销人在会计档案销毁前，应当按照会计档案销毁清册所列内容进行清点核对；在会计档案销毁后，应当在会计档案销毁清册上签名或盖章。

电子会计档案的销毁还应当符合国家有关电子档案的规定，并由单位档案管理机构、会计管理机构和信息系统管理机构共同派员监销。

另外，保管期满但未结清的债权债务会计凭证和涉及其他未了事项的会计凭证不得销毁，纸质会计档案应当单独抽出立卷，电子会计档案单独转存，保管到未了事项完结时为止。单独抽出立卷的会计档案，应当在会计档案鉴定意见书、会计档案销毁清册和会计档案保管清册中列明。正在项目建设期间的建设单位，其保管期满的会计档案不得销毁。

单位因撤销、解散、破产或者其他原因而终止的，在终止和办理注销登记手续之前形成的会计档案，按照国家档案管理的有关规定处置。

单位分立后原单位存续的，其会计档案应当由分立后的存续方统一保管，其他方可以查阅、复制与其业务相关的会计档案；单位分立后原单位解散的，其会计档案应当经各方协商后由其中一方代管或按照国家档案管理的有关规定处置，各方可以查阅、复制与其业务相关的会计档案；单位分立中未结清的会计事项所涉及的会计凭证，应当单独抽出由业务相关方保存，并按照规定办理交接手续；单位因业务移交其他单位办理所涉及的会计档案，应当由原单位保管，承接业务单位可以查阅、复制与其业务相关的会计档案。对其中未结清的会计事项所涉及的会计凭证，应当单独抽出由承接业务单位保存，并按照规定办理交接手续。

单位合并后，原各单位解散或一方存续，而其他方解散的，原各单位的会计档案应当由合并后的单位统一保管；单位合并后，原各单位仍存续的，其会计档案仍应由原各单位保管。

案例窗11-2

某服装厂发生如下事项：（1）7日，该厂会计人员郑某脱产学习一个星期，会计科科长指定出纳王某兼管郑某的债权债务账目的登记工作，未办理会计交接手续。（2）10日，该厂档案科会同会计科销毁了一批保管期限已满的会计档案，未报经厂领导批准，也未编制会计档案销毁清册；销毁后未履行任何手续。

要求：根据以上事实，回答下列问题：（1）出纳王某临时兼管郑某的债权债务账目的登记工作是否符合规定？（2）会计人员郑某脱产学习一个星期，是否需要办理会计工作交接手续？（3）该服装厂档案科会同会计科销毁保管期满的会计档案在程序上是否符合规定，为什么？

案例分析提示：

（1）不符合规定，出纳不得兼管债权债务账目的登记工作；（2）会计人员郑某脱产学习一个星期，需要办理会计工作交接手续，会计人员临时离职也需要办理交接手续；（3）该服装厂档案科会同会计科销毁保管期满的会计档案不符合规定，会计档案的销毁需经单位负责人同意。会计人员应树立法律法规意识，严格遵守相关会计法律法规的规定，完成相关会计工作。

任务 11.7　推进会计信息化

11.7.1　会计信息化的含义

“会计信息化”是指单位利用现代信息技术手段和数字基础设施开展会计核算，以及利用现代信息技术手段和数字基础设施将会计核算与其他经营管理活动有机结合的过程。会计信息化是信息社会的产物，是未来会计的发展方向。会计信息化不仅仅是将计算机、网络、通信等先进的信息技术引入会计学科，与传统的会计工作相融合，在业务核算、财务处理等方面发挥作用，它还包含更深层次的内容，如会计基本理论信息化、会计实务信息化、会计管理信息化、会计教育信息化等。

11.7.2　会计信息化的特征

1）普遍性

会计的所有领域（包括会计理论、会计实务、会计管理、会计教育等）要全面运用现代信息技术。在上述领域中，后三个方面已有不同程度的运用，可以说是起步晚、发展快、成效大，只是还不能真正达到会计信息化的水平，而在会计理论方面却相对滞后。准确地讲，现阶段会计信息化赖以存在的还是传统的会计理论，既没有修正传统的会计理论体系，更没有构建起适应现代信息技术发展的完善的会计理论体系。从会计信息化的要求来看，首先就是现代信息技术在会计理论、会计实务、会计管理、会计教育诸领域的广泛应用，并形成完整的应用体系。

2）集成性

会计信息化将对传统会计组织和业务处理流程进行重整，以支持“虚拟企业”“数据银行”等新的组织形式和管理模式。这一过程的出发点和终结点都是实现信息的集成化。信息集成包括三个层面：一是在会计领域实现信息集成，即实现财务会计和管理会计之间的信息集成，协调和解决会计信息真实性和相关性的矛盾。二是在企业组织内部实现财务和业务的一体化，即集成财务信息和业务信息，两者之间实现无缝联结，使财务信息和业务信息能够做到你中有我，我中有你。三是建立企业组织与外部利害关系人（客户、供应商、银行、税务、财政、审计等）的信息网络，实现企业组织内外信息系统的集成。信息集成的结果是信息共享。企业组织内外与企业组织有关的所有原始数据只要一次输入，就能做到分次利用或多次利用，既减少了数据输入的工作量，又实现了数据的一致性，还保证了数据的共享性。建立在会计信息化基础上的21世纪会计信息系统是与企业组织内外信息系统有机整合的、高度数字化、多元化、实时化、个性化、动态化的信息系统，它具有极强的适应力。

3）动态性

动态性，又名实时性或同步性。会计信息化在时间上的动态性表现为：首先，会计数据的采集是动态的。无论是企业组织外部的数据（如发票、订单）还是企业组织内部的数据（如入库单、产量记录），也无论是局域数据还是广域数据，一旦发生，都将存入相应的服务器，并及时送到会计信息系统中等待处理。其次，会计数据的处理是实时的。在会计信息系统中，会计数据一经输入系统，就会立即触发相应的处理模块。对数据进行分类、计算、汇总、更新、分析等一系列操作，以保证信息动态地反映企业组织的财务状况和经营成果。再次，会计数据采集和处理的实时化、动态化，使得会计信息的发布、传输和利用能够实时化、动态化，会计信息的使用者也就能够及时地作出管理决策。

4）渐进性

现代信息技术对会计模式重构具有主观能动性。但是，这种能动性的体现是一个渐进的过程。具体应分三步走：第一步，以信息技术去适应传统会计模式，即建立核算型会计信息系统，实现会计核算的信息化。第二步，现代信息技术与传统会计模式相互适应。表现为：传统会计模式为适应现代信息技术而对会计理论、方法做局部的小修小改；扩大所用技术的范围（从计算机到网络）及所用技术的运用范围（从核算到管理），实现会计管理的信息化。第三步，以现代信息技术去重构传统会计模式，以形成现代会计信息系统，实现包括会计核算信息化、会计管理信息化和会计决策支持信息化在内的会计信息化。

党中央高度重视发展数字经济，将数字经济上升为国家战略。数字经济以数据资源作为关键生产要素，以现代信息网络作为重要载体，以信息通信技术的有效使用作为效率提升和经济结构优化的重要推动力的一系列经济活动。会计人员应立足当前新发展阶段，完整、准确、全面贯彻新发展理念，加快构建新发展格局，着力推动高质量发展，提升会计信息化水平，推动会计数字化转型，构建形成国家会计信息化发展体系，充分发挥会计信息在服务宏观经济管理、政府监管、会计行业管理、单位内部治理中的重要支撑作用。

视野拓展11-1

为贯彻落实《中华人民共和国会计法》的有关要求，规范数字经济环境下的会计工作，推动会计信息化健康发展，根据《会计改革与发展“十四五”规划纲要》《会计信息化发展规划（2021—2025年）》，我国财政部对《企业会计信息化工作规范》（财会〔2013〕20号）进行修订，于2024年7月26日发布了《会计信息化工作规范》（财会〔2024〕11号）。

启示窗11-1

浙江JY集团有限公司（简称JY集团）成立于1993年，是一家拥有相当知名度和规模的民营企业，主要从事食品饮料制造、加工和销售。JY集团1999年度会计报表由JY集团本部及杭州SL食品工贸公司（下称JY杭州）、浙江桐庐JY实业公司（下称JY桐庐）、浙江JY集团嘉兴保健饮料厂（下称JY嘉兴）、浙江JY集团涪陵有限责任公司（下称JY涪陵）五家具有法人资格、实行独立核算的企业报表汇编而成。1999年合并会计报表反映，该集团年末资产总计45 382万元、负债合计27 296万元、所有者权益合计18 086万元、利润总额217万元。当年会计报表未经社会中介机构审计。

2000年7月，财政部门派出检查组，对JY集团及其下属四家子公司1999年会计信息质量进行检查。检查发现，JY集团财务管理混乱、会计核算不规范、基础工作薄弱、会计信息严重失真。经检查后调整会计报表，该集团实际资产为20 098万元、负债为15 667万元、所有者权益为4 431万元、利润总额为-3 271万元。资产、负债、所有者权益分别虚增了126%、74%、308%，利润虚增达3 488万元。检查结果被财政部门公告后，在社会上引起了较强的反响。

通过上述资料可以看出，一些民营业主受到个人意志的支配和利益驱动，企业内部财务管理混乱、基础工作薄弱、会计信息严重失真现象在当前还普遍存在。因此，民营企业必须不断加强企业内部财务管理，建立起一套完整、科学的会计核算体系，作为企业科学管理、良好运行的基础，以促进民营企业快速、健康发展。JY集团会计信息失真案例以铁证事实说明了这一任务的紧迫性，通过它我们至少可以获得以下启示：一是民营企业的用人制度：民营企业家庭式管理往往采用任人唯亲的管理方法，这样不利于吸引高技术和高级管理人才，应运用现代公司制方式进行人力资源管理，建立新型的劳资关系，按社会化、市场化的原则广纳各类人才为企业所用。二是加强民营企业的会计监督和指导：首先要求企业必须设置财务人员，对企业的经营活动进行会计记录、核算、反映；其次要加强财务人员的业务素质、道德意识的培训；最后要健全、完善会计制度及企业内部管理制度，必须从法律的高度来引导公众意识到建立企业会计制度的必要性。三是强化财务管理：从JY集团看，首要的一条是管理者不重视财务管理。他们往往将业务经营、市场开拓、品牌战略视为企业发展的头等大事，弱化了财务会计在企业中的地位，忽视了财务管理在企业发展中的重要作用。因此，民营企业要想进一步发展，就必须转变管理理念，真正树立"管理就是生产力"的思想，加强会计核算，强化财务管理在企业管理中的核心地位，向财务管理要效益。

项目小结

1. 会计工作组织是根据单位自身特点，按照会计工作的要求，进行会计机构的设置、会计人员的配备、会计法规的制定与执行和会计档案的保管，以及系统内部部门和人员之间的分工与协调的组织工作。

2. 各单位应按照国家有关会计法律法规，设置本单位的会计机构，配备适当的会计人员。

3. 会计职业道德是会计人员在进行会计活动、处理会计关系时所形成的职业规律、职业观念和职业原则等的总和。

4. 会计工作交接制度，是会计工作的一项重要制度，也是会计基础工作的重要内容。办理好会计工作交接，有利于保持会计工作的连续性，有利于明确责任。

5. 会计档案是指会计凭证、会计账簿和财务会计报告等会计核算专业材料，是记录和反映单位经济业务的重要史料和证据。

关键概念

会计工作组织　会计机构　总会计师　会计法律　会计行政法规　会计规章　会计职业道德　会计工作交接　会计档案　会计信息化

参考文献

[1] 程淮中. 基础会计 [M]. 北京：高等教育出版社，2008.
[2] 张丽丽，邵明. 基础会计 [M]. 北京：北京交通大学出版社，2007.
[3] 赵丽生. 会计基础 [M]. 2版. 北京：高等教育出版社，2019.
[4] 吴国萍. 基础会计学 [M]. 上海：上海财经大学出版社，2006.
[5] 赵丽生. 会计基础 [M]. 北京：中国人民大学出版社，2012.
[6] 常洁. 会计基础 [M]. 北京：中国财政经济出版社，2014.
[7] 中国注册会计师协会. 会计 [M]. 北京：中国财政经济出版社，2024.
[8] 万希宁，郭炜. 会计信息化 [M]. 武汉：华中科技大学出版社，2009.

附录1

基础会计核心概念总结

1. **资金：**财产物资的货币表现及货币本身。

2. **资金运动：**能够以货币表现的经济活动，即会计对象，也是会计所核算和监督的内容。

——资金运动的静态表现："你今天有多少钱"，说明资金状况（或财务状况），联系：资产＝负债＋所有者权益。

——资金运动的动态表现："截至今天你挣了多少钱"，说明资金效益（或经营成果），联系：利润＝收入-费用。

3. **会计要素：**对会计对象内容（资金运动）所作的基本分类。

其中，静态要素：资产、负债、所有者权益；动态要素：收入、费用、利润。

4. **会计科目：**对会计要素进行分类核算的标志或项目。

5. **账户（账本、账簿）：**具有一定格式的、以会计科目为名称的工具，专门记录"科目"名下的数据。

6. **会计核算方法**，就是围绕"记账、算账和报账"的程序与方法，共有七种专门的会计核算方法，其中，核心是编制会计分录，必须掌握借贷复式记账。

7. **会计基本等式**：是指会计要素之间所存在的在总额上保持必然相等的一种关系式，是企业财务状况与经营成果的表达式，又叫会计恒等式。

基本等式：资产=负债+所有者权益

扩充等式：资产=负债+所有者权益+（收入-费用）

或　　　　资产=负债+所有者权益+利润（-亏损）

8. **资产负债表**——根据账簿数据编制的、按"资产=负债+所有者权益"原理建立起来的、用于说明公司某一时点资金状况（或财务状况）的会计报表。

9. **利润表**——根据账簿数据编制的、按"利润=收入-费用"原理建立起来的、用于说明公司某一时期经营成果的会计报表。

附录2

给会计专业学生的17条建议

1.看得懂的书，仔细看；看不懂的书，硬着头皮看。

2.不要指望看一遍书就能记住和掌握什么，请看第二遍、第三遍。

3.不要被那些花哨的技巧迷惑，最根本的是先了解最基础的知识。

4.不要放过任何一个看上去很简单的小问题，它们往往并不那么简单，或者可以引申出很多知识点，不会举一反三你就永远学不会。

5.不要放过书中任何一个细节！请相信教科书中没有废话，不要漏掉书中任何一个练习！全部做完并记录下思路。

6.要多用大脑。自己想出来再去看参考答案，你就会知道自己和别人思路上的差异。

7.要将在书中看到的有意义的例子进行扩充，并将其切实地运用到自己的工作中。

8.当你做到一半却发现自己用的方法很拙劣时，也不要停手，要把余下的部分完成以保证这个解题思路的完整性，然后分析自己的错误并重新再来。

9.别心急，水平是在不断实践中完善和提高的。

10.每学到一个难点的时候，请尝试着对别人讲解这个知识点并让他理解，你能讲清楚才说明你真的理解了。

11.记录下在和别人交流时发现的自己忽视或不理解的知识点。

12.要利用网络，很多问题不是逼着你非要到论坛来问的，关键是你要学会自己找答案。

13.坚持，学习，学习，再学习！即使一天只学1小时，你也一定会有惊喜的收获，这也是做任何事情成功的关键。

14.要在学习的过程中，严格要求自己，很多初学者按照书本来做就会，离开了书本就不知从何下手。这样就会失去学习的意义，也就是说，在学的时候，要注重方法和理论，多问几个为什么，同样的一个问题，是不是还有其他更为方便的途径来解决，不要有能够做出来了就行的态度，要端正此态度，这一点非常重要!

15.在学习的过程中，要不断地学习其他相关联的知识，只有这样做你才能成为高手，一个真正的高手!

16.多练习，有很多人问，去哪里找那么多习题来做？这你就错了，生活当中题目随处可见，你可以看到什么问题就用会计知识解决，这是最好的方法，因为这贴近生活，不会脱离实际，以后干起活来基本上都是这些！很实用哦！

17.碰到不会的问题，决不能放过，你可以请教别人，上论坛是最好的方式之一！如果可能，最好看看身边的人是怎么做的，这样你一定会有惊喜的收获，记得取长补短！